六角会館研究シリーズ Ⅵ

存覚教学の研究

林　智康編

永田文昌堂

刊行の辞

存覚（諱光玄）は本願寺第三代宗主覚如の長子として、正応三年（一二九〇）六月四日、大谷本願寺において生まれた。親鸞滅後二十八年目であった。奈良においては華厳・法相等を、比叡山に登っては天台を中心に諸教を学んだ。そして浄土宗深草派円空の弟子である阿日房彰空より善導の『観経四帖疏』の講義（「定善義」まで）を聞き、西山教学の影響を受ける。

正和三年（一三一四）十二月、二十五歳の時に父覚如より本願寺留守職を継承するが、元亨二年（一三二二）六月覚如より義絶を受け、留守職を剝奪され大谷を退去した。正中元年（一三二四）一月、三十三歳の時に空性房了源の請に応じて、『浄土真要鈔』・『諸神本懐集』を著し与えた。また同年三月に『持名鈔』を、八月に『破邪顕正抄』を、続いて『女人往生聞書』・『弁述名体鈔』（著述年代未定）を著す。建武四年（一三三七）八月、四十八歳の時に明光のために備後で『顕名鈔』を著す。翌暦応元年（一三三八）三月、備後国府で法華宗徒と対決し論破する。そしてその地で、『歩船鈔』・『決智鈔』・『報恩記』・『選択註解鈔』・『至道鈔』・『法華問答』等を著し、七月帰洛する。九月近江瓜生津の愚咄《ぐとつ》の斡旋によって義絶が解かれる。これは備後における功績によると思われる。

しかし、この和解から五年後の康永元年（一三四二）五十三歳の時、再び義絶を受ける。観応元年（一三五〇）

六十一歳の時に義絶が解かれ父子の仲は元に復した。しかし八月二十八日付の置文には、義絶は解いても本願寺留守職にはつけない方針が記されている。翌年正月十九日に父覚如は八十二歳で入寂する。文和二年（一三五三）八月、六十四歳の時に大谷付近の今小路の常楽台に居を移した。延文元年（一三五六）、六十七歳の時には、『存覚法語』・『浄土見聞集』を著した。延文四年（一三五九）十一月、七十歳の時に善如（従覚の息男）の求めにより、『嘆徳文』を著し、貞治五年（一三六六）五月に『嘆徳文』を再治した。晩年に至っても聖教に親しみ、延文五年（一三六〇）八月、七十一歳の時に『教行信証六要鈔』を著した。

康安二年（一三六二）五月、七十三歳の時に、善如の求めに応じて『浄土目録』を作り、浄土教の典籍約六十部を列挙している。続いて七月に『纔解記《さんげき》』一巻を乗智の求めによって著している。

その他、『常楽臺主老衲一期記』（存覚上人一期記）一巻や『存覚上人袖日記』一巻があり、前書は存覚の誕生から八十四歳で示寂するまでの重要な事柄が記されている。後書は存覚が門徒に下附した本尊・影像・聖教・血脈系譜などを記した備忘録である。

応安六年（一三七三）二月二十八日、八十四歳で示寂する。「今ははや　一夜の夢となりにけり　ゆきき数多の仮の宿宿」の遺詠を残した。五男三女を成し、第四子巧覚が常楽台を相続する。慧林師の『浄土真宗聖教目録』には、存覚の著述は三十六部六十二巻があると記されている。

覚如が存覚を義絶した理由は種々ある。

（一）父子の教学態度の相違、覚如は「信心正因・称名報恩」中心の真宗義の確立、存覚は「念仏往生」中心の包容的態度

（二）存覚に対する門弟の信望や祖父覚恵の偏愛等の感情問題
（三）仏光寺了源に対する存覚の接近
（四）留守職相承における父子の確執・覚如の誤解
（五）南北朝時代に対応し、本願寺教団を確立維持するための政略的・擬制的義絶

教学面においては、覚如の行論が法体名号の所行説に対し、存覚の行論は称名念仏の能行説である。存覚が能行説を主張する背景は左記の如くである。

（一）『六要鈔』教巻釈に「真宗は浄土真宗なり」と述べ、親鸞の教義は法然の教学を継承し、浄土宗の正当であると理解している。
（二）専修念仏の非難・弾圧は、承元の法難以来、覚如・存覚の時代まで続いており、『破邪顕正抄』を著して、浄土宗の立場で親鸞教義を把握し、当時の非難に答えている。
（三）法然の念仏往生の教説へ日蓮の非難が加えられているのに対し、これに答えている。日蓮の『守護国家論』・『立正安国論』等に専修念仏が非難されているのに対し、存覚は四十八歳の時に備後に下向して法華宗徒と対論したり、種々の著述をあらわして、念仏往生の立場を明確にしている。

また存覚は『六要鈔』行巻釈の行一念義において、「行は信を離れず、信は行を離れず、今の文の意、信行相備へて互いにもって通用す」と、『大経』流通分の「歓喜踊躍乃至一念」の一念は行の一念であるが、信行不離・信行相備であり、信を根底にした称名念仏であると示している。

なお、本書『存覚教学の研究』は京都六角仏教会館の二〇一〇年度・二〇一一年度研究助成金を基に存覚教学の研究に取り組んだ研究成果の一端をまとめたものです。助成金を賜った六角仏教会館に対して、深く感謝の意を表する次第です。

大学院文学研究科における林ゼミでは、親鸞の主著『教行信証』の最初の注釈書である存覚著『教行信証六要鈔』をテーマに六年間、真宗教義の研鑽に努めてきました。そして、ゼミ生を中心として、存覚教学に関心を持つ研究者にも参加していただき、ようやく六角会館研究シリーズⅥを刊行することになりました。本書は、第一部論文篇と第二部著作解説篇から成り、著作解説篇は分担して執筆いたしました。ここに各執筆者に対して心から敬意を表します。

本書をまとめ、編集・校正をしていただいた、林ゼミ出身の赤井智顕氏、川野　寛氏、掬月即勝氏に心からお礼申し上げます。

終わりに、本書刊行を快く引き受けていただいた永田文昌堂の永田　悟様にお礼申し上げます。

合掌

平成二十六年（二〇一四）十一月二十日

林　智　康

目次

第一部　論文編

存覚上人と法華
――日蓮宗徒との対論を中心に――

川野寛

はじめに

存覚上人（一二九〇～一三七三）（以下、存覚）在世時は本願寺黎明期に当たり、浄土宗（浄土真宗）は、今日のように社会的においても、また仏教界においてもいまだ盤石とはいえず、非常に厳しい状況下であった。存覚はその過渡期において、仏教内外からの激しい非難に対し巧みに応対し、浄土宗（浄土真宗）の位置づけを明確化し、後の蓮如上人以降の真宗興隆への梯ともいえる重要な役割を果たした。

以上のような背景により、存覚の著作には聖道諸宗との交渉を論じたものが多く見受けられ、とりわけ日蓮宗徒との交渉は顕著である。その際用いられる教判は宗祖親鸞聖人には見られない独自なものもあり、存覚の教学的特徴ともいわれている。

本論では、まず存覚在世時における浄土宗（浄土真宗）の置かれた状況下を踏まえた上で、特に存覚中期の著作のなか日蓮宗徒との対論の書といわれる『決智鈔』、『法華問答』を中心として、法華との関わりを論じてゆく。

一、存覚在世時の専修念仏者の置かれた状況と立場

諸行・念仏併修のなかより、法然聖人（以下、法然）の専修念仏の主張、浄土宗の開闢により、念仏は浄土往生の行としてひとり立ち（機根の一類化・念仏一行化）をするに至った。それは衆生の機根の如何を問うことなく、一切衆生の浄土往生の行（九品皆往の行）としての本願念仏の顕示であった。その教えは、ひとえに善導大師（以下、善導）に依るものであるが、法然における専修念仏の顕示は同時に浄土往生の行としての諸行の否定（廃立）（弥陀の本願による念仏選択は、同時に諸行の選捨）（専念＝無二行）を意味していたため、延暦寺、興福寺などの有力聖道寺院の訴えにより承元の法難、嘉禄の法難をはじめとする専修念仏弾圧が巻き起こった。その弾圧は存覚在世時にも引き続き起こり、存覚の一代記ともいえる『常楽台主老衲一期記』（以後『一期記』に略す）の十四歳嘉元元年（一三〇三）の条または唯善書状には、鎌倉で念仏停止の禁令が下り、その撤廃を求めて唯善が奔走した旨が記されている。(1) これらの文書より、当時幕府の専修念仏停廃の理由は諸国横行・不横行の如何によっていることが窺える。幕府にとっては税の徴収等の利便性により在家止住か否かは大きな問題点であったものであろう。当時は一遍の時宗にように、在家止住ではなく諸国横行の念仏聖も盛んであり、浄土宗の門流も同じく一向衆として混同されていたものと思われる。そこでこの文書において唯善が申し開きをしているのは、一向衆として十把一絡げに取り締まりの対象となっている現状を憂い、法然・親鸞の専修念仏の門流においては、在家止住にして己の本分に応じて念仏を旨としているのみであることである。

また『破邪顕正鈔』劈頭には、

専修念仏の行人某等、謹んで言上。

はやく山寺聖道の諸僧ならびに山臥・巫女・陰陽師等が無実非分の讒言濫妨を停止せられて、かつは帰仏信法の懇志に優せられ、かつは治国撫民の恩憐をたれられて、もとのごとく本宅に還住して念仏を勤行すべきよし、裁許をかうぶらんとおもふ子細の事。(2)

と記され、具体的に「延暦寺の諸僧、山臥・巫女・陰陽師」等より激しい非難を受けていた状況が窺える。さらに当時本願寺（大谷本廟）は、山門の青蓮院を兼帯した妙香院門跡の別院・法楽寺の敷地内に位置し(3)、様々な裁許を青蓮院より受けるなど、青蓮院の影響化に置かれていた。

法然により浄土宗が開かれてより以後、専修念仏者の置かれたる状況は非常に困難なものであり、浄土宗内においても諸行往生を許し、諸行本願義を立てるもの、戒律を重視するもの、開会の論理を用いるもの等、諸行と念仏との緩やかな交渉が見られる。その当時浄土宗内の趨勢について『浄土真要鈔』には、

しかるにこのごろ浄土の一宗にをいて面々に義をたて行を論ずるいへいへ、みなかの黒谷のながれにあらずといふことなし。しかれども解行みなおなじからず、をのをの真仮をあらそひたがひに邪正を論ず。まことに是非をわきまへがたしといへども、つらつらその正意をうかがふに、もろもろの雑行をゆるし諸行の往生を談ずる義、とをくは善導和尚の解釈にそむき、ちかくは源空聖人の本意にかなひがたきものをや。しかるにわが親鸞聖人の一義は、凡夫のまめやかに生死をはなるべきをしへ、衆生のすみやかに往生をとぐべきすすめなり。そのゆへは、ひとへにもろもろの雑行をなげすてて、もはら一向専修の一行をつとむるゆへなり。これすなは

ち余の一切の行はみなとりどりにめでたけれども、弥陀の本願にあらず、釈尊付属の教にあらず、諸仏証誠の法にあらず。念仏の一行はこれ弥陀選択の本願なり、釈尊付属の行なり、諸仏証誠の法なればなり。釈迦・弥陀をよび十方の諸仏の御こころにしたがひて念仏を信ぜんひと、かならず往生の大益をうべしといふことうたがひあるべからず。かくのごとく、一向に行じ一心に修すること、わが流のごとくなるはなし。(4)

と示され、浄土宗門下で解行一定していない状況であった。しかしそのなかにあって法然から親鸞への門流（わが流）においては諸行を廃し弥陀選択の念仏を一心に修する、一向専修の立場であることを明かされて、これが法然、宗祖より受け継がれた存覚教学の要であり、存覚における全著作の根底に流れているものである。

二、日蓮宗徒との交渉

先に存覚当時の対外的状況を概観したのであるが、そのなかでも顕著な交渉があったの日蓮宗徒である。なぜなら備後において直接対論に及ばれたからである。(5) 日蓮宗徒との交渉の著作としては『決智鈔』・『法華問答』等が挙げられる。なお存覚の著作に関しては、その著された時期から前期・中期・後期の著作に分けることができる。前期とは存覚三十五歳から三十九歳頃にかけて著されたものである。この時期の著作は仏光寺了源の請いによって著されたもので、『持名鈔』『女人往生聞書』『浄土真要鈔』『破邪顕正鈔』『諸神本懐集』『弁述名体鈔』が挙げられる。中期の著作とは、存覚が備後にて日蓮宗徒と論争に及ぶ時期、四十九歳前後に明光や明光の門人の請いより著された『顕名鈔』『決智鈔』『歩船鈔』『法華問答』『報恩記』『選択註解鈔』『至道鈔』が挙げられる。後期の著作とは、存覚六十七歳以後に著されたもので『存覚法語』『浄土見聞集』『六要鈔』『纔解記』等が挙げられる。(6) なかでも中期の著作は、主には対外的影響、特に日蓮宗徒を鑑みて著されたものであり、教判的色彩の強い著物であるといえる。ここでは主にこの中期の著作を中心に窺ってゆくが、その前に対論相手となった日蓮宗徒について考察する。

(一) 当時の日蓮宗徒の趨勢

備後における日蓮宗徒との対論であるが、具体的にその対論相手となる日蓮宗徒は、いかなる門流であるのかを検討する。高木豊氏の所論(7)によると、存覚当時における備前・備中・備後地方に教線を拡大していたのは、日蓮宗諸門流のなか京都妙顕寺の流れ(日像〈一二六九〜一三四二〉門流=四条門流の祖)であることが指摘されている。特に暦応元年(一三三八 対論の年)における三備地方の教線は、日像と妙顕寺二世大覚(一二九七〜一三六四 備前法華の祖)によって伸びはじめていたということである。さらに妙顕寺に寄進された荘園が、この三備地方にあったということも挙げられている。

以上のことより、おそらく備後における対論相手は、日蓮宗四条門流であったであろうと推察できる。

(二) 日蓮宗側の見解

暦応元年の法論において、存覚が勝利し、備後地方において真宗が繁昌した旨は『一期記』により知られるのであるが、この法論に関して、日蓮宗側はどのように受容されているのであろうか。論の公平を期すためにも、日蓮宗側の見解を紹介しておきたい。

『日蓮教団全史』(上)によると、

大覚がこの地方（中国地方）で活躍しているころ、本願寺覚如の子存覚は父の義絶をうけて備後へ下っていたが、法華宗の意気大いに盛んで諸宗、ことに浄土系の諸師はその攻撃に悩んでいるときであったから存覚を憑んで法華宗徒に反撃を加えんとした。存覚一期記によれば暦応元年（一三三八）三月、備後守護某の邸で宗論することとなったが、「御門弟依二望申一忌二其憚一改二名字一号二悟一一出対了」その結果「法華宗屈、仍当方弥繁昌、其次作二決智抄一」り閏七月帰都し、九月愚咄坊の口入により勘当を許されたという。徳川末期、真宗の学匠長生院智現の決智鈔丁亥記（文化十年著）は「今般の諍論に日蓮の輩より当宗の法門を言い破り、堕負いたし候ては一宗滅亡に及ぶ大変に相成り候、何卒ひそかに御下向ありて当流の宗義を御成立なし下さるべしと歎き申上ぐるとき、尤の事なりとて早速に御承知あり、名のり出で給ふは憚り在りとて仮に悟一と号し備後の国府に下り守護の前に出席し給ひて、法華宗の学者と問答往復・・・日蓮宗の族一言返答するあたわず屈服」したといっている。存覚に下向を請うたというのは潤色であるが、憚りを思って変名したというのは敗論のときを慮ばかったからで、存覚はこの宗論記録を決智鈔（真宗聖教全書三）と名づけ、また別に同年に法華問答（同全書三）の述作があるというが、この方は恐らく後人が決智鈔にならって存覚に仮托したものと思われる。所でこの事件については本宗では全く伝える所がなく、三備の間における教線はますます拡大しているから存覚の宗論は事実あったとしても、変名して対論したのであるから大きな話題とはならず、一地方の些細な出来ごととして別に注目されることがなかったらしい。また、これが実際の国府の前で行われたものであるかについて問題がある。もし実際に守護職の前で行われたのであるならば、その勝利はかがやかしいもので、存覚自らも当方弥々繁昌したといい、問答記録決智鈔を作り、功によって勘当が赦されたほどならば当然守護職の名があげられて然るべきで、門人も相伝えて後世の規模としたであろうに何等その事実がない。また存覚が当方繁昌といったにも拘わらず備後地方の法華宗の教勢は進展の一途をたどっているから、宗論は国府の守護の面前というような華美なものでなく、国府近在の一小豪族の面前で行われた程度のものであったのを存覚は守護職の面前と誇大に筆記したものであろう。こうした観点から考察すればこの宗論が本宗で何等問題とされなかったのも当然といえる。(8)

と述べられている。日蓮宗側からすれば、自らの敗退を伝える記述でもあり、また詳細な記述がないのであるから、当然の論であろう。私見としては、この後も引き続き巻きおこる宗論のなかの一つの浄土宗側の勝利を伝える記事であろうと考える。

(三) 存覚における日蓮宗徒の位置づけ

天台宗と日蓮宗とは同じ『法華経』を所依の経典とするものであるが、日蓮宗徒に関して存覚は『法華問答』において、

天台一家の宗義のほかに、また近代『法華』等を信ずるともがらあり、みづから称して法華宗と号す。(9)

天台大師の解釈にそむきて、相伝なくして別義をたてて、しかも法華宗と号す。(10)

等と示されるように、「法華宗」という宗名は宗徒みづからの呼称であり、『法華経』を所依としながらも天台宗とは異なって、相伝なくして新たに別義をたてる新興の宗とみなされていたことが窺える。そのことは存覚が当時の

日本に流布する十宗を概観している『歩船鈔』にも、日蓮宗は挙げられていないことよりも知られ、天台宗より独立した日本に流布する一宗としては当時位置づけていないことが分かる。

（四）　日蓮宗徒との対論

対論の書としての『決智鈔』『法華問答』の性格としては、はじめに日蓮宗徒側の論難を挙げ、それに対して存覚が応対するかたちで説かれている。この二つの著作より窺える日蓮宗徒の主張の一端を窺うと、

一、『無量義経』の「四十余年未顕真実」の説に基づき、『法華』以前は方便教、得益なきものであり、真実の教は法華の一法である。それにもかかわらず、方便教、方等部（『観経』）を執して、念仏往生をすすむ。

二、法華所被の機は在世上根の機のみならず、下機を利益することはこの経の勝益であり、達多・龍女の成仏がその証である。どうして下根におよばないというのか。

三、念仏無間業ということ。

四、善導和尚、往生の行を正雑二行をたてて、念仏一行を正行として、自余の諸善をことごとく雑行に摂す。読誦大乗のなかに『法華』ももれず、『法華』を雑行に摂すること（是れ一つの謗法）。

五、三心を釈するに、回向心のなか、二河白道の譬えをなして、異学・異見・別解・別行のものを群賊悪獣にたとえ、別解・別行のなかに『法華』を摂すること（是れ二つの謗法）。

六、『選択集』に読誦雑行を出し、このなかに『法華』も含まれること（是れ三つの謗法）。

七、『選択集』に『法華』をもって歴劫迂回の行ということ（是れ四つの謗法）。

八、『選択集』に、念仏にほかの自余の諸行を捨閉閣抛と釈すこと、謗法のつみをのがれん。
九、法華の利益、念仏に帰すということはいうべからず。
十、法華所説の弥陀（三千塵点のさき）と念仏の行者の帰する弥陀（十劫成道）とは各別であって、どうして一仏なりといえるのか。
十一、五時の次第をまもらず、方等部の経といわないにしても、『法華』と同時、以後といういい文証がなければ未顕真実の教を出ない。また法華のごとく出世の本懐と見えるたる文がなければ、真実教といいがたい。
十二、二蔵教の教相によるとも、どうして勝劣浅深がないのか。ともに大乗ならば菩薩蔵というとも、そのなかに権実・偏円等の差別があるのではないか。
十三、天台の五時の教相をまもらないのに、どうして三論の教相たる二蔵を用いるのか。
十四、法華と念仏一法ということは不審である。法華は開示悟入仏之知見の妙理、念仏は捨身他世往生極楽の事教であるのに、どうして同じといえるのか。
十五、浄土宗は小乗にして大乗にあらずということ。また『観経』を頓教、一乗ということおもいがたし。
十六、浄土宗の所談、成仏を期せず、念仏の利益、往生をすすむ、この義もとも浅近なり。往生は生死をはなれずときこえたり。どのように考えるのか。
等の論難が挙げられる。

なかでも主要なものは八、『選択集』の捨閉閣抛であろう。本願念仏義（念仏もうさば仏になる）では非難を受けるポイントはないが、廃立義を含む専修念仏義は、当時の聖道諸宗にも共通な論難点であり、法難のポイントと

いっても過言ではないであろう。日蓮宗徒側も、

近代念仏修行の人『法華』を信ぜずして、あまさへ雑行のもの往生すべからずといふ(11)

と主張している。日蓮は、その主著『守護国家論』等において、法然の『選択本願念仏集』(以下、『選択集』)を強く非難し、「『選択集』謗法縁起(12)」として、その『選択集』所説の「捨閉閣抛」を非難している。非難するばかりではなく、日蓮は法華を中心とした「捨閉閣抛」の論理へと転用されている。つまり生死を離れ菩提を得るには浄土宗を捨て抛ち、『法華経』を持つように勧めている。(13)

また三、念仏無間業ということは、専修念仏義を非難するのみならず、念仏法そのものへの非難でもあり、『決智鈔』において存覚自身、「この問もとも迷惑せり(14)」と悲嘆している。存覚は「念仏無間業」の出拠の文を出すように主張するのであるが、日蓮宗徒側の出す文は『法華経』「方便品」「譬喩品」等の法華を毀謗する咎を挙げたる文言に過ぎない。つまり念仏法そのものを無間業と示す文証は出されていない。日蓮宗徒側は、この点において『法華問答』には、

次に念仏無間の業といふは、直に念仏を無間の業といふにはあらず。念仏の行者法華を毀謗す、かるがゆへに能修の機に約して、所修の念仏を無間の業となづくるなり。(15)

と示し、無間業とは念仏法そのものを指しての論ではなく、念仏の行者が法華を謗るのでその行者の所談(能修の機)に就いて名づけたものであるという解釈をたてている。しかし、日蓮(一二二二〜一二八二)は、『無量義経』の「未顕真実」に基づき、法華以前の方便教とし、特に念仏等を小乗、外道と称しているし、「念仏は無間地獄の業因なり(16)」と明言され、念仏法そのものに無間業の名を付している。(17)浄土宗においては、機根が法華に及ばざるが

ゆえに、ただ時機相応の念仏を行ずるのみである（法華を謗っていない）と主張するが、日蓮にすれば「法華を信じない」ということがすでに謗法であり、堕地獄の罪である。(18)

このような論難に対して存覚は巧みに応対し、その論法はしばしば与奪論法といわれている。それはまず、ともに仏教としての同質性を強調し、排他的な論理ではなく非常に融和的な解釈を為し（与）、それからみずからの主張を述べられるものである（奪）。以下、項目ごとに法華との関わりを検討する。

◎法華と念仏の関係

具体的に論難に対し存覚は、『決智鈔』に法華と念仏との関係を以下のように示している。

法華と念仏とを相対するに、分別・開会の二門あるべし。分別門のときは異なり、かれは実相これは称名、かれは理教これは事教、かれは成仏これは往生、かれは為聖これは為凡、かれは難行これは易行、かれは自力これは他力、二教各別にして、機に応ずるときたがひに勝劣あり。開会門のときは同なり、ともに一実の仏智なるがゆへなり。実相と名号とあひはなれず、おなじく仏智一乗なり、理・事ついに別ならず、理事不二なり。成仏・往生は一旦の二益なり、剋するところは開悟にあり。為聖の教も凡夫をすてず、一切衆生皆成仏道の実説なるがゆへに。為凡の教も聖人をきらはず、五乗斉入の仏智なるがゆへなり。おほよそ如来の教法はもとより無二なり、ただ一乗の法のみあり、八万四千の法門をとけるは衆生の根性にしたがへるなり。されば実相円融の法と指方立相の教と、しばらくことなるがゆへに、文にあらはれて一法といはれざれども、実には仏智一乗のほかにさらに余法なし。(19)

存覚は日蓮宗徒によって、法華以前の方便教と主張される念仏と法華との関係について、開会門・分別門二門の立場において論じている。さらに等・勝・劣の三義についても言及されてあり、[20]ともに図示すると、

開会門（無差別）　　分別門（差別）

等　　機　　法

仏智一乗（法華・念仏一体）

為聖——法華（此土入聖）——一代帰法華
　　成仏為本　法華（勝）念仏（劣）

為凡——念仏（彼土得証）——一代帰念仏
　　往生為本　念仏（勝）法華（劣）

と表すことができる。三論宗の教判（等・勝・劣）や天台の教判（開会・分別）を駆使し、開会門においては法華と念仏一法異名同時（仏智一乗）ということを強調し、差別門においては機根の別において法華と念仏と異なることを示されている。このような非常に融和的な教判を用いられたのは、機根の差によって互いに日蓮宗徒、浄土宗という立場で対論しているが、お互いがともに仏智一乗という共通の土台であることを明示し、応対してゆかれたものであろう。

以上のように、存覚において対日蓮宗徒との対論においてしばしば強調されてくるのが、法華と念仏一体異名と

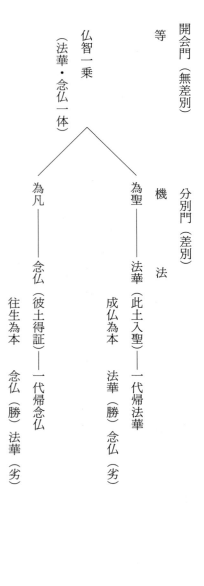

いう内容である。この内容はすでに覚如上人（以下、覚如）のうえにも見いだされるものである。『出世元意』には、「法華念仏同体異名事」[21]と題して、法華と念仏の同味、同時説を展開されている。[22]

存覚においては、『六要鈔』に、

法華《ト》弥陀《ト》、内証同体《ナリ》。彼《ハ》為聖《ノ》教、此《ハ》為凡《ノ》教、所被之機、聖凡雖レ殊《ナリト》、所説之法、共是一乗、真宗之称、彼此密《ニ》二通《ズ》。此《ハ》是今家不共《ノ》別意《ナリ》。[23]　教巻釈（「真宗」の言を釈す）

又一乗《ノ》言本被《トシム》二『法花』《ニ》一薬王流《ノ》通終勧《ニム》二安楽《ヲ》一、彼此帰《ス》レ一《ニ》、故《ニ》云《フ》二咸指《ト》一。[24]　行巻釈（元照引文釈）

等と説かれ、『決智鈔』には、

念仏と法華とともに仏智一乗の正法なるがゆへに、一法なりと信ず。しかれども、聖に対しては法華となづけて諸法実相の妙理をあかし、凡に対しては念仏となづけて捨身他世の往生をすすむ。かるがゆへに一法の異名なりとしりてしかも凡機にあたふるかたをとりて念仏を行ずるなり。[25]

浄土宗の弥陀、法華とて、さらに各別なるべからず。浄土宗のこころは、一仏一切仏なるがゆへに諸仏みな一体なり。[26]

等と示され、法華と念仏、法華と弥陀同体説を説いている。

◎存覚の阿弥陀三諦説の受容について

以上のように存覚においては、日蓮宗徒との交渉において法華と念仏一体にして、ともに仏智一乗である旨を強調しその論難に応じている。そしてその法華と念仏一体の根拠として用いられている論理が阿弥陀三諦説である。

日本においては、阿弥陀三諦説は念仏興行時代[27]（平安時代中期、後期）の著作『観心略要集』等に見られる。阿弥陀三諦説とは、空・仮・中の三諦に阿・弥・陀の三字を配当して、その阿弥陀の三字にその三諦の理をみるものである。『観心略要集』では、その仏名に寄せて一心三諦の理を円観円修する「阿弥陀三諦の念仏」が説かれている。[28]さらに観念念仏を強調しつつも、称名念仏においてもその名号功徳の莫大なるをもって推奨されており、阿弥陀三諦説は称名念仏による往生成仏に理論的根拠を与える思想であり、浄土教の称名念仏を、天台の根本真理で裏付けたものであると考えられる。『観心略要集』の撰者の問題はあるものの、源信撰『阿弥陀経略記』に無量寿三諦説が見られ、阿弥陀三諦説はその系統に位置するものであると考える。そもそも無量寿三諦説は、『摩訶止観』に「如来蔵理」を空仮中に配当される説[29]に淵源を見て、その展開であるともいわれている。[30]その他、存覚によって挙げられるように[31]『往生要集』巻中本には、

三世十方の諸仏の三身、普門塵数の無量の法門、仏衆の法界、円融の万徳、すべて無尽の法界なるも、備りて、弥陀の一身に在れば、縦ならず横ならず、また一異にあらず。実にあらず虚にあらず、また有無にもあらず。本性清浄にして心言の路絶えたり。譬えば、如意珠の中には宝あるにもあらず、宝なきにもあらざるが如し。仏身の万徳もまたまた是の如し。[32]

と三身即一、諸仏同体、万徳円融の理を説き、その思想的淵源が見られる。

また佐藤哲英氏は、

かくのごとき弥陀の仏身に法・報・応の三身、空・仮・中の三諦を観ずる三身一体観が、後になると阿弥陀の三字に空仮中の三諦を観ずる阿弥陀三諦説へと発展したものであろう。[33]と指摘されている。

さて具体的存覚の著作の上での阿弥陀三諦説であるが、『決智鈔』には、

念仏と法華ともとより一法なり。一つには法華本・迹二門の肝心、しかしながら弥陀をはなれず。そのゆへは、迹門のこころは諸法の実相をとくにあり、その実相といふは空・仮・中の三諦なり、この三諦はすなはち次のごとく阿弥陀の三字なり。本門のこころは如来の遠壽をとくにあり、しかるに阿弥陀は無量寿仏なるがゆへに遠壽の至極は弥陀なり。かるがゆへに本・迹二門の正意、ただ弥陀の功徳を表するなり。[34]

と空仮中三諦＝阿弥陀の三字、本迹二門＝阿弥陀の功徳と示し、法華と念仏一体の理論的根拠とされている。また『六要鈔』では、『顕浄土真実教行証文類』（以下『教行信証』）の総序の「円融至徳」を、

言㆓「円融」㆒者、是対《レス》㆓隔歴《ニ》㆒、乃是円満融通之義《ナリ》。此《ノ》阿弥陀《ノ》三字《ハ》、即是為《ルガ》㆓空・仮・中《ノ》三諦理《ノ》㆒故《ニ》、名《テ》曰㆓円融至徳《ノ》嘉号《ト》㆒。[35]

と釈され、三諦隔歴に対し三諦円融でもって釈し、「円融至徳嘉号」の所以として阿弥陀の三字に、空仮中の三諦の理が存することをもって論じられている。

その他、『教行信証』行巻所引『楽邦文類』の「真理一言」を釈すに当たり、真理の言は理法を指すのにどうして念仏を嘆じて此の文を引くのかという問答を設けられ、その答えとして、

所《ノ》㆑言真理文言、無《ク》㆑諍是指《レス》㆓弥陀如来《ノ》功徳名号《ヲ》㆒、則是《レ》三身・三諦・三徳《ノ》秘蔵《ノ》功徳《ナルガ》故也。[36]

と釈されている。

以上のような法華と念仏の一体性を強調してゆくことは、対日蓮宗徒との交渉においては非常に有効なものであったであろう。あくまでも法華と念仏がともに仏智一乗という共通の土台（約法）に立脚することを示すものであり、決して法華と念仏とを混同するものではない。また、阿弥陀三諦説に関しては、本覚思想との関連もあり、さらに留意して考察すべき問題である。

◎出世本懐について

日蓮宗徒側は『法華経』（方便品）の「唯以一大事因縁故出現於世」の文、また経の説時等により、出世の本懐はただ『法華』にあり、浄土の三経の中には、出世の本懐にあたる文言が見当たらないと主張している。それに対して『法華問答』には、

大悲の本懐、元より重苦の衆生をさきとす、『涅槃経』の七種の衆生、こころこれにおなじ。しかのみならず、浄土の教を出世の本懐といふ、その文ひとつにあらず[37]

と浄土教においては、重苦という機をまっさきに救うという義をもって出世本懐を示されている。さらにその文証として、『無量寿経』、『阿弥陀経』、『法事讃』、『阿弥陀経疏』、『阿弥陀経略記』、『称讃浄土経』、『秘密四蔵経』等の経釈を引かれている。『六要鈔』にも、『無量寿経』が真実教たる所以として出世本懐を取り上げ、

問。大事《ノ》因縁文《ハ》在《リ》二『法華』《ニ》一、今経《ノ》更《ニ》無《シ》二本懐之言一、何《ゾ》成《セン》二其義《ヲ》一。答。論《スルニ》二其《ノ》出世本懐之義《ヲ》一、略《シテ》有《リ》二二《ノ》意一。一約《ニハス》二機《ノ》利鈍《ニ》一、～中略～大悲《ノ》本懐、唯教《ノ》権実《ニ》一、三乗《ハ》是《レ》権、一乗《ハ》是《レ》実。故《ニ》以《テ》二一乗《ヲ》一説《テス》為《ト》二本懐一。是《レ》『法花』《ノ》意《ナリ》。二約《ニハス》

在済度障重根鈍常没衆生、而利根少鈍根者多、故知、諸教出離是少、浄土得脱其機是多。依此道理、所施利益超過諸教、浄土教門豈非本懐。(38)

と問答を施されている。出世本懐論について一、約教権実、二、約機利鈍の二つの立場を明らかにし、法華の出世本懐論は、三乗を超過した一乗法を顕すという約法の本懐論であることを示している。それに対し浄土教の出世本懐論としては、さきの『法華問答』の所説と同様に大悲の本懐は、ただ障重根鈍常没の衆生を救済することにあるという約機の本懐論を示し、『般舟讃』、『観経疏』玄義分、『観念法門』、『無量寿経』等の御文を文証とされている。

以上のように存覚は直ちに法の優劣において、出世本懐を論じるのではなく、現実に末法の劣機を救う法義、時機相応の法として約機の立場から論じられている。法の所談の上では、法華と念仏一体ということを縷々強調し、為聖には法華、為凡には念仏という機根各別の行方の提示によってお互いの立場を容認する融和的な解釈の一方、現実的に如何なる機類をも漏れることなく救うという所談においては、浄土教は諸教に超過した妙法であり、一代仏教の帰趨である。存覚においては、融和的解釈によって各宗に応対する一方、約機の立場においては厳しい廃立義に根ざしていることは留意すべきであろう。

◎諸行往生と念仏往生について

聖道諸宗から浄土宗へ向けられた論難の中心は、『選択集』における捨閉閣抛の義であり、日蓮宗徒においても論難の中心点である。法華における理事の行のなか、事の行（受持・読誦・解説・書写・供養）の読誦行を、浄土宗においては、雑行（読誦大乗）とし廃すべき諸行として位置づけることへの論難である。その説は『観無量寿

経』の説相にも背くものであり、謗法に当たるものとして非難されている。それらの難に対して、存覚は『法華問答』に、

つぎに和尚・上人両師の御釈をひきて謗法といふこと、不足言なり。これすなはち文にまよひ理にくらきがゆへなり。両師ともにことごとく諸行往生をゆるす。(39)

と示し、『観経疏』玄義分、『法事讃』、『般舟讃』等の諸教得益の文を挙げて、諸行往生の文証とされている。さらに、

道綽禅師(『安楽集』巻下意)は「万行往生」といひ、慧感禅師(『群疑論』巻五意)は「諸行往生」といふ。慧心またこれにおなじ。ただし念仏等の五種の正行は、もはら西方の業なるがゆへに正行となづく、五種のほかに自余の諸行は、あるひは人天をよび三乗に通じ、あるひは十方の浄土に通ずる行なるがゆへになづけて雑行といふ。(40)

と他の浄土教の諸師も諸行往生を示される意を示されている。ただし正行＝西方浄土の業、雑行＝十方浄土に通ずる行と分けられている。さらに、

『選択集』の中に諸行往生を明すこと、其の文一にあらず、『選択集』の末(付属章)に、はじめ日想観より、をはり雑想観にいたるまで、つぶさに十三観をひきをはりて、「たとひ余行なしといふとも、あるひはおほくその所堪に随て十三観を修して往生することをうべし、そのむね経にみえたり、あへて疑慮する事なかれ。つぎしもに、はじめ孝養父母より、をはり読誦大乗勧進行者に至るまで、散善の行ことごとくこれをひきて往生をゆるす、読誦大乗を釈していはく、願くは西方の行者、をのをの其意楽に随て、あるひは法華を読誦しても

て往生の業とし、あるひは華厳を読誦してもて往生の業とす。(乃至) これすなはち浄土宗の観無量寿経のこころなり」(已上)[41]。

と示し、諸行往生を明かすことを挙げられている。これらの所説により存覚は諸行往生容認の師としてしばしば言及されている[42]。しかしながら、一方で『法華問答』には、

しばらく不堪の機に対して、ひとへに念仏をすすめんがために「捨閉」等といへり。しかりといへども、また不捨不閉は本願にあらず、故に捨閉等といふなり。〜中略〜三経の説相により廃立・助正・傍正の三義を立す。しかも廃立の一義をもて謗法といはば、『阿弥陀経』の少善根不生の文、いかんぞ謗法といはん。十方諸仏の証誠ただかぎりて念仏にあり、念仏はまさしく弥陀如来の本願の行なるがゆへに、行じやすく修しやすし。かるがゆへに機の堪不堪を論ぜず、ひとへに念仏往生をすすむるなり。つぎに歴劫迂廻の行のこと、おほよそ浄土宗の大綱は、聖道・浄土の二門を立てて、聖道門をすてて浄土門に帰するを本意とす[43]。

『歩船鈔』には、

この浄土門につきて諸行と念仏とともに一往往生の益をときたれども、そのなかに念仏をもて本願とし、名号をもて生因とす。〜中略〜三経の所説みな念仏をさきとし、往生の生因ひとへに専修を本とす。その専修といふは、心を諸教の出離にかけず、念を念仏一行に立して、ただふかく本願を信じ、一心に名号を称して、一念も疑心をまじへざるなり[44]。

さらに『選択註解鈔』には、

是則一往は定散の諸行共に往生の行と見えたれども、彼は皆能顕の方便と云はれ、名号の一法のみ所顕の真実

と成て、下根最劣の為には念仏独往生の因となる義を顕なり。(45)・・・(教相章)

私の釈に、定善十三観、三福九品等の善をあげて、何も殊勝の利益あるべきことを釈せらるるは、文に「定散両門の益をとく」といへるを釈するなり。～中略～これすなはち諸行は本願に非ず、念仏は本願なるがゆへなり。～中略～文に当りて釈する時は、定善を讃ずるには「随其堪修十三観、可得往生、其旨見経、敢无疑慮」といひ、散善を嘆ずるには一々の善のしたに「縦雖無余行以四無量心為往生業」ともいへるは、をのをのその行を釈するときの一往の義なり。仏の本願を尋ればただ念仏の一行のみ往生の業なりと知らるる也。此心をえて能々文をみるべきなり。(46)・・・(念仏付属章)

等と示されている。『法華問答』では、十三観に堪えざる機にために、「捨閉閣抛」の論理をもって念仏を説き、本願に順じて「捨閉閣抛」の義を示される。三経の説相より、念仏は弥陀如来の本願の行であるから、機根の堪不堪を問わず、念仏行を行ずべき旨を明し、浄土宗の本意としては、聖道門を捨てて、浄土門に帰すべきという廃立義をもって示されている。『歩船鈔』においても、浄土門において一往、諸行と念仏の往生の益を説くが、三経の説相より、専修の義（廃立）を本意とすべきことが示されている。

『選択註解鈔』では廃立義に立脚して説かれ、『選択集』に定善十三観を可得往生と明かす文や、散善一々を往生業と示されるのは一往の義であって、仏の本願によれば、念仏一行のみをただ往生業と示される意を明かされている。

以上より、直ちに存覚を諸行往生容認の師として位置づけることには注意すべきであろう。諸行往生容認の説示は、中期の著作における日蓮宗徒への応対としての所論に一部見受けられる説示であり、それは中期の著作全体を概観すれば、一往の義（能顕の義、方便）であって、存覚の本意は、名号一法（所顕の真実、再往）を明かすことにあるということはいうまでもない。

結び

以上、日蓮宗徒との対論を中心として、存覚と法華の関わりを窺ったのであるが、その主張の背景には存覚在世時の浄土宗の置かれた状況が大きく影響しているものと考える。浄土宗が日本において確固たる地位を築いてゆく過渡期に当たり、幕府や聖道諸宗、その他諸々の輩よりの論難激しき時代である。その時代をともに生きた父覚如が本願寺を中心とする一宗顕示の立場であったのに対して、存覚は浄土宗を他からの厳しき論難や濫妨から守り、護持してゆくかに力点を置かれていたように感じられる。その立場において、一往再往、差別無差別、顕説隠彰義を駆使して、巧に論難に応じていったものであり、しばしば存覚の論法が与奪論法といわれる所以であろう。与の部分については、他との交渉にあたり法然、宗祖義からも乖離したかのような説示も見受けられるのであるが、根底には一貫した専修念仏の法義が流れている。

註

（1）一、『一期記』十四歳の条

於関東有専修念仏停廃事、其時唯公竊馳下、以巨多之料足、被申成安堵之御下知了。～中略～　其文章、仮令於親鸞上人門流者、非諸国横行之類。在家止住之土民等勤行之条、為国無費為人無煩。不可混彼等之由、唯善為彼遺跡所申、非無其謂之間、所被免許如件。

（『続真宗大系』巻十五所収）

二、唯善書状

嘉元元年九月日、被禁制諸国横行人御教書偁、号一向衆成群之輩横行諸国之由、有其聞、可被禁制（云云）因玆混一向之名言、不論横行不横行之差別、一向専修念仏及滅亡之間、唯善苟依為親鸞上人之遺跡、且為興祖師之本意且為糺門徒之邪正、申披子細、忝預免許御下知追畢。早以此案文、披露于地頭方、如元可被興行之状、如件

嘉元二年十二月廿八日　沙門唯善

顕智御房

（『眞宗史料集成』巻一　九七三～九七四頁）

（2）『真宗聖教全書』三・一五五頁

（3）谷下一夢著『存覚一期記の研究並解説』七六頁参照

（4）『真宗聖教全書』三・一二〇～一二一頁

（5）四十九歳（暦応元）三月、於㆓備後国府守護前㆒、与㆓法花宗㆒対決了。御門弟依㆓望申㆒、忘㆓其憚㆒、改㆓名字㆒号㆓悟一㆒、出対了。法花宗屈、仍当方弥繁昌。（『一期記』）

（『続真宗大系』巻十五所収）

（6）外川奨氏「存覚の思想転回」『日本思想史研究』第三十号所収　参照
外川氏は、前期・中期・後期においての存覚の思想転回を論じられているが、私は思想転回として捉えるのではなく、対外的影響を鑑みての著物的性格、文勢の相違であると考えている。

（7）高木豊氏「初期日蓮宗の法論について」（『金沢文庫研究』七十四号所収）

（8）『日蓮教団全史』上・一三八頁

（9）『真宗聖教全書』三・二八二頁

（10）『真宗聖教全書』三・二八九頁

(11)『真宗聖教全書』三・二九二頁
(12)『守護国家論』『昭和新修日蓮聖人遺文全集』上　二二三頁
(13)『念仏無間地獄鈔』『昭和新修日蓮聖人遺文全集』上　一〇三頁
(14)『真宗聖教全書』三・一九八頁
(15)『真宗聖教全書』三・二九一頁
(16)『念仏無間地獄鈔』『昭和新修日蓮聖人遺文全集』上　一〇三頁
(17)日蓮著作に関しては、資料的な問題もあり、さらに存覚当時の対論相手の日蓮著作の受容形態も考察する必要がある。
(18)このような観点から、法華念仏一体ということを強調していかれたのではないかと考えている。
(19)『真宗聖教全書』三・二〇九頁
(20)『真宗聖教全書』三・二〇七頁
(21)『真宗聖教全書』三・六三頁
(22)内田舜圓氏「存覚上人の教義と日蓮上人」（一）『龍谷大学論叢』二六七号所収または嬰木義彦氏「親鸞聖人・存覚上人の法華経に対する態度」『真宗学』四四号所収等にすでに論じられている。
(23)『真宗聖教全書』二・二一四頁
(24)『真宗聖教全書』二・二五六頁
(25)『真宗聖教全書』三・二〇〇頁
(26)『真宗聖教全書』三・二〇二頁
(27)叡山浄土教の時代区分について、佐藤哲英氏は四期に分けられている。その四期とは、第一期、初期伝承時代（平安初期）、第二期、念仏興行時代（平安中期・末期）、第三期、新宗派生時代（鎌倉時代）、第四期、戒浄双修時代（鎌倉末期・南北朝時代・室町時代・江戸時代）である（『叡山浄土教の研究』一六〜一七頁参照）。発表者はその時代区分にしたがうものとする。
(28)佐藤哲英著『源信和尚撰　観心略要集』参照

(29)『摩訶止観』「理即者。一念心即如來藏理。如故即空。藏故即假。理故即中。三智一心中具不可思議」(大正四六・十中)
(30) 小山昌純氏「源信撰『阿弥陀経略記』の無量寿三諦説について」(『印仏』五一巻一号)
(31)『決智鈔』(『真宗聖教全書』三・二一一頁)
(32)『恵心僧都全集』一・一〇七頁
(33) 佐藤哲英著『叡山浄土教の研究』一六四頁
(34)『真宗聖教全書』三・二一一頁
(35)『真宗聖教全書』二・二一〇頁
(36)『真宗聖教全書』二・二六五頁
(37)『真宗聖教全書』三・三二一頁
(38)『真宗聖教全書』二・二二二頁
(39)『真宗聖教全書』三・二九五頁
(40)『真宗聖教全書』三・二九六頁
(41)『真宗聖教全書』三・三〇〇頁
(42) 存覚を諸行往生容認の師とする諸説

◎平雅行氏『日本中世の社会と仏教』より

異端派はこの時期、祖師の思想の異端的部分を放棄し、顕密仏教と妥協を図りながら体制回帰を果たしていった。たとえば専修念仏は鎌倉後期以降、良忠・存覚らが諸行往生・聖道得語を承認し、善導流念仏へと還帰しながら顕密仏教との調和を図っている。

と示され、存覚は良忠と同列に諸行往生・聖道得悟容認の人として扱われている。

◎佐藤弘夫氏『日本中世の国家と仏教』より

末法を仏法衰滅の時とみることを否定した覚如や存覚は、末法時における余行を修しての得脱を肯定することで、聖道門を棄捨して念仏一行を専修する法然・親鸞の立場と訣絶した。そして、浄土門・聖道門の二者択一ではなく、顕密諸宗の存在を前提として、その中から自己有縁の法門を選取すること—〈選択〉に基づかない専修—を主張するのである。

こうした覚如や存覚の立場が、〈選択の論理〉を破棄して念仏と旧仏教教団との共存をめざそうとする点において、かつて法然門下の弁長や長西がとった方向と軌を一にするものであることは、わざわざ指摘するまでもなかろう。

と示され、弁長、長西同様に諸行往生容認の師として挙げられる。

◎外川奨氏「存覚の思想転回」より

二期において存覚は、当時が末法であることを認めながらも、末法の世を、教のみが残るばかりで行も修されず、証も現われない時代だとは捉えていない。むしろ逆に、末法とは日本において仏法の繁栄する時代であると捉えているのである。そして、仏法繁盛の現在、従来通り諸教によって解脱が得られることは当然であるとして救済を浄土往生に限定せず、さらに往生についても諸行を修することによってそれを遂げることが可能であるとして、諸行の価値を全面的に認めるという態度を示すのである3。

と示され、前期・中期・後期における著述のなか、おもに第一期（前期）と第二期（中期）の思想的相違を述べられている。外川氏はただちに存覚を諸行往生容認の師として示されるものではないが、中期おいて諸行を前面的に容認する義が認められるという意を示される。さらに存覚をただ弁長、良忠らと同列に語るだけでは存覚を語るうえでは不十分であると示され、三期において再び存覚が諸行往生を否定されることより、鎮西、西山義と異なる見解を示されている。

(43)『真宗聖教全書』三・三〇一～三〇二頁
(44)『真宗聖教全書』三・二五四頁
(45)『真宗聖教全書』五・一二八頁
(46)『真宗聖教全書』五・二〇四頁

『法華問答』の成立時期について

高瀬大宣

はじめに

存覚上人（一二九〇～一三七三）（以下、存覚）の著作の多くは、その成立時期が明確になっている。それは、『浄典目録』と『存覚一期記』の記述によるところが大きい。その中で『法華問答』は、『浄典目録』において備後・山南で著された書物とは別にされ、『信貴鎮守講式』『浄典目録』の後に配されている。その書名の下にある解説では、

「是所望之仁不存知。若決智鈔所望之仁歟[1]」

とある。前半の、

「是所望之仁不存知。」

という部分に重きがあるとすればこの書物が誰の所望でいつ著されたものかわからなくなる。しかし後半の、

「若決智鈔所望之仁歟」

という部分に重きをおけば、山南にて『決智鈔』とともに著されたということになる。しかし山南で著されたのであれば『決智鈔』など山南の書物とともに配されても良いように思われる。何より『決智鈔』自体がそうである。『浄典目録』において『決智鈔』の書名の横には、

「同所望歟」

とある。これはその前にある『歩船鈔』と同じ人物の所望であろうかということである。山南で著されたということが確かであれば、『決智鈔』と同じように山南で著されたものと同じところに配せばよいのである。しかしそうなっていないということは、前半部分に重きがあると考えるのが妥当である。このように『法華問答』の成立時期については不確定である。しかし現在多くの場合『決智鈔』が著された備後において同じく著されたものであるとされる。『決智鈔』は、『存覚一期記』に、

「四十九歳暦応元三月於二備後国苻守護前一、與二法花宗一對決之《シ》了《ヌ》、御門弟依二望申一、忌二其憚一、改二名字一號二悟一一出對《シ》了《ヌ》、法花衆屈《ス》、仍當方彌繁昌、其次《ニ》作二決智抄一了《ヌ》、(2)」

とあるように暦応元年（一三三八）存覚四十九歳の時に備後において、法華宗徒との対論の後、著されたものである。『法華問答』は、確かに法華宗徒との対論について著されているが、先に述べたように同所において著されたかどうかは不明である。そこで『法華問答』と『決智鈔』の内容の比較検討を行い、そこから『法華問答』の成立時期について考察をしていきたい。

法華宗徒の動向

まず当時の日蓮教団とはいかなるものであったのか。京都における布教や教義について考察していく。日蓮（一二二二〜一二八二）は、弘安五年（一二八二）に臨終を迎える。その際十三歳であった日像（一二六九〜一三四二）に帝都弘通の遺命を残している。日蓮自身は、天皇の住む京都にて布教することが出来なかった。そこでその使命を若い日像に託したのである。その日像は、日蓮の死後十一年後の永仁元年（一二九三）に京都に向けて出発をした。まず佐渡の日蓮の霊跡を巡拝し、そこから北陸を通り京都に向かった。翌永仁二年（一二九四）に京都に到着している。京都に到着して日像は、精力的に布教活動を行った。そこで柳酒屋中興法実や油屋太郎衛門を信徒としたといわれている。つまり京都の商工業者を信徒として獲得し、教線を広げていった。その布教活動に対して迫害する動きが、叡山や諸宗派から起こる。そして徳治二年（一三〇七）に日像は、京都追放を命じられる。その四年後の延慶二年（一三一一）に許されて帰洛し、また布教活動をしている。翌延慶三年（一三一二）には、またしても京都から追放されている。そして翌延慶四年（一三一三）にはまた許されて帰洛している。さらにその八年後の元亨元年（一三二一）にもまた追放され、今度はその年のうちに許されて帰洛している。この三度の追放と赦免を三黜三赦の法難と言う。しかしこの追放は、その度に京都の近隣において布教活動をする機会となり、結果的には教線の拡張に繋がったといえる。また京都を追放されるたびに許され帰洛するということは、それほどに京都に信徒たちも多く、政治的に有力な者ともつながりが出来ていたのではないだろうか。それを裏付けるのが元亨元年（一三二一）に許され帰洛した後、弘通の勅許を得、また後醍醐天皇から寺領を賜り妙顕寺を開いた。元弘三年（一三三三）、この妙顕寺は後醍醐天皇の京都還幸の祈願を託され、還幸が実現した。このことにより、尾張・備中に三ヵ所の寺領が寄進され、次いで建武元年（一三三四）には、

「妙顕寺は勅願寺たり、殊に一乗円頓の宗旨を弘め、宜く四海泰平の精祈を凝すべし」

と綸旨を賜り、法華宗と名乗ることを許されている。

日像の弟子の大覚は、元徳二年（一三三〇）ごろから活発に備前・備中で教化を行っており、元弘三年（一三三三）に備中に寺領を賜って、より教線が拡大していったことは明らかである。大覚は、康永（一三四二）のころまでこの地方で教化を行っていたと思われるため、存覚が対論した法華宗徒も日像や大覚の弟子であったと思われる。

では日像の教学といかなるものであったのだろうか。そこで『法華宗旨問答抄』という書物を手がかりとしていきたい。まずはじめに、

「問、法華宗者上古曾無之、近来頻立彼稱號、誰信用之哉、答、法華宗稱號者三國相承也、汝何不見舊記輙謂立新名哉、問三國相承之證據如何、答、傳教大師秀句下云淺易深難釈迦所判去淺就深丈夫之心也、天台大師信順釈迦助法華宗敷揚震旦、叡山一家相承天台助法華宗弘通日本（中略）寄所住山名天台宗寄所依經稱法華宗、所詮不披舊書之輩謂立新宗、淺見之至極、實非問答限、問、法華宗大意何事哉、答凡天台法華宗意者專四教配立別諸經大小立五時次第判一代權實、捨權取實、廢小歸大、是以妙樂大師云箇權取實、以為經體文云云、法華宗大意大畧在此、[3]」

（「問う、法華宗は上古にかつてこれなし、近来頻りにかの称号を立つ、誰かこれを信用せんや、答、法華宗の称号は三国相承なり、汝なんぞ舊記を見ずして、輙すく新名を立つというや、問う、三国相承の証拠いかん、答、伝教大師の秀句の下にいう、浅は易く深は難かしとは釈迦の所判なり、浅を去りて深に就くは丈夫の心なり、天台大師は釈迦に信順して、法華宗を助けて震旦に敷揚し、叡山の一家は天台に相承して、法華宗を助けて日本に弘通す。（中略）所住の山に寄せて天台宗と名づけ、所依の経に寄せて法華宗と称す、所詮舊書を披ざるの輩新宗を立つという、浅見の至極、実に問答の限りにあらず、問う、法華宗の大意は何事や、答、おおよそ天台法華宗の意は、四教の配立を専らにして諸経の大小を別ち、五時の次第を立てて一代の権実を判じ、権を捨てて実を取り、小を廃して大に帰す、これを以て妙楽大師いう権を簡び実を取って以て経の体となす文云云、法華宗の大意大略これにあり、」筆者書き下し）

とある。ここでは、法華宗という宗名の依用について問答がなされている。法華宗という宗名は、勝手に名乗ったものではなく、三国相承のものであるということが主張されている。日蓮の死後、教団内では自身の教団をどのように呼称するべきか明確には定まってはいなかった。しかし日像と師であり、兄弟子の日朗との書簡のやり取りの中にその宗名を見出すことが出来る。日朗は、日像たちの集団を「京の法華宗」と呼んでいる。そのことから日蓮の死後十年ほどの内に法華宗という宗名を用いるようになったのではなかと考えられる。さてここで三国相承ということが言われているが、これは釈尊から天台大師智顗へ、天台大師智顗から最澄へと三国を渡って『法華経』が弘まってきたことをあらわしている。天台宗という場合は、天台山という山の名前によってその宗名が付けられているのである。法華宗という場合は、『法華経』というお経の名前によって名づけられているのであり、そこに違いは無く新宗を立てているわけではない。であるから天台宗の大意と法華宗の大意はほぼ同じであるとしている。このことに関して二つの見方が出来るのではないだろうか。一つには日像がこの文のように、自身が布教している教えは天台のそれとそれほどずれがあるわけではないと考えている、または天台の教えの本質的なところは日蓮の教えと同じであると考えていたという見方。二つには京都において布教活動をする際、多くの迫害を受けてきたはずであり、それを少しでも和らげるために天台宗と日蓮の法華宗というものが変わらないものであると主張したという見方。どちらにせよ日像がここで用いた三国相承という考え方は、日蓮が晩年用いなかったものである。日蓮は、晩年智顗や最澄についても批判をするようになっていく。そのことから考えれば、日蓮自身は天台宗とは違う法華経を宗とする新しい宗派を立てようとしていたことは明白である。それについて日像がどのように考えていたのかということも含めて続きを見ていきたい。

「問、法華宗之意、何指自餘諸宗云無間業人耶、答、此事更非當宗之私曲、偏任經論之道理、問、欲聞誠證、答、法華經云、當來世悪人聞佛説一乗迷惑不信受、破法堕悪道云云、又云、若人不信毀謗此經、則断一切世間佛種、其人命終入阿鼻獄、又云、若有於此經生疑不信者、即當堕悪道矣涅槃經云、虚妄之法則為是罪、以是罪故堕於地獄矣自餘之諸宗爭可免此經文、問汝料簡甚以非也、今於此經文者、指不信謗法之輩也、諸宗強無犯謗法之罪、何如此云耶、答、諸宗悉成不信之人、諸徳皆犯謗法之科者哉、造罪謂不造、犯科思不犯、愚癡中大愚癡也、（中略）各以所依経成実經思、故違四十余年未顕真実之文、背更無余乗余佛方便之説宗宗也、爭遁不信之過、免謗法之罪耶、(4)」

（「問う、法華宗の意、なんぞ自余の諸宗を指して無間業の人というや。答、この事更に当宗の私曲にあらず、偏に経論の道理に任せたり。問う、誠証を聞かんと欲す。答う、法華経にいわく、当来世の悪人仏説の一乗を聞きて迷惑して信受せず、法を破して悪道に堕せんと云云。又いわく、もし人信ぜずしてこの経を毀謗せば、すなわち一切世間の佛種を断ず、その人命終にして阿鼻獄に入らんと。又いわく、もしこの経において疑を生じて信ぜざる者あれば、すなわちまさに悪道堕つべしと矣涅槃経にいう、虚妄之法はすなわちこれ罪なり、この罪を以てのゆえに地獄に堕す矣。自余の諸宗いかでかこの経の文を免れるべきや。問う、なんじが料簡甚だ以て非なり、今この経の文においては、不信謗法の輩を指すなり、諸宗強いて謗法の罪を犯すことなし、なんぞかくのごとくいうや。答う、諸宗悉く不信の人となり、諸徳みな謗法の科を犯す者哉、罪を造りて造らずといい、科を犯して犯さずと思うは、愚癡の中の大愚癡なり。（中略）各々所依の経を以て実経の思いを成す、ゆえに四十余年未顕真実の文に違し、更に余乗余佛に無き方便の説宗に背く宗なり、いかでか不信の過を遁れ、謗法の罪を免れんや、」筆者書き下し）

この文は、法華宗以外の人が何故無間地獄に堕ちるのかということについて問答がなされている。なぜ諸宗の人は、無間地獄の業なのかと言えばそれは『法華経』に「若人不信毀謗此経」とあるからである。それは「四十余年未顕真実」という文により、真実である『法華経』を所依の経典とせずにいることが、謗法の罪になるということであり、それが無間の業であるというわけである。ここでは「四十余年未顕真実」という法華宗の対論において最も重要な言葉がでてくる。法華宗の論理の根底には『法華経』のみが真実の経であり、その他の経典は方便の経であるという考えがある。

「如浄土宗者、作選擇集破法華經。所謂曇鸞法師立二道一者難行道、二者易行道。難行道者、聖道門也、攝法華經等諸經、易行道者浄土門也、指觀經等三部経、如此釋者、以一切皆成之法華經屬陸路歩行之難行道、豈非法華誹謗之人耶。道綽禪師立聖道浄土二門、而捨聖道正帰浄土之文、初聖道門者、就之有二、准之思之、應存密大及以實大、然則今真言、佛心、天台、華嚴、三論、法相、地論、攝論、此等八家之意正在此也已上於法華已前大小乗經暫雖分聖道浄土二門、私以如來真實之法華經令同四十餘年權大乗、是又非招謗法過之人耶、次善導和尚立正雜二行、捨雜行歸正行之文、第一讀誦雜行者除上觀經等往生浄土經已外、於大小顯密諸經受持讀誦悉名讀誦雜行。（已上）法然聖人云、夫速欲離生死、二種勝法中、且閣聖道門、選入浄土門、欲入浄土門、正雜二行中、且抛諸雜行、選應帰正行矣既以捨閉閣抛之四字破大小顯密之諸經、以法華攝彼中、豈遁謗法罪耶、愚哉不顧所依經唯除五逆誹謗正法之本願、哀哉不恐法華經其人命終入阿鼻獄之誡文已上[5]」

（「浄土宗のごときは、選択集を作りて法華経を破す。所謂曇鸞法師は二道を立つ一には難行道、二には易行道なり、難行道とは、聖道門なり。法華経等諸経を摂す。易行道とは浄土門なり、観経等の三部経を指す、この釈のごときは、一切皆成之法華経を以て陸路歩行の難行道に属す、豈に法華誹謗の人にあらずや。道綽禅師は聖道浄土の二門を立てて、しかも聖道を捨てて正しく浄土に帰するの文、初めの聖道門とは、これついて二あり、これに准してこれを思うに、まさに密大および實大をも存すべし、しかればすなわち今真言、佛心、天台、華厳、三論、法相、地論、攝論、これらの八家の意は正しくこれにあるなり。已上法華已前の大小乗経において、しばらく聖道浄土の二門を分かつといえども、私に如来真實の法華経を以て四十余年の權大乗に同ぜしむ、これ又謗法の過を招く人にあらずや。次に善導和尚は正雜二行を立て、雑行を捨てて正行に帰するの文、第一に読誦雑行とは上の観経等の往生浄土の経を除きて已外、大小顕密の諸経において受持読誦するを悉く読誦雑行と名づく。（已上）法然聖人のいわく、それ速やかに生死を離れんと欲せば、二種の勝法の中に、しばらく聖道門をさしおきて、選んで浄土門に入れ、浄土門に入らんと欲せば、正雑二行の中には、しばらく諸の雑行を抛って、選んでまさに正行に帰すべしと矣既に捨閉閣抛の四字を以て大小顕密の諸経を破し、法華を以てかの中に摂す、豈に謗法の罪を遁れんや、愚かなる哉所依の経の唯除五逆誹謗正法之本願を顧みず、哀しい哉法華経の其人命終入阿鼻獄の誡文を恐れず（已上）筆者書き下し

と浄土宗に対して論難があるが、ここでは曇鸞・道綽・善導・法然と批判の対象となっている。浄土宗を批判する上で善導・法然よりさかのぼって批判するというのは、日蓮後期の批判の形式である。それをしっかりと受け継いでいるといえる。つまり日像は、日蓮の教えを受け継ぎつつ天台宗との関係においては独自の展開をしたと言える。日像は、日蓮の教えも天台の教えも共に『法華経』に依るという意味において同じであると考えたのであろう。だからこそ天台宗といっても法華宗といっても変わらないとしたのである。そのことから伺えるのは日像には、新しく宗派を立てるという意識は無かったということである。

さてここまで日像の教学について伺ってきたわけであるが、現在日蓮宗は備後において法華宗と浄土宗が対論したということについてどのように考えられているのかをみておきたい。『日蓮教団全史』（上）によると、

「大覚がこの地方（中国地方）で活躍しているころ、本願寺覚如の子存覚は父の義絶をうけて備後へ下っていたが、法華宗の意気大いに盛んで諸宗、ことに浄土系の諸師はその攻撃に悩んでいるとこであったから存覚を憑んで法華宗徒に反撃を加えんとした。存覚一期記によれば暦応元年（一三三八）三月、備後守護某の邸で宗

論することとなったが、「御門弟依望申忌其憚改名字号悟一出対了」その結果「法華宗屈、仍当方弥繁昌、其次作決智抄」閏七月帰都し、九月愚咄坊の口入により勘当を許されたという。徳川末期、真宗の学匠長生院智現の決智鈔丁亥記（文化十年著）は「今般の諍論に日蓮の輩より当宗の法門を言い破り、堕負いたし候ては一宗滅亡に及ぶ大変に相成り候、何卒ひそかに御下向ありて当流の宗義を御成立なし下さるべしと歎き申上ぐるとき、尤の事なりとて早速に御承知あり、名のり出で給ふは憚り在りとて仮に悟一と号し備後の国府に下り守護の前に出席し給ひて、法華宗の学者と問答往復・・・日蓮宗の族一言返答するにあたわず屈服」させたといっている。存覚に下向を請うたというのは潤色であるが、憚りを思って変名したというのは敗論のときを慮ばかったかたで、存覚はこの宗論記録を決智鈔（真宗聖教全書三）と名づけ、また別に同年に法華問答（同全書三）の述作があるというが、この方は恐らく後人が決智鈔にならって存覚に仮托したものと思われる。所でこの事件については本宗では全く伝える所がなく、三備の間における教線はますます拡大しているから存覚の宗論は事実あったとしても、変名して対論したのであるから大きな話題とはならず、一地方の些細な出来ごととして別に注目されることがなかったらしい。また、これが実際の国府の前で行われたものであるかについて問題がある。もし実際に守護職の前で行われたのであるならば、その勝利はかがやかしいもので、存覚自らも当方弥々繁昌したといい、問答記録決智鈔を作り、功によって勘当が赦されたほどならば当然守護職の名があげられて然るべきで門人も伝えて後世の規範としたであろうに何等その事実がない。また存覚が当方弥々繁昌といったにも拘わらず備後地方の法華宗の教勢は進展の一途をたどっているから、宗論は国府の守護の面前というような華美なものではなく、国府近在の一小豪族の面前で行われた程度のものであったのを存覚は守護職の面前と誇大に筆記したものであろう。こうした観点から考察すればこの宗論が本宗で何等問題とされなかったのも当然といえる。[6]」

と述べられている。いちいち尤もな見解である。もちろん宗論に破れた側に記録が残っていないというのは、当たり前のことであろうが、それにしてもこの宗論が守護職の前で行われたことを裏付ける資料が無い。実際に守護職の前での対論となれば、勝った側はその地域での教線拡大を約束されるようなものである。そうなれば法華宗の論者は、自ずと当時備前で布教活動を行っていた大覚になるはずである。その大覚を守護職の前で論破したというのであれば、それは記録としてより詳細に記されるべきであろう。もちろん守護職の名も記すべきだある。しかしそれが無いということは、守護職の面前というのは、やはり誇大に記したのではないかと思わざるを得ない。どちらにしろここでの宗論は、この地域の教線拡大には繋がってはいない。真宗にしろ法華宗にしろ備後に教線を広げるのはもう少し後になってからである。このことは宗論の相手が、どれぐらい自宗について学んだものかということを示してくれている。そのことを踏まえて『法華問答』について考察をしていきたい。

『法華問答』と『決智鈔』

先にも述べた通り『法華問答』と『決智鈔』は同じ年、同じ人物の所望により著されたものであるとされている。そこで『法華問答』と『決智鈔』の二書を比較検討することによって『法華問答』の成立時期を考えていきたい。まず『決智鈔』は『存覚一期記』の暦応元年（一三三八）存覚四十九歳の条に、

「法花宗屈、仍当方彌繁昌、其次作決智抄了」(7)

とあるように備後国であった宗論の後に著されたものであるということ明らかである。つまり『決智鈔』は、その宗論の様子を伝える書物ということができるのではないだろうか。そう考えると同じ年に著された『法華問答』は、『決智鈔』の後で著されたと考えるのが妥当であろう。しかし本当にそうであろうか。『法華問答』の内容は、概ね三つの段落に区切ることが出来る。第一段は、爾前の経は方便であるという論難と念仏が無間であるという論難に対する問答である。第二段は、『観経』と『法華経』が同時の説であるという問答。第三段は、出世本懐についての問答である。『決智鈔』と大きく違う点は、念仏無間についての問答と、『観経』と『法華経』とが同時であるとする問答についてである。まず念仏無間についての問答についてみていきたい。『法華問答』では、

「次ニ念仏無間ノ業トイフハ、直ニ念仏ヲ無間ノ業トイフニアラス。念仏ノ行者法華ヲ毀謗ス、カルカユヘニ能修ノ機ニ約シテ、所修ノ念仏ヲ無間ノ業トナツクルナリ。」(8)

と述べ、善導が『法華経』を雑行としていること、群賊悪獣にたとえること。法然が、『法華経』を雑行とすること、歴劫迂廻の行とすることが謗法罪にあたるとしている。ついで、

「法華ノ二長者偈ニイハク、モシヒト信セスシテ此経ヲ毀謗スレハ、スナハチ一切世間ノ仏種ヲ断スト。(中略)近代念仏修行ノ人法華ヲ信セスシテ、アマサヘ雑行ノモノ往生スヘカストイフ、カクノコトキノ義、観経ノ説相ニモソムクト云云。涅槃経ニイハク、信不具ナルガユヘニ一闡提トナツク已上。シリヌ、法華ヲ信セサルモノハスナハチ謗法ナリ、マタ不信ハスナハチ闡提ナリ。カルカユヘニ、カミハ若人不信トイヒ、シモハ則断一切世間仏種トイフ。アキラカニシリヌ、法華ヲ信セサルモノハスナハチ謗法ト闡提ト二罪業ナリ。」(9)

と述べ『法華経』を信じないということが、謗法である上に、善導や法然はそれをないがしろにしているだからこそ謗法であるし、無間の業であるとしている。これに対し存覚は、

「答、ヒクトコロノ若人不信ノ文ハ、総シテ仏法ヲ信スル心ナキモノヲ不信トイフナリ、余経ヲ信シテ法華ヲ信セサルヲ不信トイフニハアルス。(10)」

と答えている。これは「若人不信」という文が、仏法を信じない人のことをあらわしているのであって『法華経』以外を信じることがいけないとはいっていないとしている。しかし『決智鈔』では、

「無智者錯乱迷惑不受教、我知、此衆生未曽修善本、堅著於五欲、癡愛故生悩、以諸欲因縁堕三悪道トイヒ、アルヒハ当来世悪人聞仏説一乗迷惑不受教破法堕悪道トトキ、ソノホカサキニイタサレツル譬喩品ノ文等、法華誹謗ノ罪報ヲトケル説コレナリ。(11)」

とあり、『法華問答』と論難の趣旨自体は同じであるが、善導や法然といった具体的な祖師を挙げて論難するには至っていない。この論難に対して存覚は、

「イマノ文ハタタ法華誹謗ノ罪報ヲアケタリ、サレハソノ人ハタレナリトモ、法華ヲ誹謗センモノノコトナリ。シカルニ念仏ノ行者、惣シテ余教ヲ謗スルコトナシ、ナンソ別シテ法華ヲ誹謗センヤ。サキニノフルカコトク、釈尊出世ノ本懐、実相ヲトクニアルコト、ハシメテイフヘカラス。タタシ末代鈍根ノワレラニハ修行成就シカタキカユヘニ、易行ノ念仏ニ帰シテ生死ヲイテントオモフハワカ機分ヲハカルナリ。コレサラニ教ヲカロシムルニアラス、浄土ノ門ヲツトミルトキ、ソノマヘニハ一仏ノ名号ヲ称スルヲモテ仏ノ本願トスルカユヘニ、カノ宗義ヲマモルハカリナリ。念仏ト法華トトモニ仏智一乗ノ正法ナルカユヘニ、一法ナリト信ス。シカレトモ、

聖ニ対シテハ法華トナツケテ諸法実相ノ妙理ヲアカシ、凡ニ対シテハ念仏トナツケテ捨身他世ノ往生ヲススム。カルカユヘニ一法異名ナリトハシリテ、シカモ凡機ニアタフルカタヲトリテ念仏ヲ行スルナリ。(12)」

と答えている。この答えは、『法華問答』のそれとは異なったものである。それは、法華と念仏とが一法異名とする論理である。この論理は、『決智鈔』全体を通してみることが出来る。『決智鈔』は冒頭に、

「ヒロク一代半満ノ教ヲタツヌルニ、衆生出離ノ門ニアラストイフコトナシ。諸経ノトクトコロマチマチナレトモ、菩提ノ覚位ヲ成スルヲモテ詮トシ、諸宗ノ談スルトコロサマサマナレトモ、心性ノ妙理ヲアラハスヲモテ要トス。(13)」

とあり、法華宗のいう爾前の経に得益が無いという論を否定している。続いて機についての問答において『法華経』の機は上機、浄土の教えは下機として『法華経』と念仏とが並び立つように展開をしている。そして聖に対しては法華、凡に対しては念仏という一法異名の論理を展開している。それは二つ目の大きな違いである『観経』と『法華経』の説時についての問答においてもみることが出来る。『決智鈔』では、

「サレハ二門アヒワカレテ廃立各別ナレハ、ミタリカハシク確執スヘカラス、タタ随縁者則皆蒙解脱ノ益ヲタノムヘキナリ。コノユヘニ浄土宗ノココロ、マタク説時ノ前後ニハヨルヘカラス。イハンヤ法華ノ益モ安楽ノ往生ニ帰スルユヘニ、カノ経ニ出世ノ本懐トトケルハ、コノ念仏往生ノ道ヲトキケリトシラレタリ。ナヲマタ再往コレヲイフニ、法華ト念仏ト、モトヨリ一法ノ異名ナリトミルトキハ、出世ノ本懐フタツナク、出離ノ要道ヒトツナリトココロウルナリ。サレハ説時ノ次第ヲハイハサルナリ。タタシアルヒハ同時、アルヒハ以後ノ説トミエタルコト、所見ナキニハアラサルナリ。(14)」

とある。次の問答にて『観経』の説時について、

「経論ニソノ証アリ。マツ説時ヲイハハ、一ニハ勢至経ノ文ニ我於四十年以後説浄土法門、是韋提菩薩恩徳也トイヘリ。四十年以後年紀ヲササス、ヲシテハカルニ法華・観経同時ナルヘシ。一ニハ大論ニ法華以後涅槃以前、阿闍世禁籠父母トイヘリ。コノ説ノコトクナラハ、観経ハ法華以後ナリトキコエタリ。」(15)

とあり、『勢至経』の文によれば『法華経』と『観経』は同時となり、『大論』によれば以後の説になると述べている。しかしそれ以上に説明はない。ここでも法華と念仏が一法異名であるということで、その説時を問わなくてもよいとしている。これに対して『法華問答』では、五つの問答を経て『法華経』と『観経』が同時であることを論じている。

「答、コノ義アニサキニイハスヤ、観経ヲトクコト法華ノ序分ノスエニアタレリ。却後三月吾当涅槃ノ文ハ、法華ヲトキヲハリテ法華ノ結経普賢経ノ説ナリ、涅槃経ノ説マタコレニオナシ。逆罪已後闍王仏所ニ詣セス、如来闍王ヲススメテ仏所ニ詣セシメンカタメニ、阿難ニツケテ過三月已吾当涅槃トイフ。モシシカラハ観経ト涅槃経トノ中間八箇年ナリ。善見論ニイハク、阿闍世王クラキニノホリテ八箇年ニ仏入滅スト、スナハチコノ義ナリ。カルカユヘニシリヌ、提婆カ五巻ノ記朔マタク相違ニアラスト。」(16)

と『観経』『法華経』『普賢経』『涅槃経』にあるそれぞれの年次を用いて巧みに『観経』と『法華経』が同時の説であるということを説いている。このことにより『観経』は爾前の経ではないということになるわけである。『法華問答』の論理の終着点は、ここにあるのではないだろうか。そのように考えるとき、『法華問答』と『決智鈔』は根底にある論理に違いがあるといわねばならない。この二書を同じ人物に書き渡したとは考え難い。別の人物で

あったにしても同じ年に同じ土地のものに互いに法華宗について書かれてはいるが、内容の違うものを書き与えるだろうか。つまり『法華問答』と『決智鈔』は別の時に書かれたものということが出来るのではないだろうか。では『決智鈔』については年次がはっきりとしているのであるから、『法華問答』がその前後ということになる。そこで『法華問答』の冒頭に、

「天台一家ノ宗義ノホカニ、マタ近代法華等ヲ信スルトモカラアリ、ミツカラ称シテ法華宗ト号ス。」(17)

とある。また、

「イハニヤ天台大師ノ解釈ニソムキテ、相伝ナクシテ別義ヲタテテ、シカモ法華宗ト号ス。」(18)

とも言っている。これは『法華問答』における論難の相手が法華宗と勝手に名乗っているということを述べているわけだが、備後において対論した時には日像たちの法華宗が、公に法華宗と名乗ることを許されて四年ほど経っている。法華宗徒は、自分勝手に法華宗と名乗っているわけではない。また相伝なくしてとはいうものの法華宗には釈迦―智顗―最澄―日蓮という三国四師相承という相伝がある。いくら存覚自身それを許すことが出来なかったにしても、誰かに書いて渡す書物に間違いを残すわけにはいかないはずである。となれば少なくとも備後で対論するよりも五年は前のことと考えなければならない。京都のおける法華宗の布教活動は存覚が幼い頃から行われてきたわけである。また存覚義絶の前年には、法華宗は寺領を与えられ妙顕寺を建立している。そのような状況の中で法華宗を無視していることがはたして出来ただろうか。法華宗に対して何の論も持たずにいたであろうか。第一期に著された書物はすべて了源の所望であったわけであるが、法華宗に対してどのように対処すればいいのかという書物は無い。勢力を一気に拡大してきた新興の宗派に何も思わなかったのであろうか。そんなことはないはずである。

だからこそこの時期に法華宗について著された書物があると思われる。それが『法華問答』ではないだろうか。

結　論

法華宗との対論の書として『決智鈔』と『法華問答』は、ほぼ同一のものとして同時期に著されたものであると思われてきた。しかし問答をする相手に合わせて存覚が説き方を変えている。また法華宗という宗名についても二つの書物では扱いが違っている。それらのことから『決智鈔』と『法華問答』が、同じ所、同じ人物のために著されたものであるとは考えがたい。『法華問答』において対論している相手の法華宗徒は、天台宗の他に法華宗と勝手に名乗っているということになり、それは『法華問答』の法華宗徒が、法華宗という宗名を正式に認められていないということになる。つまり『法華問答』は、存覚が備後に下り、法華宗徒と対論する以前に著されたものであると考えられる。

註

（1）『真宗史料集成』（一巻）一〇三五頁
（2）谷下一夢著『存覚一期記の研究並解説』一二九～一三〇頁
（3）『日蓮宗宗学全書』（第一巻）二〇二頁
（4）『同』（第一巻）二〇五～二〇六頁
（5）『同』（第一巻）二〇七～二〇八頁

(6)『日蓮教団全史（上）』一三八～一三九頁
(7)谷下一夢著『存覚一期記の研究並解説』一二九～一三〇頁
(8)『真宗史料集成』（一巻）八二〇頁
(9)『同』（一巻）八二一頁
(10)『同』（一巻）八二一頁
(11)『同』（一巻）七七二～七七三頁
(12)『同』（一巻）七七三頁
(13)『同』（一巻）七六七頁
(14)『同』（一巻）七七六頁
(15)『同』（一巻）七七六頁
(16)『同』（一巻）八三三頁
(17)『同』（一巻）八一六頁
(18)『同』（一巻）八一九頁

存覚の二諦観

北村文雄

一　存覚教学の基本姿勢

存覚は親鸞教義を範として、自他ともに真宗の真実に浴することを最高の生き方として、世に多くの著作を送り出した人である。彼は当時わが国の仏教八宗の義を身に修め、内典・外典に通ずる豊富な見識を遺憾なく駆使して、独特の教学を生み出したものと高く評価されている。しかしそれは、あくまでも親鸞教義の範囲内にあり、深遠なる親鸞教義を如何に解釈するかに終始するものであり、それを超えようとするものではなかった。このことは、『教行信証』の最初の註釈本と云われる『六要鈔』の著作態度からしても窺い知ることができよう。したがって親鸞教義を離れた所で、存覚の教学を語ることは、大いなる危険を冒すこととして注意しなければならない。この基本姿勢を前提とするならば、存覚教学の独自性を学ぶというよりも、親鸞教義を学ぶ一手段としての研究でなければならない。

二　存覚の「仏法・王法」

存覚は『六要鈔』第六において、『化身土巻』の『末法燈明記』引文を釈して（『真聖全』二・四一〇頁〜四一一頁）

此書は是れ仏法・王法治化の理を演べ、すなわち真諦・俗諦相依の義を明かす。

と述べている。ここで存覚は「仏法＝真諦」、「王法＝俗諦」であることを容認している。

『破邪顕彰抄』は、存覚が当時、山寺聖道の諸僧並びに山臥・巫女・陰陽師等の専修念仏誹難に対して誹謗十七か条を挙げて一々に論じ釈明し、浄土真宗の立場を明らかにしたものである。その第十条（『真聖全』三・一七三頁）は、「専修念仏は王法をなおざりにして仏法を破滅させる」という非難・讒言への弁明と抗議である。その中で「仏法・王法は一双の法なり、とりのふたつのつばさのごとし、くるまのふたつの輪のごとし、ひとつもかけては不可なり。」また「仏法をもて王法をまもり、王法をもて仏法をあがむ。」と述べている。これは当時の専修念仏の徒が不当な誹謗・讒言の飛び交う境遇に置かれ、時の為政者・権力者からの弾圧も降りかかりつつあるさなかにおける無実の叫びであり、誤解を解消し、弾圧を思いとどまらせるための切実な訴えでもあった。このような時代背景の中で専修念仏の正当性を世に示すため、仏法・王法を一双の法とし、鳥の両翼・車の両輪に喩えて分離不可なることを論ずる所は説得力がある。しかしこの喩えは両者が同等の力関係を持つということで仏教の本質から見ると妥当とは思えず、存覚にとっては現実に処するための不本意な妥協または譲歩（与奪）だったのかも知れない。

しかし「仏法をもって王法を護り、王法をもって仏法を崇める」ということは明らかに「仏法上位・王法下位」の意を示し、曇鸞または親鸞の理想とした相資関係そのものであり、当然の理である。またこの条文を要約すると、専修念仏の行者がそれぞれ住む所で公家・武士（為政者）の恩致を蒙っているので公私において背くはずがないものなのに、ただ末法濁世において在家無智の凡夫が往生するための唯一の道である念仏を称えたからと云って罰せられるのは不条理である、と云うのである。専修念仏者の日常生活については、すでにこの抄の前文や他の条文においで次のように述べている。

[前文]（『真聖全』三・一五六頁）

あながちに捨家棄欲のすがたを標せず、出家発心の儀をことゝせざるあひだ、農業をつとむるものはつとめながらこれを行じ、官仕《かんし》をいたすものはいたしながらこれを信ず。しかればつとむべき所役ををこたらず、かぎりある公務《くむ》をいるがせにすることなし。

[第七条]（『真聖全』三・一六九頁）

あるいは主君につかへて奉公をはげむもの、あるいは商売をことゝして世路《せいろ》をわしるやから、六字の名号すらこれをとなふるになをものうく、なをいとまなし。いはんや長日《じょうにち》に『阿弥陀経』を誦せよとすゝめ、六時に礼讃を行ぜよとをしへば、浄土をねがふものはいとありがたかるべし。

[第九条]（『真聖全』三・一七一頁〜一七二頁）

いま一向専修の行者にをきてはさらに世俗をはなれず、公役《くやく》をつとめながら、しかも内心に仏道をねがふゆへに、あるひは神職につかふるやからもあり、あるひは奉公をつとむるたぐひあり。かくのごときのともがら、たとひ仏法のなかに死生・浄穢等の差別《しゃべつ》なきことをしるといふとも、いかでか世間の風俗をわすれて、みだりがはしく触穢をはばからざらんや。～中略～　もしは神事にしたがひ公役をつとむるとき、ところの法にまかせ、つねの式について、日ついでをまもること子細にをよばず。

これらの文を見ると、専修念仏者は、出家することなく仏道における戒律をまもることもなく、世俗社会の中で世俗的な職業に就き、世俗的生活においては、普通一般の人と何ら変わりはなかった。だから「小乗」として貶められたり、社会を乱し、国に害を及ぼす等の誹謗・讒言を浴びせられたり、不当な迫害を加えられたりもした。存覚はこのような専修念仏の徒が不当な境遇に置かれていた現実（sein）を放置することなく、あるべき姿（sollen）を求めて、山寺聖道の諸僧並びに山臥・巫女・陰陽師等の誹謗者の邪見を破し、専修念仏の正当性を明らかに示すとともに、時の為政者・権力者に対してもその姿勢を正し、仏法を以てあるべき姿（sollen）へと改めるべく促したのである。

この抄の冒頭に（『真聖全』三・一五五頁）

専修念仏の行人某《それがし》等、謹んで言上。はやく山寺聖道の諸僧、ならびに山臥・巫女・陰陽師が無実非分の讒言・濫妨を停止《ちょうじ》せられて、かつは帰仏信法の懇志に優《いう》せられ、かつは治国撫民《ぶみん》の恩憐《おんれん》をたれられて、もとのごとく本宅に還住して念仏を勤行すべきよし、裁許をかうぶらんとおもふ子細の事。

とあり、『本願寺通紀』第五の存覚伝（『真宗全書』六十八・一一〇頁）には、

正中元年正月、了源の請に応じて『浄土真要鈔』及び『諸神本懐集』を八月『破邪顕正抄』を著し、これを官符に呈し以て邪徒の誣毀を弁ず。

とあることからも、その毅然として果敢な態度が窺い知られる。

以上の如く、存覚の「王法・仏法」観について考察したが、それは親鸞教義を何ら逸脱する所なく、むしろ親鸞の説く専修念仏に対する当時の誤解や誹謗を解き正そうとしたものであった。しかし、「仏法＝真諦・王法＝俗諦」の関係については『六要鈔』第六の『末法燈明記』引文の解釈で示しているだけで、他の所ではほとんど触れていない。ということは『末法燈明記』にはそのような意味で用いられていても、存覚自身にはそれらを敢えて結びつけようとする意識はなかったと云えるのではなかろうか。存覚の二諦観を考える時、この「仏法・王法」との結びつきのみを以てその真意とすることは早計である。むしろ存覚の二諦観は、それとは全く別の所にあると見るべきである。即ち、教義上において語る二諦説に眼を向けるべきである。

三、存覚における教義上の二諦説

まず存覚が用いた独自の語彙「一往・再往」と「与奪」の論理展開に注目したい。

「一往」は親鸞の「隠顕釈」における「顕」に当たり「方便」という意味で用いられ、「再往」は「隠」に当たり、「真実」の意味で用いられている。更に「与奪」の論理が加わると、一往において他の一般的教義を承認した上で（与）、再往においてそれを超える自宗の教義を打ち出し、他の一般的教義の本質的意義を奪い取り、折伏する（奪）、という巧みな論法となる。『浄土真要鈔』（末）（『真聖全』三・一四二頁）において第十九願の益「来迎」を釈する文に、されば得生は十八の願の益、来迎は十九の願の益なり。この両益のこころをえなば経文にも解釈にも来迎をあかせるはみな十九の願の益なりとこころうべきなり。ただし念仏の益に来迎あるべきやうにみえたる文証ひとすじにこれなきにはあらず。しかれども聖教にをいて方便の説あり真実の説あり、一往の義あり再往の義あり、念仏にをいて来迎あるべしとみえたるはみな浅機を引せんがための一往方便の説なり、深理をあらはすときの再往真実の義にあらずとこころうべし。

とあり、これに先んじて同じ『浄土真要鈔』(末)(『真聖全』三・一三三頁～一三四頁)において「即得往生住不退転」の解釈する中で、

阿弥陀仏のくににむまれんとおもふまことなる信心のおこるとき、弥陀如来は遍照の光明をもてこれをおさめとり、諸仏はこころをひとつにしてこの信心を護念したまふがゆへに、一切の悪業煩悩にさへられず、この心すなはち不退にしてかならず往生をうるなり。これを「即得往生住不退転」ととくなり。すなはち往生をうといへるはやがて往生をうといふなり。ただし即得往生住不退転といへる、浄土に往生して不退をうべき義を遮せんにはあらず、まさしく往生ののち三不退をもえ処不退にもかなはんことはしかなり、処々の経釈そのこころなきにあらず、与奪のこころあるべきなり。しかりといへどもいま即得往生住不退転といへる本意は、証得往生現生不退の密約をときあらはすなり。これをもてわが流の極致とするなり。

と述べていることからも、「即得往生住不退転(一往)」は「証得往生現生不退(再往)」の意味であり、この「一往・再往」と「与奪」の意味や関係が明らかに読み取れる。存覚はその他の撰述においても、常にこのことを基本において論を展開している。

『六要鈔』第一の「総序釈」（『真聖全』二・二〇八）においては、
於テレ此ニ可レ有二一往・再往、顕説・隠説、随他随自等之差別一。謂ク浄業ノ名、於テ二諸善ノ法ニ一、雖レ無レ所レ遮、若シ約二定散懺悔方等一、一往・顕説・随他意語、所ノ二出シ難ズル一之諸文是也。若シテ以二念仏ヲ一名ルハ二清浄業ト一、再往・隠説随自意語ナリ。即釈ルニ二「説清浄業ノ」経文ヲ一、有リ二二重ノ釈一。初重ノ釈者、備ル二問端ニ一之懺悔ノ文是ナリ。二重ノ釈ニ云ク。又言清浄者、依テ二下ノ観門ニ一、専心念仏シテ、注トドメテ二想ヲ西方ニ一、念々ニ罪除ル、故清浄也。（ここに於いて一往・再往、顕説・隠説、随他随自等の差別あるべし。謂く、浄業の名、もろもろの善法に於いて遮する所なしといえども、もし定散懺悔の方等に約するは、一往・顕説・随他意語なり、出し難ずる所の諸文これなり。もし念仏を以て清浄業と名づくるは、再往・隠説・随自意語なり。即ち「説清浄業」の経文を釈するに二重の釈あり。初重の釈は、問端に備うるの懺悔の文これなり。二重の釈に云く。清浄と言うは、下の観門に依りて専心に念仏して想を西方に注《とど》めて念々に罪除《のぞ》こる、故に清浄なり。）

と述べている。ここでは、一往が顕説・随他意の意味に属し、『観経』における定散二善・諸行等のことを云い、再往は、隠説・随自意の意味に属し、『観経』における下品念仏から当面には出ていない弘願念仏への導きを示唆するものとしている。

『選択註解鈔』第一　「題号」（『真聖全』五・一二八頁）

「往生之業念仏為先」と云へる、正《まさし》く上の選択本願の南無阿弥陀仏をもて往生の正業といふなり。是則《これすなわち》一往は定散の諸行共に往生の行と見えたれども、彼は皆能顕の方便と云はれ、名号の一法のみ所顕の真実と成《なり》て、下根最劣の為には念仏独《ひとり》往生の因となる義を顕《あらわす》なり。

『選択註解鈔』第二　「利益章」（『真聖全』五・一五九頁～一六〇頁）

「若約《して》二念仏《に》一分二別《せば》三輩《を》一、此有《に》二二意一、一随《がて》二観念《の》浅深《に》一而分《も》二別之《を》一、二以《にはて》二念仏《の》多少《を》一而分二別之《を》一」と云は、同《おなじ》く念仏を行ずれども、観念の深をば上輩とし、次第に浅をば中輩・下輩とする義なり。称すれども、多く唱《となう》るをば上品の業とし、次第に少なきをば中品・下品の業とする義なり。此両義は一往観念の浅深に依《より》て行業の多少に付《つい》て、三輩九品を立《たつる》なり。然れども、「若不生者不取正覚」といへる願文には九品の差別もなし、「善悪凡夫得生者」と云へる釈の如きは、善人も悪人にも共に得生の益を得る事は同《おなじ》かるべし。然れば上に引くところの『観念法門』の釈にも「根性不同にして上・中・下有り」と云て、三輩はただ機の差別なり、浄土には三輩あるべからずと見たり。

『選択註解鈔』第四　「念仏付属章」（『真聖全』五・二一五頁）

いま私の釈に合するは、定散・念仏ことなれども、一往九品の業を分別して三福九品の開合をしめさんがためなり。されば『疏』の釈といまの釈と、をのをの一意を顕すなり。「次《に》念仏者《といふは》、専《ら》称《する》二弥陀仏名《みなを》一是《れ》也」といふは、上に二行あり、一には定散、二には念仏と約束せしなかに、定散はすでにあかしをはりぬ、この文より念仏をあかすといふなり。これすなはち「望仏本願」といへる本願の躰なり。

『決智鈔』（『真聖全』三・二〇四頁～二〇六頁）

法華と念仏とその益一往各別なり。二蔵二教のときは、ともに菩薩蔵ともに頓教なり。これすなはち聖道・浄土ことなれども、おなじく大乗頓極の教にして、ともに仏智一乗の体なるがゆへなり。～中略～

『法華』の益も安楽の往生に帰するゆへに、かの経に出世の本懐ととけるは、その念仏往生の道をときけりとしられたり。なをまた再往これをいふに、法華と念仏と、もとより一法の異名なりとみるときは、出世の本懐ふたつなく、出離の要道ひとつなりとこころうるなり。

『決智鈔』(『真聖全』三・二一八頁)

往生の名言仏説歴然たるうへは、あふいで信をとるべし、文字のあらはなる義について一往の仮難をいたし、甚深の奥旨にをいて邪執の疑惑をなす、いまだ再往の義趣を達せざるがゆへなり。その義趣といふは、鸞師は生即无生の義を成じ、和尚(法事讃巻上)は、「浄土无生亦无別」と釈する、これなり。おほよそ『大経』には十四仏国の菩薩、仏智に乗じて往生すととき、『華厳経』には普賢菩薩、安楽国に往生せんと願ぜり。しかのみならず、龍樹菩薩の初地にのぼりし、あるひは(十二礼)「往生不退至菩提、故我頂礼弥陀尊」と讃じ、あるひは(十二礼)「所獲善根清浄者、廻施衆生生彼国」といひ、天親菩薩の向満にいたりし、あるひは(浄土論)「世尊我一心、帰命尽十方無碍光如来、願生安楽国」と願じ、あるひは(浄土論)「故我願生彼阿弥陀仏国」と礼せり。

『歩船鈔』末(『真聖全』三・二五四頁)

この浄土門につきて諸行と念仏とともに一往往生の益をときたれども、そのなかに念仏をもて本願とし、名号をもて生因とす。いはゆる『大経』には三輩の機の差別をときて、しかも通じてみな「一向専念無量寿仏」といひ、『観経』には定・散・弘願の三門をあらはして、しかも名号の一法を付属し、『小経』にはえらびて念仏の一行をときて、諸仏これを証誠す。かるがゆへに、三経の所説みな念仏をさきとし、往生の正因ひとへに専修を本とす。

この「一往・再往」は二諦説の例に漏れず、一異の論理「一にして同ずべからず、二にして分かつべからず」という関係にあり、相即一体のものと考えられるが、両者の系列を敢えて分類すると、左のようになる。

一往＝世俗諦・顕・仮・事・方便・随他・能詮・依言・能帰（与）

再往＝勝義諦・隠・真・理・真実・随自・所詮・離言・所帰（奪）

更にまた『六要鈔』第二新本（『真聖全』二・二二九頁）において『玄義分』を引き、無量寿（法）を所覚、无量覚（人）を能覚とし、能所一具の阿弥陀仏と釈している。

摂《スト》諸《ノ》善法《ヲ》者、『玄義』云。「無量寿者《ト》是《レ》法、覚者《ト》是《レ》人、人法並《ナラベテ》彰《ス》、故《ニ》名《ク》阿弥陀仏《ト》。」（已上）法所覚法、覚能覚人、其《ノ》所覚《ノ》法《ハ》乃《チ》是八万四千法門。因行・果徳無法《トシテ》不《ルコト》備、摂《スル》諸《ノ》善法《ヲ》之義応知。（已上）

（もろもろの善法を摂すとは、『玄義』に云く。「無量寿とはこれ法、覚とはこれ人、人法並べて彰す。故に阿弥陀仏と名づく。法は所覚の法、覚は能覚の人なり。その所覚の法はすなわちこれ八万四千の法門なり。因行果徳、法として備わらざることなし。もろもろの善法摂するの義しるべし」と。）

次いで、真如釈義の段（『真聖全』二・二二九頁）において、『成唯識論』巻九と『起信論』とを引き、真・真如について次のように述べている。

真如等者『唯識論』（成唯識論巻九）云。「真謂《ハク》真実、顕《ス》非《コトヲ》虚妄《ニ》。如謂《ハク》如常、表《ス》無《コトヲ》変易。」（已上）『起信論』云。「所謂心性不生不滅《ナリ》、一切《ノ》諸法《ハ》、唯依《テ》妄念《ニ》、而有《モリ》差別、若離《シルレバ》心念《ヲ》即無《シ》一切境界之相、是《ノ》故《ニ》一切法《ハ》、従本已来離《レ》言説《ノ》相《ヲ》、離《レ》名字《ノ》相《ヲ》離《ル》心縁《ノ》相《ヲ》。畢竟平等《ニシテ》、無《シ》有《コト》変移、不可破壊《ス》、唯是《コレ》一心《ナリ》、故名《ニク》真如《ト》。」（已上）此《ノ》真如《ノ》理、雖《ヘ》離《ルト》言説名字之相《ヲ》、今此《ノ》名号即為《ナル》真如法性《ノ》正体之義宛然《ナリ》。

（真如等とは『唯識論』（成唯識論巻九に云く、「真は謂く真実、虚妄にあらざることを顕す。如は謂く、如常、変易なきことを表す。」『起信論』に云く、「いわゆる心性は不生不滅なり、一切の諸法はただ妄念によって、しかも差別あり、もし心念を離るれば即ち一切境界の相なし、この故に一切の法はもとよりこのかた言説の相を離れ、名字の相を離れ、心縁の相を離る。畢竟平等にして変移あることなし破壊《はえ》すべからず、ただこれ一心なり、故に真如と名づく」と。已上　この真如の理、言説名字の相を離るといえども、今この名号は即ち真如法性の正体なるの義、宛然なり。）

ここにおいて『成唯識論』の字釈により「真如」の意味を明かし、更に『起信論』を引いてそこに説かれている「離言真如」が真如本来の意味であると言う。即ちそれは世俗諦としての言説名字の相からも心縁の相からも離れ、変移あるものでもなく破壊されざるものとしている。

存覚は同じくこの真如釈義段において『浄土論』、『論註』に説く所の「第一義諦」、「真実功徳」も不顛倒、不虚偽であることから真如と同義に捉え、それに対して凡夫人天における「不実功徳」も世間における世俗諦として顛倒・虚偽ではあるが、真実功徳の二種の一つとする曇鸞の釈を取り入れている。

『浄土論』説《テ》㆓依報《ノ》相《ヲ》㆒云《ク》。「彼《ノ》無量寿仏《ノ》国土《ノ》荘厳《ハ》、第一義諦妙境界《ノ》相《ナリ》。」（已上）『論註』上《ニ》解《シテ》㆓本論《ノ》「真実功徳相《ノ》」文《ヲ》㆒云《ク》。「有㆓二種《ノ》功徳㆒。一者従㆓有漏心㆒生《ジテ》不《レ》順《ぜ》㆓法性《ニ》㆒、所謂凡夫人天《ノ》諸善、人天《ノ》果報、若因《ハ》若果《ハ》、皆是《レ》顛倒《ナリ》、皆是虚偽、是故名《ク》㆓不実《ノ》功徳《ト》㆒。二者従㆓菩薩《ノ》智恵清浄《ノ》業㆒起《テ》荘㆓厳《ス》仏事《ヲ》㆒、依《テ》㆓法性《ニ》㆒入《ル》㆓清浄《ノ》相《ニ》㆒、是《ノ》法不㆓顛倒《セ》㆒不㆓虚偽《ナラ》㆒、名《テ》為《ス》㆓真実功徳《ト》㆒。」（已上）

（『浄土論』に依報の相を説いて云く、「かの無量寿仏国の荘厳は第一義諦妙境界の相なり」已上『論註』上に本論の「真実功徳相」の文を解して云く。「二種の功徳あり。一つには有漏の心より生じて法性に順ぜず、いわゆる凡夫人天の諸善、人天の果報、もしは因もしは果、皆これ顛倒なり、皆これ虚偽なり、この故不実の功徳と名づく。二つには菩薩の智恵清浄の業より起こりて仏事を荘厳す、法性によって清浄の相に入る、この法顛倒せず虚偽ならず。名づけて真実功徳と為す。」（已上）

これは龍樹の説く二諦説と同じ意味を持つものであり、存覚の真俗二諦における再往であり、仏法・王法に結び付けた一往の真俗二諦とは大きく意味を異にするものである。

ここでは「第一義諦」に対する「世俗諦」の名は出ていないが、曇鸞の用いた「不実功徳」がそれに当たることは『中論』における「二諦」を説く文と照合すれば明白である。

『中論』四諦品第二十四（大正蔵経第三十巻三二頁c一六〜c二三）

　諸仏依二二諦一　為二衆生一説レ法　一以二世俗諦一　二第一義諦（乃至）

世俗諦者一切法性空、而世間顛倒故生二虚妄法一、於二世間一是実、諸賢聖真知二顛倒性一、故知二一切法皆空無生一。於二聖人一是第一義諦名為レ実。諸仏依二是二諦一、而為二衆生一説レ法。

（諸仏は二諦によって衆生のために法を説く　一には世俗諦を以てし　二には第一義諦なり〈乃至〉

世俗諦とは一切法は性空にして、しかも世間は顛倒の故に虚妄の法を生ず。世間においてこれ実なり。もろもろの賢聖は真に顛倒性を知るが故に、一切法は皆空にして無生なることを知る。聖人においてはこれ第一義諦にして、名づけて実となす。諸仏はこの二諦によって衆生のために法を説く）

この「真如」の結釈において「真如・法性・第一義諦・涅槃・無生・皆是一法之異名也。」（『真聖全』二・二二九頁）と列挙する異名は『歩船鈔』本における「天台の三諦」の釈（『真聖全』三・二三一頁）にも次のように出ている。

真如といふは仏性なり。または法性とも法身とも第一義諦とも如来蔵ともいへる、みなこれ一法の異名なり。

これらはすべて存覚の再往の真諦であって、俗諦と二種一具のものであり、即一性（不一不異）の関係において成立しているものである。ところで、この「真如」は言語表現上で捉えたもので、世俗諦に属する能詮に過ぎず、『起信論』における所謂「依言真如」である。

むすび

以上存覚の二諦観について、その撰述書を通して述べてきたが、存覚の真俗二諦においては、一往と再往があって世俗的な教団維持についての対応においては一往という表現法を用い、教義に関しては再往という表現法を用いている。その中で最も目につきやすいのが、『化巻』の「末法燈明記釈」や『破邪顕正抄』の仏法・王法と結び付けた真俗二諦であって、真宗教学史の中での「真俗二諦論」に誤った方向性を以て長年月の間、君臨してきたが、これは存覚においては、世間に理解させるための一往の表現法に過ぎないものである。むしろそのことによって水面下に付されてきた教義上における再往の二諦説こそが存覚の本意であったことに注目したいものである。しかもそれは存覚独自のものというよりも、親鸞が龍樹、天親、曇鸞等の先師に学びつつ打ち立てた教義をそのまま承けた所の二諦説である。存覚は祖師親鸞の高遠な教義を顕彰し讃嘆せんがために数多くの撰述書を書き残したとも言えるであろう。

【参考文献】

『六要鈔』（『真宗聖教全書』二）
『教行信証』（『真宗聖教全書』二）
『破邪顕正抄』『浄土真要鈔』『決智鈔』『歩船鈔』（『真宗聖教全書』三）
『選択註解鈔』（『真宗聖教全書』五）
『本願寺通記』（『真宗全書』六八巻）
「玄義分」（『真宗聖教全書』一）
『浄土論』（『真宗聖教全書』一）
『往生論註』（『真宗聖教全書』一）
『中論』（『大正蔵経』三〇巻）

存覚と錦織寺

北村文雄

はじめに

存覚は近江錦織寺（現在真宗木辺派本山）に深く関わり、多大の功績を残している。このことは真宗史において一般的に広く周知されることもなく、水面下に付されたものとして、あまり重要視されて来なかった一面である。しかし、真宗教学の金字塔ともいうべき数々の撰述書を残した存覚の置かれていた境遇やその背景を重要視するならば、このことは看過できないものである。父覚如との不和が高じて二度の義絶を被ったこと等を鑑みると、兎角アイデンティティの確立が困難な境遇にあった存覚が、このような偉業を成し遂げた背景に何があったのであろうかという疑問がわき起こってくる。父覚如に義絶されたとき、存覚は近江の瓜生津家に身を寄せることが多かったが、愚咄・慈空兄弟が何かと取りなしに力を尽くした。中でも弟の慈空は錦織寺の開祖であり、存覚に師事していたことから、錦織寺において手厚くもてなした。このような事柄から、存覚と錦織寺との関係に探りを入れ、知られざる一面を掘り起こしていけば、その疑問も自ずと明かされるのではないかと思われるのである。

この研究を進めるに当たって、まず存覚の身上におけるどのような事情が、彼をして錦織寺と深く関わらせることとなったのかを究明する必要がある。その究明に当たっては、『存覚一期記』が現存する文献の中で最も大きな示唆を与えてくれるものである。

また一方において、真宗史の流れの中であまり浮上してこない錦織寺が、その草創期において、どのような歴史的経過をたどってきたのかを、併せて究明する必要があるように思われる。

したがって、「存覚の身上における事情」と「錦織寺の歴史的事情」の両面を織り合わせて研究を進めることにしたい。

一　存覚の身上における事情

存覚は二十七歳のとき、奈有《なう》を内室に迎えている。これは父覚如の計策したものと云われている。奈有の出自は明らかではないが、近江瓜生津の愚咄・慈空兄弟の縁者であったと云われている。このことが爾後の存覚の行状に大きく影響していて、特に錦織寺と深く関わっていく要因となったと思われる。

また三十三歳の時に父覚如の勘気に触れ義絶されたことによって京を出て近江瓜生津の愚咄・慈空のもとに身を寄せている。この慈空は実質上錦織寺の開祖であると云われていて、存覚も「慈空大徳」と大徳の称号を付けて呼んでいる。

『存覚一期記』は、存覚の身上のみにとどまらず、当時の真宗教団の趨勢や本願寺一族の動静を知る上で貴重な

史料となっている。その三十三歳の段には、

此両年口舌事相続、遂《ニ》預二勘気一之間、六月二十五日令退出、寄二宿《シ》牛王子辻子《ニ》一、七月二十日出京、著二江州瓜生津一、此年於二奥州《ニ》一越年《ス》、是者東国同行等和睦口入之為也、来秋必可申云々。（この両年、口舌の事あい続き、遂に勘気を預かる間、六月二十五日退出せしめられ、牛王子辻子に寄宿し、七月二十日出京して江州瓜生津に著〈着〉く、この年奥州に於いて越年す、これは東国同行等和睦口入れの為なり、来秋必ず申すべしと云々）

また三十四歳の段には

三月晦自二奥州一著《ク》二江州瓜生津《ニ》一、・・・・・・・・・・・・（三月晦奥州より江州瓜生津に着く・・・・・・・・）等

とあるように存覚は父覚如の勘気に触れ義絶されると、京を離れて近江の瓜生津へ行き、そこでしばらく滞在している。また、そこから東国同行に自分たち親子の和解に対する助言を求めるために奥州に行ったが、そこで年を越して、翌年三月に瓜生津に帰っている。

この外に同書の四十二歳の段には、

元弘元正月二十二日、進二発《シ》関東《ヘ》一、先著《ク》二瓜生津《ニ》一、奈有・光御前・光徳令二同道一、預《ケ》二置《キ》彼《ノ》所《ニ》一了《ヌ》、・・・・・・・・・二月十一日著《ク》二甘縄《ノ》顕念（誓海）宿所一、三月八日於二江州《ニ》一瑠璃光女生《ル》、・・・・・・・・・（元弘元年正月二十二日、関東へ進発し、まず瓜生津に着く。奈有・光御前・光徳を同道せしめ、かの所に預け置きおわりぬ。・・・・・・・・・二月十一日、甘縄の顕念の宿所に着く、三月八日、江州に於いて瑠璃光女生る・・・・・・）

とある。当時存覚は山科興正寺の空性の尽力斡旋により住家を建て、生活費の補助を受けていたが、興正寺が洛東の汁谷に移り、仏光寺と改めて後、存覚一家の生活も逼迫し、困窮に陥ったという理由で、関東に向けて出発した

が、まず妻子を瓜生津に預け置き、単身で関東に向かったという内容と、存覚の関東滞在中に、近江瓜生津に預けて置いた内室の奈有が瑠璃光女（第三女）を産んだという内容である。

これらを考え合わせると、内室の奈有が近江瓜生津に生まれ育ったか、またその地の愚咄・慈空兄弟との深い縁を有する者であったことが推測される。そればかりか、父覚如と愚咄とが緊密な師弟関係にあったことから、愚咄の縁者の奈有を存覚の内室として娶らせる強い意向を持っていたということともつながり、その裏付けともなる。

二　錦織寺の歴史的事情

そもそも錦織寺は、親鸞が関東から帰洛の途上、嘉禎《かてい》元年（一二三五年）に近江木辺の毘沙門堂に立ち寄り、宿泊したことが縁となり、念仏道場として建てられた寺院である。寺伝（錦織寺伝絵記）によると、親鸞が帰洛旅程での一夜に毘沙門天王の夢告を受けてここを訪れ、その地の地頭石畠民部（資長《すけなが》）もまた毘沙門天王の夢告により念仏弘通を親鸞に請うたことがその始まりであったと云われている。しかし単に夢告だけで親鸞がこの木辺の地に寄り、石畠民部の請いに応じてここで念仏教化したということは史実として成立し難いものであり、作り話的な伝説として受け止める程度にとどまるに過ぎないであろう。ところが、その由縁はともあれ、現在においてこの錦織寺に親鸞の確固たる足跡が認められ、親鸞による念仏弘通の歴史的事実は疑う余地のないところである。ここには何らかの歴史的必然性があったと見なすべきである。この必然性を見出す上で重要な鍵となるのが、ここに登場する地頭石畠民部の出自であり、それと共に親鸞の高弟第一とされる性信の出自およびこの両者の間柄である。このことは真宗史上または錦織寺の歴史的事情を見る中で、私の知る限りにおいては未だ誰も触れたことのない所であるが、史実解明に当たり重要な示唆を与えてくれるものと思われる。

まず石畠資長についてその人物像を明かすならば、彼は関東出身の鎌倉武士であり、源平の戦いにおける「扇の的」で有名な那須与一の血を引く那須家の一族である。彼は親鸞に帰依し、得度した後、寺伝では法名「願明」となっているが、『存覚袖日記』(後に詳述)によると「善明」と云い、錦織寺開祖慈空の父である。

一方、性信の人物像を明かすならば、彼は常陸の鹿島神宮の神官の家系である大中臣家に生まれたが、幼少の頃から腕白で特に相撲は群を抜いて強かったと云われている。生まれつき粗暴な性格で奔放に暴れまわったことから「悪五郎」という異名さえあったと云われる。この性信が十八歳のとき紀州の熊野権現に参篭して荒修行をし、心に深く感ずるものがあり、京都吉水の禅室に法然を訪ね、その門下に入った。そのとき法然は既に七十歳を越えていたので、その直接の指導を親鸞(当時の名は善信)に託した。このことから親鸞と性信は法然門下にありながら実質上、緊密な師弟関係にあったと云える。更に承元《じょうげん》の法難で親鸞が越後に配流となったときにも性信は側近として同道している。この越後配流に性信が親鸞に随伴したことは、高田派本山専修寺の『善信聖人(親鸞)伝絵』末の上(資料3)に描かれていて、「親鸞聖人配所にをもむきたまふところ也」と三行にわたる説明文がある。その輿の後ろをかかえる僧形の若者が性信である。(平松令三師説)

五年の刑を終えて赦免となった親鸞は、念仏教化のため、なおも二年間この地に逗留した。その後、京には帰らずに関東常陸の国に赴いていること、関東滞在中、度々鹿島神宮に訪れ、一切経写本等をしていることについては、その陰に性信が常々関わっていたことが如実に推測し得るところである。即ち親鸞が念仏教化の場として越後に次いで関東常陸の国を選び、しかもそこに二十年もの間滞在していたという事実の陰には性信の力が少なからずはたらいていたことが推察される。また性信の出自が鹿島神宮神官の家系であったことから、関東一円の武士たちの尊崇の的であり、顔も利き、一目置かれていたとも考えられる。那須家一族の石畠民部とも直接の親交はなかったとしても互いに何らかのつながりを持っていたことは十分に考えられる。親鸞が帰洛途上で石畠民部の任地木辺に立ち寄ったことも、決して夢のような偶然によるものではなく、性信の強い願望と真摯な計らいによるものであるという歴史的必然性に着目すべきではなかろうか。このことは寺伝による毘沙門天王の夢告というよりも、史実の根拠として説得力があると思われる。

次に挙げる『存覚袖日記』（十三）においては、錦織寺の系統が親鸞門侶中における性信を筆頭にして挙げられている。

十三

性信 ― 願性 ― 善明 ― 愚咄

＊［筆者註］　善明＝石畠資長。愚咄・慈空兄弟はその子

このことに関して錦織寺に伝蔵する『浄土宗血脈譜系』（永徳三年十一月慈観記）における譜系では

浄土宗一流血脈譜系

右日本源空聖人者、俊機敏利、智慮深濬《しゅん》、専欣《ラヒ》二安養《ヲ》一、遍修《ニス》二浄業《ヲ》一、浄土教義従レ此漸盛、宗旨階定依レ之増朗、利益被遠近、門侶盈《ツ》万邦、然我親鸞上人者、禀《ケ》二彼示誨《ヲ》一、専《ラ》此興《レス》二宗因《ヲ》一、茲《ニ》門輩普《ク》諸国弘通洽《フ》二親疎《ニ》一、爰恭《シク》惟《バ》釈慈観、恭受《クケ》二空上人六代之遺流《ヲ》一慗《ちよく》烈《ス》二（列）鸞上人五世之派脈《ニ》一、乃至

三世諸仏垂証明、三界諸天明冥呲、慈観敬白
永徳三歳癸亥《ミズノトイ》十一月二十八日

とあり、源空から慈観に至るまでの血脈・法脈の二系が次のように示されている。「釈慈観、忝く空聖人六代の遺流を受け、鸞上人五世の派脈に列す」とはその血脈の系列である。

源空聖人
├ 性信 ― 善性 ― 願明 ― 愚咄 ― 慈空 ― 慈観（法脈：筆者付記）
└ 親鸞 ― 如信 ― 覚如 ― 存覚 ― 慈観（血脈：筆者付記）

ところで、一方において法脈が示されているのは、源空を大祖として親鸞を宗祖と仰ぐ真宗がこの木辺の地において興隆する基を築き上げたのが、この系列に属する人であることを顕彰するためのものである。ここで『存覚袖日記』の願性、善明と照らし合わせると、ナミ線部の上の漢字が入れ替わっていて、善性、願明となっている。この二系図の願性と善性、善明と願明はいずれも同一人物であることは明らかである。だからどちらかが誤りであるが、この場合慈観は存覚の子であり、存覚の書き遺した系譜を本にしたと考えられることから『存覚袖日記』の方が正と見るべきである。善性も願明も錦織寺の歴史上重要な人物として長年にわたり通用してきたのであるが、それが誤りであることが明らかになった以上、即刻に改めるべきである。

善性は『錦織寺伝絵記』（存覚造と云われているが信憑性は乏しい）には「親鸞が錦織寺において『教行信証』を書き上げた時、それを讃嘆して喜び、親鸞自らの真影を図画し末弟に伝授されることを所望した人物」とされているが、実は願性の名が正しいのである。親鸞はその所望により自ら真向きの影像を描き、完成させたが、それが

世に云う「満足の御影《みえい》」である。

また寺伝においては、「地頭石畠資長民部が法名を願明と号して親鸞帰洛後その教えに従い、近江における真宗のリーダーとなった」とされているが、実は善明という名が正しいのである。この善明は、愚咄・慈空兄弟の父である。ここまで歴史をたどると、錦織寺の開祖は善明とすべきなのに、なぜ慈空ということになるのかという疑問が生ずる。このことについては真宗発展史の上から見ても容易にその答えが見つかるであろう。

親鸞を師として仰ぐ真宗は親鸞の赴く所では普く多くの帰依者があり、中でも高弟の優秀な指導力により、その勢いは燎原の火の如く拡がっていった。しかし親鸞の存命中は、全国各地どこにおいても「真宗は親鸞の教えである」という共通意識でまとまっていて、造悪無碍等の誤った考えを除いては門弟間の主張の違いによる抗争等は殆どなかったと云ってもよい。また親鸞没後においても各地に親鸞の直弟たちが師の教え一本にまとまる傾向が続いた。ところが時代が進むにつれて親鸞面授の人たちもいなくなった孫、曾孫の時代になると、そのような傾向が薄れつつあった。それに拍車をかけたのが親鸞の墓、大谷廟堂の利権をめぐる争いとその権威づけへの動きである。もともと親鸞敬慕の篤い念いの結集によりできたこの廟堂が利害とか権力に関係なく維持継続されるべきなのに、このような問題が生じたことは嘆かわしいことである。中でも各地において親鸞じきじきの教化に発して独自の発展を遂げてきた諸門徒の間では、こうした動きに対する反発も強かった。このような最中《さなか》に、親鸞の曾孫に当たる覚如が大谷廟堂を寺院化し本願寺の号を得て、本願寺中心の発展構想を打ち出した時、下野高田門徒、山城仏光寺門徒、近江木辺門徒等がその本願寺配下に入らなかったと云われている。このことを契機としてそれまでは一つの共通意識でまとまっていた真宗も地方教団の組織化や独立傾向が進んでいったと考えられる。近江木辺門徒が、それまで親鸞血脈を崇敬し、愚咄等が覚如に師事した本意は本願寺の配下に服するというよりも、親鸞の教えを究め普及させることにあったはずである。しかし愚咄は覚如に対して敢えて背反の色は見せなかったので両人の信頼関係は傷つく事なく保たれていたように思われる。むしろ存覚が父覚如に元亨二年（一三二二年）に勘当されて以来、なかなか許しが得られなかったところ、延元三年（一三三八年）愚咄斡旋により和解が成立していることから考えても、そのことが証明されていると見られるのである。また錦織寺の開基を敢えて弟の慈空に委ねたのも、錦織寺が覚如の影響力や本願寺中心の体制から離れたところで独自に発展することを暗に願っていたのではないかと推測することもできる。このことはさておき、存覚が木辺錦織寺を訪れた史料上の最初の記録はこの年（延元三年）になっている。即ち、『存覚一期記』四十九歳の段に、

九月、依二愚咄坊（瓜生津之人也）口入一、預二大上（覚如）御免ニ一、同十八日相ヒ二伴ナヒ愚咄坊ヲ一、参シ了ヌ、其時御在京八条源中納言雅康卿亭也。（九月、愚咄坊の口入れにより大上〈覚如〉の御免に預かる。同じき十八日愚咄坊を相伴い参し了りぬ。その時の御在京は八条源中納言雅康亭なり。）

とある。愚咄の右傍に「瓜生津之人也」とあるのは注意すべく、木辺門徒が瓜生津門徒から派生したことが知られる。その後慈空は、本願寺覚如とは比較的に距離を置き、ニュートラルな関係にあったことから、覚如の配下には入らず、独自な活動ができ、しかも存覚に師事したことによって幅広い仏教学を背景とした真宗を学び得ることができたものと思われる。ここに錦織寺の実質上の開祖は慈空とされる所以がある。

存覚は『一期記』の中で慈空について何度か触れている。

五十八歳の段を見ると、

錦織寺慈空房於ニ当宗一有ニ学問之懇志一之由令レ示之間、遣レ挙ニ於安養寺一、為ニ彼引導一、寄ニ宿円福寺一、十二月之比皆悉下向《シ》、和劦《ニシテ》越年了《ヌ》。（錦織寺の慈空房は当宗において学問の懇志あるの由、示せしむるの間、安養寺を挙げて遣わし、彼引導の為に円福寺に寄宿す。十二月のころ、皆ことごとく下向し、和協して越年し了りぬ。）

とあり、錦織寺の慈空が宗学を学びたいという志を抱いていたので、存覚は彼に浄土宗西山派の安養寺を推挙し、存覚は彼を引導するために円福寺に寄宿した。またその十二月ころに、存覚一族はみんな大和に下向し、大和において年を越したと云う。

五十九歳の段では、

夏比、以ニ慈空房口入一《ヲ》、宝塔院叡憲律師誂《ラル》ニ信貴鎮守講式《ヲ》一之間、草《シ》遣《シ》了《ヌ》。（夏ごろ慈空房の口入れを以て宝塔院叡憲律師、信貴鎮守講式を誂えらるるの間、草し遣わし了りぬ。）

と記され、夏の頃、慈空房の口添えを経て、信貴山寺の学頭である叡憲律師より信貴山鎮守講式の作成の依頼を受けたので存覚はこれを書き送ったと云う。

六十歳の段では「慈公」という名が三回出ているが、これは錦織寺の「慈空」を指している。その内容のあらましは「五月二十一日に覚如の後室善照房が示寂し、覚如の悲嘆中に存覚への二度目の勘当を解くことを申し入れた者があったが、かなわなかった。その頃、善照房の菩提を弔うため、慈空と三河の寂静が上洛したが、慈空は存覚の縁類であるという理由で覚如に見参できなかった。」ということである。

六十二歳の段においては、七月に錦織寺慈空が入滅した時のことが次のように記されている。

七月七日江州錦織寺主席慈空大徳入滅、同十三日奈有為レ訪先被二下向一、同十五日帰洛、八月十八日予下向澄禅尼元自居住、愚咄大徳二十日来臨同宿、此時且《ハ》為二亡者之素意《ノ》一、且《ハ》為二自身安立一、此遺跡一向致二管領一、可レ継二法命《ヲ》一之由両人命《ズ》レ之《ヲ》、爰《ニ》予余命不レ可レ有レ幾、綱厳僧都相続可宜之由就《テ》レ示《ニ》レ之、有二慇懃之約諾一、其儀今無二相違一、宿縁之所レ追歟。（乃至）

と記している。ここで注目すべきは、慈空に冠して錦織寺主席と云い、大徳の称号をつけていることである。時を追ってその記録をたどると、七月七日に慈空が入滅したので同十三日に存覚の内室奈有が追善のために錦織寺に下向し、同十五日に帰洛した。八月十八日に存覚は錦織寺慈空の未亡人澄禅尼のもとに下向し、そこにとどまったが、その間、慈空の兄愚咄が瓜生津から来て同宿した。その際、澄禅尼と愚咄の二人が、慈空の素意に副うため、且は存覚自身の安立のために錦織寺を管領し、法灯を継ぐべきことを勧めたが、存覚は余命がいかほどもないから、第七子の綱厳に相続させることを約束した。その約束通り綱厳は錦織寺に住持することになった。

〈筆者註〉これが錦織寺第五世の慈観である。

永禄十年にできた反古裏書にも慈空、綱厳の前後の事情が記されている。

先江州木部ノ錦織寺慈観ト申セシハ存覚上人ノ末子ニシテ巧覚ノ舎弟ナリ。ソノ始ハ慈空大徳コノ寺ノ開基ナリ、諸浄土宗トシテ興行アリシカドモ、存覚上人ノ御勧化ニヨリ内心御門弟タリキ。遷化ノミギリ遺言トシテ、寺ヲ存公ヘタテマツリ給フ、コノユエニ遺弟シキテ望申セシ間、彼御息ニワタシ申サレ、其後、慈観、慈達、慈賢子孫相続アリシガ、慈賢嫡子ニユヅリ、其前後ヨリ当家ヘ疎遠ナリキ。慈観ハ山門青蓮院ノ門侶綱厳僧都トシテ広橋大納言兼綱卿ノ猶子ナリ。

綱厳は存覚の第七子で童名を光威丸と云った。建武元年二月七日の生誕で、興国四年九月、十歳の時、小野の随心院僧正経厳の室に入り、贈左大臣広橋大納言兼綱の猶子となり、十月十七日薙髪した。よって経厳、兼綱の二名から一字ずつ取って仮名を綱厳と号し、実名を慈観と改めた。ついで東大寺に入って修学し、後青蓮院の門侶となり、観応二年、愚咄の請いに由り存覚の命を承けて錦織寺第五世（実は第二世）となった。

正平十五年五月四日、綱厳の請いにより存覚は錦織寺に安置せらるべき親鸞伝絵に筆を染めた。本文は全く覚如の書いた原本に拠り一部四巻よりなったのである。『存覚袖日記』にその奥書の手控えがあるが、普通の本願寺本にある奥書を略し、所謂木部本伝絵たることを明らかにする部分のみを抜粋すれば、次の如くである。

此伝絵、江州錦織寺務鋼厳僧都　為二当寺一安置、右寺衆等談合之子細　企二図絵一之志願云々。仍於二詞書一者、予可レ染レ筆之由示レ之、而本来悪筆之上　先年折レ臂之後、弥不レ堪者間、屢《しばしば》雖令遁避、《固辞偏為中懐何悼》只存丹青前□□禿筆歟、諍見乎之趣頌言懇望之条重難二默止一之間経数日之暮陰写二両巻之藻詞一依二料足之不整一、不レ及丹青之態、就老筭已難期、先所レ終二輸主之功一也。

後日如此書改以前十二行今度十行也

慈観の示した先の系図を見て、直ちに錦織寺が下総の横曽根門徒（飯沼門徒）の流れに属しているという向きもあるが、即断は許されない。なぜなら錦織寺草創の時代における両者の関係または交渉を示す歴史的事実は全く見当たらないからである。

性信は、親鸞の木辺立ち寄りについて石畠民部への取りなしには力を尽くしたとしても、その後において石畠民部（善明）が親鸞の直接的指導のもとに、錦織寺草創の礎を築き上げるに当たっては、何ら関わりを持っていない。

このことは彼が親鸞帰洛後、造悪無碍等の異解に迷う当時の真宗門徒の収拾に当たるという重大な使命を帯びて関東にとどまっていたことから見ても当然のことと云えよう。もし石畠民部が性信の門下生として親鸞教義を間接的に学んだのであれば横曽根門徒の系類に入ると云えるであろうが、その形跡は全く見られないのである。またその後の錦織寺においても、民部の子愚咄・慈空兄弟の率いる近江の瓜生津・木辺両門徒が独自の発展を遂げている。愚咄は覚如に師事し、慈空は存覚に師事して、いずれも横曽根門徒の影響を受けることはなかったのである。

慈空の三回忌については『一期記』六十四歳の段で、次のように、父覚如の三回忌と併記している。

六十四歳、文和二年始勤行等如レ例、正月十七日上洛シテ、逢上ル二第三廻御追修一ニ、二十三日自二六条一下二向和州一、奈有同道、木部開山大徳第三廻之間、招引、（乃至）

このように錦織寺の開基とされる慈空が示寂したのは観応二年（一三五一年）であることから、その三回忌が文和二年（一三五三年）であることは間違いのないものと思われるが、錦織寺に残る『安心章』第七通（資料1）には、同じ存覚の筆になるものと云われながらも、慈空の示寂が観応三年とあり、三回忌も一年遅れの文和三年となっている。したがって、それが果たして存覚自身の筆になるものかは疑わしい。慈空が存覚に師事し始めたという年も『一期記』より一年遅れている。（五十八歳の段参照）

このほか文和三年を「申午」と記しているが「申」は十二支で十干の「甲」の誤りである。日本の年代を表す常識として「十干・十二支」を用いるが、「十二支・十二支」と並んでいるのは初歩的な誤りである。因みに文和三年は、前後の年代から見ると「甲午」（資料2参照）であることからしても、その誤りは明らかである。

この錦織寺『安心章』第七通には、ここに指摘した如く年代把握の点で誤りが多いので、早急に訂正する必要がある。しかし、その誤りさえ正せば、錦織寺草創期の歴史事情を知る上で貴重な史料でもある。開基とされる慈空が存覚に師事し、親密な関係にあったこと、それが縁で存覚が錦織寺に住持し、すべての面での指導に当たっていたので信望が厚かったこと、慈空の示寂後に兄の愚咄が、慈空の遺言を以て錦織寺管領を存覚に委ねようとしたが、存覚は既に老齢で余命幾ばくもないという理由で丁重に断り、代わりに綱厳（存覚の第七子）に継承させることを約束したこと等々については、年代別記述の『一期記』とは違って、簡略にまとめられている。このことから、錦織寺における存覚の業績を顕彰する上で、『一期記』と並んで重要な位置を占めるものと云えるのである。

おわりに

○　存覚は近江錦織寺に縁あって深く関わり、多大の功績を残している。しかし、このことは真宗史上あまり重要視されて来なかったし、また一般的に周知されていない。言わば、真宗史の裏街道にあって、とかく看過されやすい事柄になっている。

○　存覚は、親鸞に追随し、真宗教義解説のために『六要鈔』をはじめとして多くの撰述書を著しているが、錦織寺に住持することが多かったことから、錦織寺が少なからずその執筆活動の場となったものと思われる。現に本願寺所蔵の『六要鈔』は、その奥書に示されている通り錦織寺第五世慈観（存覚第七子綱厳）が父存覚所与の本を、本願寺主席に奉授したものである。

○　存覚は、父覚如との不和が高じて二度にわたる義絶を被り、本願寺宗主の系列からもはずされるという逆境にありながら、大らかな心で真実信心を求め、当時における真宗の指導者として十分に力を発揮し、執筆活動にも支障なく取り組んだのであるが、それを支援するとともに敬愛と尊崇の心で迎え入れたのが錦織寺である。それを錦織寺の側から云えば、存覚という時代を超えた偉大なる宗師との縁が得られたのも、存覚の身上に義絶という不幸なできごとがあったからこそのことである。「悪を転じて徳をなす正智」の賜か。

○　この錦織寺に存覚の残した真宗の教えは、時代を超え、宗派を超えた真宗の真実であるとするならば、後世の私たちは心して祖師の誠を仰ぎ、内外を問わず広く普く真実信心の喜びを分かち合うべきである。

【資料1】錦織寺『安心章』第七通

抑々《ソモソモ》コノ勅院錦織寺ニ居住セシムル根元ハ去ル貞和四年戊子（ツチノエ　ネ）年」、予ガ年齢五十九歳ナリ。ソノコロ当院ノ慈空法義ノココロザシニヨリ、ツネニ予ガモトニ来《キタリ》、自身領解ノトヲリヲノベラレシニヨリ、カタノゴトク一流相伝ノ他力安心ノオモムキヲネンゴロニ談合セシメ畢《ヲハンヌ》。コレニヨリテ当院ニ移住シテ聖人一流ノ法命ヲツグベキヨシ、ネンゴロニ申サレシソノノチ有為無常ノナラヒ、ノガレガタク、ホドナク観応三年壬辰（ミヅノヘタツ）年七月往詣楽邦ノ素懐ヲトゲラレ畢《ヲハンヌ》。シカルニ同《オナジク》八月二十日瓜生津ノ愚咄来臨シテイハク、慈空存日ニ約シマイラセシヨシ遺言セラレシヨシヲカタリ、当院ニ住シ聖人一流ノ法命ヲ相続セシムベキノム子ヲツブサニ申サルルトイヘドモ予スデニ六十有余ナレバ余命イクバクナラズ。綱厳僧都幸ニ相続セシムベキ旨ヲ諾シテ同年《オナジキトシ》十二月二十日ニ共ニコノ勅院ニ移住セシメ、カタノゴトク聖人相承ノ他力信心ノオモムキヲ勧化セシムルコトサラニオコタリナシ。コレシカシナガラ往昔ノ宿縁アサカラザル因縁ナレバミナミナ信心決定シテ往生極楽ノ本意ヲ遂ゲラ

レナバ、コノ勅院ニ住スル所詮タダコノ一事ナリ。マタコレ慈空遺言ノ本懐コレニスグベカラザルモノナリ。信ズベシ、信ズベシ

文和三申午暦　在御判

七月七日　釈存覚

慈空三回忌之日也

【資料2】干支順位表

甲子→乙丑→丙寅→丁卯→戊辰→己巳→庚午→辛未→壬申→癸酉→

甲戌→乙亥→丙子→丁丑→戊寅→己卯→庚辰→辛巳→壬午→癸未→

甲申→乙酉→丙戌→丁亥→戊子→己丑→庚寅→辛卯→壬辰→癸巳→

甲午→乙未→丙申→丁酉→戊戌→己亥→庚子→辛丑→壬寅→癸卯→

甲辰→乙巳→丙午→丁未→戊申→己酉→庚戌→辛亥→壬子→癸丑→

甲寅→乙卯→丙辰→丁巳→戊午→己未→庚申→辛酉→壬戌→癸亥→

［十干］

甲（こう・きのえ）　乙（おつ・きのと）　丙（へい・ひのえ）　丁（てい・ひのと）

戊（ぼ・つちのえ）　己（き・つちのと）　庚（こう・かのえ）　辛（しん・かのと）

壬（じん・みずのえ）　癸（き・みずのと）

【資料3】専修寺善信聖人伝絵

［十二支］

子（し・ね）　丑（ちゅう・うし）　寅（いん・とら）　卯（ぼう・う）
辰（しん・たつ）　巳（し・み）　午（ご・うま）　未（み・ひつじ）
申（しん・さる）　酉（ゆう・とり）　戌（じゅつ・いぬ）　亥（がい・い）

【参考文献】

『存覚一期記』（『真宗史料集成』一巻）
『存覚袖日記』（『真宗史料集成』一巻）
『錦織寺伝絵記』
『安心章』
『野洲郡史』
『浄土宗一流血脈譜系』（慈観）
『存覚一期記の研究並解説』（谷下一夢著）
『親鸞のふるさと』（新いばらぎタイム社）

存覚上人の証果論

福田了潤

一　はじめに

存覚上人（以下、存覚と称する）の教学は、特にその証果論において独自の解釈がみられる。先行研究で多く指摘のあるところだが、そこには往生成仏論及び不退論に、当時隆盛をきわめていた浄土宗鎮西派の教学の影響がみられるのである。普賢晃壽著『中世真宗教学の展開』には、存覚の正定聚理解と鎮西派了慧の『無量寿経鈔』との交渉を指摘し、「存覚は『同鈔』の処不退説の影響をうけていることは否定できないのである」(1)と述べられている。存覚の証果論におけるこれまでの先行研究は、鎮西義の影響は正定聚理解にあるというものであり、それが第二十二願理解にまで及んでいるという指摘はなく、また鎮西義の受容の時期を明らかにしたものはない。

本論文は、存覚の往生成仏論及び不退論を確認し、その鎮西義の影響が、存覚の第二十二願理解にも及んでいることを指摘し、その影響が、いつ頃からなされているものかを明らかにするものである。

二　往生成仏論

存覚には、親鸞聖人（以下、親鸞と称する）の特徴の一つである「往生即成仏」を語られない一面がある。『六要鈔』において、「証文類」の出体釈「利他円満の妙位、無上涅槃の極果」を釈して、

「利他」等とは、これ証道を指す、或は初地已上を指し、或は八地已上乃至等覚補処を指す。これすなわち衆生生ずる者、皆これ阿鞞跋致、佛の大願業力によって得る所の希奇の益なり。「無上」等とは、これ妙覚無上の位を指す、必ず補処に至て窮極すべき所の妙果なり。（『真宗聖教全書』、以下『真聖全』二・三二一頁）

と言われている。これは、「利他円満の妙位、無上涅槃の極果」をそれぞれ不退転地と成仏に分けた解釈である。また、題号を釈す中での「証」の釈では、

証はすなわち果なり。果に近遠有り。近果は往生、遠果は成佛。証に分極有り、分証は往生、究竟は成佛。其の義同じなり。（『真聖全』二・二〇五頁）

とあり、また「教文類」列釈の「真実証」の釈では、

証に於て往生成佛・分証究竟・遠近の差別有りといえども、先づ往生を以て其の近果と為す、是すなわち証なり。（『真聖全』二・二一二頁）

とある。これらの文は、証を近果・遠果の二つに分け、近果では往生後の位は分証位（不退転位）であり、遠果では、往生後の位は究竟位（成仏）であるとされている。

「信文類」引用の「散善義」の「即入諸仏之家…」等の釈では、

「即入」等とは、すなわちこれ往生、すなわち始益為り。「道場」等とは、すなわちこれ成佛、すなわち終益為り。

（『真聖全』二・三〇九頁）

と、往生を始益、成仏を終益とされており、先の文と同等の意味での解釈である。往生と成仏を分けて考える見方は、存覚の往生成仏論に「平等門」と「差別門」との二面での捉え方があるからである。同『六要鈔』に、

「無上正真道」と言は、分証位有り、究竟の位有り。若し差別門に依らば且く分証に約すべし、若はこれ初地、若はこれ初住、宗教の意に依て差異有るべし。若し平等門に依らばすなわち極果に約すべし、往生・成佛始終の益なりといえども、時に前後無し、これ同時なるが故なり。

（『真聖全』二・二九九頁）

とある。これによれば、証果を差別門で捉えた場合、往生後の位は分証位（不退転位）に約する。平等門で捉えた場合、究竟位（成仏）に約し、往生と成仏は時に前後なく、同時であると言われている。また同等の意味で、

問。往生の益を得べきと言ふべし、何ぞ大涅槃を超証すと云ふや。答。往生は初益、涅槃は終益。また生即無生の義に依れば、往生すなわちこれ涅槃の極理なり。

（『真聖全』二・三〇二頁）

とある。ここでは、往生が初益、涅槃（成仏）が終益。生即無生の義に依れば、往生はそのまま涅槃（成仏）の極理であると述べている。

まとめると、平等門（生即無生の義）では、往生は即成仏であるが、差別門では、往生すれば不退の位に住し、やがて成仏するということである。

三　不退論

この差別門（往生後の不退転位）の考え方は、存覚が不退の益において、隠顕を見ることから生まれていると考えられる。

「証文類」の「即時入二大乗正定聚之数一」を釈す中で、

「即時」等とは、問。当願の意、不退の位を得ることは往生の後に約す、彼の土の徳なるが故。而に今の如くは、現生に約するか、其の意如何。答。此に隠顕・傍正等の意有り。若し顕正に拠らば生後の益に約す、若し隠傍に依らば現生の益に約す。（『真聖全』二・三二一頁）

と、不退の益には隠顕・傍正等の意が有るとし、顕正に拠れば生後の益に約し、隠傍に依れば現生の益に約すと述べられる。

この中で生後の益の不退とは、

問。生後の益に約して不退を論ぜば、その位如何。答。常途の所談は三不退に非ずこれ処不退なり。
（『真聖全』二・三二二頁）

と言われるように、処不退であるとされている。

次に現生の益の不退とは、

「即」の言は頓の義、命後を待たず、潜に信心開発の時分に正定聚に入ることを顕す。顕に浄土の不退為るべしといえども、退堕せざるを以て隠に現生に其の益有べきことを表す、三不退并に処不退に非ず、唯是蒙光触は心不退の不思議を顕す所ならくのみ。今家の料簡専らこの意を存す、処々の解釈この義勢を以て之を解了すべし。

（『真聖全』二・二六〇頁）

と言われるように、心不退とされている。また、

「易行道とは謂く但」と等とは、問。上に述ぶるが如きは、難易の二道所行異なりといえども、所期の益共にこれ不退なり。その不退とは、同じくこの土に於て得る所の益なり。而に今の文の如きは、不退と言は往生の後得る所の益為ること、其の文炳然なり、如何。答。本より三義有り、諸師の意各一義を存す、況また生後の義を存すといえども、現生不退の益を遮するに非ず。位未だ不退の地に至らずといえども、蒙光触は心不退の義、摂取不捨横超断四流、豈以て空しからんや。これ等の明文、虚説に非ずば、不退の義何ぞ成ぜざるや。三不退に非ず、処不退に非ず、只これ信心不退の義なり。

（『真聖全』二・二四〇頁）

の文も同意である。

この隠傍、平等門の捉え方が親鸞義である「現生正定聚」、「往生即成仏」を顕しているのに対し、顕正、差別門の捉え方は、不退を浄土での処不退とし、往生と成仏をわける捉え方である。(2)

この処不退説は、当時隆盛をきわめていた浄土宗鎮西派の影響であるといわれている。それは、存覚の第十一願理解に、鎮西派了慧の『無量寿経鈔』の影響が見られるからである。(3) 先行研究で、すでに指摘のあるところであるが、それをまとめると、

① 「行文類」引用の『大経』往観偈の「其仏本願力　聞名欲往生　皆悉到彼国　自致不退転」の『六要鈔』の解釈

は、

第一の句は第十七を指す、これ名号なるが故に。第二・第三の両句は第十八を指す、これ信心を明し往生を説くが故に。第四句の一句は第十一を指す、不退を明すが故に。（『真聖全』二・二三三頁）

と、第一句は第十七願、第二・第三句は第十八願、第四句は第十一願を指すと述べ、その第十一願の不退について、

問。言ふ所の不退は是れ何の位ぞや。答。若し摂凡に約せば是れ処不退、若し摂聖に約せば是れ行不退なり。（『真聖全』二・二三三頁）

と、不退を摂凡に約せば処不退、摂聖に約せば行不退と述べられる。これは『無量寿経鈔』の、

今謂うこの文、総じて二願を含む、謂く、第二第三句に拠れば、第十八を指す、願王たるをもっての故に（中略）第四句に拠れば第十一を指す、不退の益の故に。（中略）言う所の不退、摂凡に約すれば処不退なり、摂聖に約すれば位不退なり。（『浄土宗全書』、以下『浄全』十四・一七二頁）

と言われる文を受けたものである。

②「証文類」引用の第十一願の大意を『六要鈔』では、

問。当願の大意云何。答。因位所見の諸土の中に、或は佛道修行を致すといえども退いて邪聚に入る有り、或は退せずして速に菩提を得る有り、法蔵かの退堕の類を憐愍して、彼類をして正定聚に住せしめて、終に涅槃の妙理を証せしめんが為の故に、此の願を発したまふなり。（『真聖全』二・三二一頁）

と、第十一願の大意は、仏道修行をする上で、退堕し邪聚に入るものを法蔵菩薩は憐愍して、このような者を正定

聚にし、終に涅槃の妙理を証せしめんが為の願であると述べている。
これは『無量寿経鈔』の、
願意とは、所見の土の中に、或土の衆生は仏道を修すと雖も、退して邪定に入る。或土の衆生は皆悉く退せず終に正覚を成ず。法蔵退堕の衆生を悲憐してこの願を選択して衆生を摂するなり。（『浄全』十四・八一頁）
と言われる文を受けられている。

③続く「証文類」、生後の益について論じる中で、
問。生後の益に約して不退を論ぜば、其の位如何。答。常途の所談は三不退に非ずこれ処不退なり、故に『要集』に判じて処不退と云ふ、又『群疑論』に云く。「初往生の時すなわち不退と名くることは、これ処不退に約す。」（『真聖全』二・三三二頁）
と、常途の所談では処不退であるとし、『往生要集』、『群疑論』を引いてその証としている。
これは『無量寿経鈔』の、第十一願と第十願の違いを述べる中で、
この願は処不退なり。故に両願永く異なり。（『浄全』十四・八一頁）
と述べ、その証として『要決』、『小経』、慧心の『略記』、『群疑論』を引いているのに関係があると思われる。

④「証文類」引用の『大経』の願成就文にでる三定聚について『六要鈔』では、
問。三聚の相、其の位如何。答。三定聚の義、諸説不同なり。（『真聖全』二・三三二頁）

と、三定聚の義は諸説不同であるとし、大乗では『釈摩訶衍論』、『述文賛』を引用し、この釈は処不退の義趣にかなうと述べている。この釈も『無量寿経鈔』（浄全十四・一六〇頁）を受けたものである。

以上、存覚の不退論に鎮西派の処不退説の影響が有ることは明らかである。そしてこの処不退説は存覚の第二十二願観にも影響していく。

四　第二十二願観

従来、宗学では、第二十二願の除外例以前の文、すなわち「必至一生補処」の解釈を、浄土に生まれ成仏した後の従果還因の菩薩、すなわち本国の位相としてきた。(4) それはすでに第二十二願を親鸞が還相廻向の願と名付けられているため、第二十二願の全体を還相廻向と解釈しなければならないからである。しかし存覚には、この本国位相の理解がみられない。

「行文類」「他力釈」所引の『論註』「三願的証」の文中の第二十二願の『六要鈔』における解釈は、

二十二の願は彼土に生じて利他の行を立することを証す、これ則還相廻向の義なり。

（『真聖全』二・二六二頁）

と、第二十二願は浄土に生まれて後の利他行を誓った還相廻向の願とされている。『選択註解鈔』には、

穢国にかへりて衆生を度するは還相の廻向なり。

（『真聖全』五・一八六頁）

とあり、先の文と同意で他方摂化の表現がある。また、「証文類」「還相廻向釈」『論註』引文中の第二十二願解釈

では、

問。二十二の願を引く、その要如何。答。初地已上七地已還、極楽に生ぜんことを願ずる二の要有べし。謂く一には第七地に於て実際を証する難を免れんが為、二には諸位速疾超越の為、その中に超越の益を顕さんが為に当願を引くなり。

（『真聖全』二・三三一頁）

と言われる。これによれば、第二十二願は、七地沈空の難を免れる為と、諸位を超越する為の願であるといわれ、その中で超越の益が引用意図であると述べられている。

存覚は第二十二願を、利他行を誓った還相廻向の願とされているが、それは除外例の内容のみで、「必至一生補処」は、七地沈空の難をのがれ、諸位を超越することを誓っているとみられている。

存覚の第二十二願理解には、後の宗学で言われる本国位相の理解がみられず、『論註』当面の意を出ない。[5][6]このような存覚の第二十二願理解においても、鎮西派了慧の『無量寿経鈔』の影響があると考えられる。

五　存覚の第二十二願観と鎮西派了慧の『無量寿経鈔』との交渉

①「証巻」の『論註』引文中の第二十二願の大意を『六要鈔』では、

諸佛の土の中に、或は悉く十地の階位を経て、一より二に至り乃至九より十に至るの土有り、或は超昇して直ちに等覚に登り、速に補処に至る有り。如来の因中に、彼の諸土を見て選択の時、諸の菩薩十地の修行劫数を経歴することを愍て諸位を超越して速に補処に至るの願を発起したまふ。

（『真聖全』二・三三一頁）

とある。これによれば第二十二願というのは、諸の菩薩が十地の修行を経るのを愍んで、法蔵菩薩が、諸位を超越して速やかに補処に至らせるために立てられた願である旨を述べられている。

これは『無量寿経鈔』の、

所見の土の中に、或は仏土有りて、菩薩多く十地の階次を経て、一従り一に至る。或土は然らずして、菩薩皆悉く超て補処に至る。法蔵比丘、諸の菩薩の補処に至らざるを愍んで、この願を選択して菩薩を摂すなり。

（『浄全』十四・九七頁）

を受けられたものと考えられる。

②続く『論註』引文の「言二十地階次一者…」等の解釈を『六要鈔』では、問答を設けてなされている。その問いの文に、

「言十地階次」等と言うは、問う。『起信論』の大意を案ずるが如きは、怯弱の機の為に超証の義を示し、懈慢の機の為に歴劫の義を示す、この義趣を説て正く決判して云く。「超過の法有ること無きが故に、七地の菩薩皆三阿僧祇劫を逕るを以なり。」已上この説の如きは、超証は方便、経劫は実義なり。

（『真聖全』二・三三一頁）

と『大乗起信論』を出し、『起信論』の大意では、怯弱の機の為に超証の義を示し、懈慢の機の為に歴劫の義を示している。この義趣によって正しく決判して「超過の法有ること無きが故に、七地の菩薩は皆、三阿僧祇劫を逕る」といわれている。此の説では、超証は方便、経劫は実義であると述べられる。

これは『無量寿経鈔』で、第二十二願の超証の義を問題にされる中で、

『起信論』に云く、「或は地に超え速に正覚を成ずと示す、怯弱の衆生の為にするをもっての故に。或は我、無量阿僧祇劫に於いて、まさに仏道を成ずべしと説く、懈慢の衆生の為なるをもっての故に。よくかくの如き無数の方便を示すこと不可思議なれども、実には菩薩種姓根等く、発心すなわち等く、所証もまた等し。超過の法有ることなし、一切の菩薩、皆三阿僧祇劫を遥るをもって」この論文に依るに、超証と多劫と倶にこれ方便。もし実を論ぜば、皆三祇を経る。もし仏の本願に依託せずんば、いかでか速に等覚の位に超入せんや。

（『浄全』十四・九八頁）

とあるものを受けられたと考えられる。

③除外例の解釈も、『六要鈔』では、

但し除所は、利他の願有りて暫く自在の利生を施すのみ。只意楽に任ず、更に願力の偏有るに非ずなり。

（『真聖全』三・三三一頁）

と、還相は願力の偏ではなく、菩薩の意楽に依るものであると述べられる。

これも『無量寿経鈔』の、

「除其本願」等とは、この文、地住以上の菩薩、意楽不同の誠証なり。

（『浄全』十四・九九頁）

とあるものを受けられたと考えられる。

以上、存覚の第二十二願理解には、了慧の『無量寿経鈔』の影響があることは明らかである。

存覚において第二十二願の「必至一生補処」とは、後の宗学で言われる本国位相という解釈ではなく、了慧の『無量寿経鈔』と同じで、浄土に生まれれば、十地の修行を経るのではなく、諸位を超越して速に一生補処に至らせるということを意味している。

六　処不退説受容の時期

存覚は著述をいくつかまとまった時期になされおり、それは三期に分けることができる。名畑崇著『破邪顕正鈔序説』には、存覚の著述を年代順に並べ、「存覚上人の著書撰述の時期は、第一期元亨四年（一三二四年、三十五歳）、第二期建武四年・暦応元年（一三三七年・一三三八年、四十九歳）、第三期延文四年～貞治二年（一三五九～一三六三年、七十四歳）の三期に分けてみることができる」(7)と述べられ、また外川奨氏「存覚の思想展回」には、「存覚の著述はいくつかの時期にまとまって著わされていることに気付く。つまり、了源の依頼によって三十五歳から三十九歳の間に書かれたもの、明光やその門人ら備後の門徒の依頼によって四十八歳・四十九歳の時に書かれたもの、六十七歳以降に書かれたものの三つに著述を分けることができるのである」(8)と述べられている。これを手がかりに、存覚の処不退説受容の時期を窺う。

第一期では『浄土真要鈔』の中で問答を設け不退論を述べておられる。それによれば、穢土において何故不退転の位に住すことができるのかと訊ね、それについて、

土につき機につきて退・不退を論ぜんときは、まことに穢土の凡夫不退にかなふといふことあるべからず。浄

土は不退なり、穢土は有退なり。菩薩のくらいにをひて不退を論ず、凡夫はみな退位なり。しかるに薄地底下の凡夫なれども、弥陀の名号をたもちて金剛の信心をおこせば、よこさまに三界流転の報をはなるるゆへにその義不退をうるにあたれるなり。これすなはち菩薩のくらいにをいて論ずるところの位・行・念の三不退等にはあらず、いまいふところの不退といふはこれ心不退なり。

（『真聖全』三・一三二頁）

と、土と機について不退を論ずれば当然凡夫は退位であるが、金剛の信心をおこせば横さまに三界流転の報いを離れるから、不退を得るということになる。ここでの不退は菩薩の位で言う所の三不退ではなく、心不退であると述べている。「浄土は不退なり」と処不退の義があることは出されてはいるが、当流の証果の内容としては語られていない。

また同『浄土真要鈔』で、本願成就文の「即得往生住不退転」を釈す中で、

ただし即得往生住不退転といへる、浄土に往生して不退をうべき義を遮せんとにはあらず、まさしく往生ののち三不退をもえ處不退にもかなはんことはしかなり、處々の経釈そのこころなきにあらず、与奪のこころあるべきなり。しかりといへどもいま即得往生住不退転といへる本意は証得往生現生不退の密益をときあらはすなり。これをもてわが流の極致とするなり。

（『真聖全』三・一三三頁）

と言われる。ここでも浄土往生後の処不退を認めてはいるが、与奪のこころであるとし、当流の本意は証得往生現生不退の密益であるとしている。

第一期では、処不退の義は出されるが、当流の証果の内容としては語られていない。

次に第二期では『決智鈔』に、

いまの弥陀仏智一乗頓教は、他力の住持するところなるがゆへに仏名をきくときにをいて心不退の益にあづかり、金剛のこゝろざしをおこせば横に四流を超断して垢障の凡夫直に高妙の報土にいる、これ諸教のいまだとかざるところ、諸宗のいまだ談ぜざるところなり。この報土といふは弥陀の果徳涅槃の土なるがゆへに、生ずれば無生に契當してすみやかに無為法性の身を証す。

（『真聖全』三・二一三頁）

と、聞信により心不退の益にあづかり報土に生まれることが示されている。報土は、弥陀の果徳涅槃の土であるから、往生すれば速やかに無為法性の身を証すと、往生即成仏の義を述べられている。また、同『決智鈔』に、

往生の名言仏説歴然たるうへは、あふいで信をとるべし、文字のあらはなる義について一往の仮難をいたし、甚深の奥旨にをいて邪執の疑惑をなす、いまだ再往の義趣を達せざるがゆへなり。その義趣といふは、鸞師は生即無生の義を成じ、和尚は「浄土無生亦無別」と釈する、これなり。（中略）これらの釈のこゝろをもておもふに、往生はすなはち無生、無生はすなはち法性、法性はすなはち寂滅、寂滅はすなはち実相、実相はすなはち真如、真如はすなはち涅槃、涅槃はすなはち法身、法身はすなはち如来なり。（『真聖全』三・二一八頁）

といわれる文も先の文と同等の意味である。また、『選択註解鈔』の、

聖道・浄土を分別する時、聖道は成仏を期し浄土は往生を願ず、（中略）然れども穢土の修行の如くに長遠の修行を用いず、彼土は無為涅槃の界なるが故に、自然に無生の理に契当し、速疾に菩提の果を得るなり。

（『真聖全』五・一四八頁）

の文。同じく、『選択註解鈔』の、

往生の後は、純一の報土にして無生の証悟を得るときは、それ殊異有るべからず。（『真聖全』五・一六〇頁）

の文。『歩船鈔』の、

仏の願力に乗じて浄土に生じ、浄土にして無生のさとりをうべしとしめすなり。（『真聖全』三・二五二頁）

の文。『顕名鈔』の、

念仏に帰し、帰して浄土に生じ、生じぬれば無生を証し、涅槃のさとりをひらく。（『真聖全』三・三四五頁）

の文も同等の意味で往生即成仏の義を顕している。

第二期では、顕正差別門（処不退説）の考え方は一切みられず、隠傍平等門（往生即成仏）での解釈のみである。以上のように第一期・第二期共に、処不退説の受容は見られないことから、処不退説は第三期、特に『六要鈔』において受容した考え方であるといえる。

七　結　論

存覚の証果論において、当時隆盛をきわめていた鎮西派の処不退説の受容は明らかであり、了慧の『無量寿経鈔』の影響を多く受けられている。それは不退の益において隠顕を見、隠の面では真宗義、顕の面では鎮西義を展開されるものである。そしてこの鎮西義の受容は第二十二願解釈にも及んでいると考えられる。ここで疑問に思うのが、第二十二願の解釈は、顕の義、すなわち鎮西義のみ展開され、隠の義である宗祖義が述べられない。存覚の教学は、「ここにおいて一往・再往、顕説・隠説、随他・随自等の差別あり」(9)等と言われるように、隠顕・一往再往・随自随他等、様々な解釈を駆使し、宗祖教義とその他のものを会通していかれることにその特色がある。しかしこの第二十二願解釈にこれ等が見られないということは、存覚の教学に、後の宗学の中で述べられてきた本国位相という考え方が無いからであると考える。証果論において往生と成仏をわけるならば、浄土での階位が当然問題になってくる。その問題に対処するため、第二十二願理解が必然的に『論註』の枠内に留まったのであろう。いずれにせよ存覚において、第二十二願の「必至一生補処」の解釈は、処不退の証文としての意味しかなく、その願によって、阿弥陀仏の浄土の超証を述べるものである。

また、この鎮西義の受容は、第一期、第二期にはみられない。すなわち存覚六十七才以降に受容した義であるといえる。なぜそのようになっていったのか、当時の時代背景、存覚の言行等兼ねあわせながら、今後の課題として考えていきたい。

註

（1）普賢晃壽著『中世真宗教学の展開』（一九九四年三月十日・永田文昌堂・一八二頁）

（2）梅原眞隆氏「存覚上人の教義」（仏教大学論叢　第二四二号、五十頁）には、「現世不退を重視したもうこと明らかである、ただ他流と対抗の必要上、文相解釈のうえに妥当性を見出さんとて隠顕説をもうけたものである」と述べられている。

（3）小山法城氏「六要鈔と了慧の無量寿経鈔との交渉」（龍大論叢　第二四三号、二三四頁）には、「存覚師の不退の義は六要鈔の所明と次上の隠顕傍正の釈義等に依りて知るべきであるが、その大体は了慧の釈義に依られた様である」と述べられている。

（4）『本典仰信録』（真宗叢書七・二二三頁）には、第二十二願の解釈をする中で、「この願に二事あり、一に本国の位相、二に他方の摂化なり」と述べられている。また『教行信証摘解』（真宗叢書九・十四頁）には、「この願の中に二の願事あり、一に等覚の位を極めて一生補処に住せしむ、一に普賢の徳を修して永劫に衆生を度せしむ」とある。また新編『安心論題綱要』（二二七頁）にも、第二十二願の解釈の中で、「一生補処の菩薩とは、内に往生即成仏の仏果を証しながら外に菩薩の相をあらわしたもののことであり、これを還相とすれば従果還因の相という」とある。

（5）香月院深励『浄土論註講義』（昭和六十年八月三十日、法蔵館・五九一頁）には「浄土に往生して阿弥陀仏を見奉れば浄心の菩薩と上地の菩薩と等しく平等法身を得るとあるは、ただ八地以上に進むと云ふばかりではない。菩薩の頂上の一生補処の菩薩となることぢゃと云ふことを顕し。即ち此の願文に超出常倫諸地之行とあれば安楽浄土の菩薩は『十地経』などに説く如く常並の菩薩の様に初地から二地二地から三地と進む次第階級はないと云ふことを証する御引文也」と述べられている。

（6）梯實圓著『教行信証の宗教構造—真宗教義学体系—』（二〇〇一年、四月三〇日・法蔵館・三八一頁）には、「曇鸞大師の場合は、還相とは還来穢国の相状という意味であったが、親鸞聖人になると、従果還因の相状といわねばならないような内容に転換されていた」と述べられている。

（7）名畑崇著『破邪顕正鈔序説』（一九九七年五月三十日、真宗大谷派宗務所出版部・四頁）

（8）「存覚の思想展回」（日本思想史研究　第三十号、一頁）

（9）『六要鈔』、『真聖全』二・二〇八頁

存覚上人における証果論

平井幸太郎

序論

存覚上人は本願寺第三代宗主覚如上人の長子である。真宗教学史という観点で存覚上人の教学は非常に緻密であり、後世への影響力は多大なるものであると考える。それは存覚上人が歩まれた仏教研鑽の結果であると思われ、言うなれば「仏教の中の真宗」という立場から親鸞聖人の教えを理解しようとしたのであり、真宗学を学ぶ者としては決して看過できない教学であると考える。

本論文では存覚教学における証果論を考察したい。存覚上人の証果論は以下述べる如く、親鸞聖人の教えが如何に当時の仏教界の中でも理解され得るか、という点に重点を置かれている。存覚上人の教学は当時一大勢力を保持していた浄土宗鎮西派の教学等と深い関わりがあり、またその影響があったと推測され、この点を考慮に入れつつ上人の証果論を鮮明にする場合、「不退」の思想に注目することは必要であると考える。

今回は存覚教学における「不退」の思想の成立背景としての「処不退」と「心不退」に注目しこれらを軸として

考察し、同時に浄土宗鎮西派の教学との関わりを探りながら、最終的に存覚上人の証果論が親鸞聖人の証果論を如何に通仏教の中で理解され得るように尽力されたものであるかという点を明らかにしたい。

本論

一　存覚上人の往生・成仏の理解

存覚上人の著作の中に親鸞聖人の主著『教行信証』の最初の注釈書である『六要鈔』があり、そのなかで存覚上人は証果についてどのような理解を示していたのか、『六要鈔』にある往生・成仏の理解をいくつか挙げてみたい。

・往生を近果・分証、成仏を遠果・究竟

証即果也。果有㆓近遠㆒、近果往生、遠果成仏。証有㆓分極㆒、分証往生究竟成仏其義同也。

（『真聖全』二・二〇五頁）

と、「総序」の題目に関して、「教行証」の注釈をされた箇所に見られる。「証」について往生を近果・分証とし、成仏を遠果・究竟であるとした。

・往生を始益・成仏を終益

「即入」等者、即是往生即為㆓始益㆒。「道場」等者、即是成仏即為㆓終益㆒。

（『真聖全』二・三〇九頁）

と、「信巻」真仏弟子釈を注釈された箇所に見られる。往生を始益とし、成仏を終益であるとした。

・往生を近・成仏を遠

言二「解脱」一者、近指二往生一、遠指二成仏一。

（『真聖全』二・三四九頁）

「真仏土巻」第十二・十三願成就文の註釈をされた箇所に見られる。往生について近と遠があるとした。

以上の用例からも見られるように、存覚上人は近遠や始終といった語句を用いて、往生と成仏を分けて理解されている。しかし同時に注目すべき点がある。それは「信巻」の横超断四流の箇所の注釈で、

但言二「無上正真道」一者、有二分証位一、有二究竟位一。若依二差別門一且可レ約二分証一、若是初地、若是初住、依二宗教意一可レ有二差異一。若依二平等門一即可レ約二極果一、往生・成仏雖二始終益一、時無二前後一、是同時故。

（『真聖全』二・二九九頁）

とある。無上正真道について分証位と究竟位があるとし、なおかつ差別門と平等門という語句を挙げている。すなわち分証位は往生と成仏を区別する差別門であり、究竟位は往生と成仏の前後無く同時であるとする平等門の理解である。他の用例にも「信巻」真仏弟子釈の註釈に、

「由斯」等者、問。応レ言レ可レ得二往生之益一、何云三超二証大涅槃一耶。
答。往生初益、涅盤終益。亦依二生即無生之義一。往生即是涅槃極理。

（『真聖全』二・三〇二頁）

とあり、差別門・平等門といった直接の語句は見られないが、往生を初益、涅槃を終益と区別しつつも、生即無生の義に依るならば往生即涅槃であるとし、両門の思想が根底にあることが窺える。また「信巻」便同弥勒釈の註釈で、

次私解釈、問。如二上所引龍舒文一者、弥勒菩薩現在所レ得阿惟越致不退之位、念仏行者生二安楽土一同得二彼位一。

弥勒現益、行者当益、其位相同、故云二便同一。而今釈者、弥勒所得、行者所得、彼此共約二極果当益一。其意如何。

答。以前料簡其意実爾、但今釈意弥勒菩薩今居二等覚補処之位一当来可レ唱二三会正覚一、念仏行者今雖二薄地一、往生之時便至二地上一分証二涅槃常楽之理一。『論註』云。「不レ断二煩悩一得二涅槃分一」已上。『般舟讃』云。「一到即受二清虚楽一、清虚即是涅槃因」已上。『往生礼讃』云。「即証二彼法性之常楽一」已上。分極雖レ殊開悟是同、前後領解各有二其意一。


（『真聖全』二・三一〇頁）

といった用例も挙げられる。弥勒の所得と行者の所得も極果としては共に同じであるという点は平等門の理解から導き出されるものであろう。

存覚上人における往生と成仏の理解は以上の如く、平等門と差別門を基点としたものであり、証果論を考察する上でも自ずと両門が底辺にあると考えられる。これは存覚上人の基本姿勢である「仏教の中の真宗」を鮮明にする上でも注目すべき点である。[1]

往生と成仏の理解に関して平等門と差別門による存覚上人の証果論の構成を挙げたが、ここから「不退」の思想を含めて考察を進めたい。「証巻」冒頭の第十一願文の註釈の中に、

問。定聚・滅度是二益歟、又一益歟。

答。是二益也。言二定聚一者、是当二不退一、言二滅度一者是指二涅槃一。

問。定聚・滅度、何為二願体一。

答。諸師之意、多以二不退一為二其願体一。所謂寂云二「令住定聚」一、法位師云二「願住定聚」一、玄一師云二「住定聚願」一、静照・真源共名二「住必定聚之願」一。但彼御廟・智光二徳並云二「住正定聚必至菩提之願」一、是挙二両益一、如二

此名一者、難レ定三以レ何為二所願之体一。若約二初益一可レ為二不退一、若約二究竟一可レ為二滅度一。今此集意、就二其終益一被レ立レ名歟。

（『真聖全』二・三二一頁）

とある。ここでは正定聚と滅度の関係に言及されている。正定聚は不退に当たり滅度は涅槃を指している。さらに初益に約せば不退であり究竟に約せば滅度であると言われる。これら不退・滅度の関係を含めて、平等門・差別門という証果の関係を図で示すならば、

○平等門	○差別門	
往生即成仏	往生	成仏
	近	遠
	分証	究竟
	始（初）益	終益
	不退	滅度

と内実を系統立てることが可能である。

既に述べられているが如く、存覚上人の証果論について当時隆盛であった浄土宗鎮西派等の「処不退」説を受容した、という点は注目すべきであろう。[2] ここから存覚上人の往生・成仏の特徴的な理解の底流が想像できる。いわば通仏教的な理解の上では、浄土に往生して成仏する、というものであり、存覚上人もその理解の上に「不退」を捉えていた一面がうかがえる。しかし後に述べる如く、「処不退」を否定し、真宗における「不退」は「信心不退」であるとした点は特筆すべきである。存覚上人の証果論は以下述べるが如く、差別門に二つの理解があると考えら

れよう。

二　存覚上人の「不退」思想の背景

このような証果論が成立する底流には、「不退」の理解が非常に密接に関わってくると考えられる。存覚上人が捉えた「不退」の思想を考察することによって、差別門の内実が鮮明になると思われる。

では存覚上人が理解した「不退」思想には如何なる成立背景があるのか。この点を明らかにすることによって、如何に存覚上人の教学が「仏教の中の真宗」を意識されたものであったかを知り得るであろう。

ここでは特に「処不退」と「心不退」の二つに注目し、存覚上人の「不退」思想の成立背景を考察する。

（一）「処不退」の成立背景

一つ目に「処不退」の成立背景について考察したい。「処不退」の「処」とは以下述べるが如く、浄土を指していると考えられる（四不退の用例を参照）。ではその「処不退」の源流はどこにあるのか。私は曇鸞大師の彼土（浄土）不退思想に注目しておきたい。周知の事ではあるが、大師が著された『往生論註』（以下『論註』）は天親菩薩の『無量寿経優婆提舎願生偈』の註釈書であり、大師は正に浄土願生について真正面から向き合われた。その『論註』に「処不退」の源流、彼土不退を求めてみる（尚「不退」と同意味であると考えられる「阿毘跋致・正定聚」も含めて検討を進める。）

まず「下巻」観察体相章の荘厳性功徳荘厳成就の註釈に、

荘厳性功徳成就者、偈言二正道大慈悲出世善根生一故。

此云何不思議、譬如下迦羅求羅虫其形微小、若得二大風一身如二大山一、随二風大小一為中己身相上。生二安樂一衆生亦復如レ是、生二彼正道世界一、即成二就出世善根一入二正定聚一、亦如二彼風非レ身而身一焉可二思議一。

（『真聖全』一・三一九頁）

とあり、彼の正道世界に生まれたならば、正定聚に入るとされている。

同じく「下巻」観察体相章の荘厳妙声功徳成就の註釈に、

荘厳妙声功徳成就者、偈言梵声悟深遠微妙聞十方故。

此云何不思議、『経』言、「若人但聞二彼国土清浄安楽一、剋念願レ生、亦得二往生一即入二正定聚一」

（『真聖全』一・三二四頁）（親鸞聖人加点本「証巻」との相違[3]）

とあり、『平等覚経』の文を引かれて、願生すれば往生を得て正定聚に入るとし、ここでも浄土において正定聚に入るとされている。

以上の用例を考察するならば、曇鸞大師の『論註』における「不退」の思想は彼土（浄土）におけるものが見られる。

彼土における「不退」[4]に注目した『論註』の記述は「処不退」の成立に関わっていると推測される。それは処（彼土・浄土）においてでなければ「不退」を得る事はできない、とする思想に彼土不退の思想は直結するからである。

次に「処不退」の語句用例の成立を考察したい。まず基（慈恩大師）の『西方要決』における四不退の中に、

今明不退。有其四種。十住毘婆娑論云。一位不退。即修因万劫。意言。唯識観成。不復退墮悪律儀行。流転生死。二者行不退。已得初地。真唯識観。捨二乗心。於利他行得不退也。三者。念不退。入八地已去。真得任運無功用智於定散中。得自在故。無念退也。四処不退者。雖無文証。約理以成。（中略）但生浄土。逢五勝事。一者長命無病。二者勝侶提携。三者純正無邪。四者唯浄無染。五者恒事聖尊。由此五縁。故得不退。

（大正四七・一〇七中頁）

ここでは「不退」について、「位不退・行不退・念不退・処不退」の四不退を挙げられ、更に「処不退」については浄土における五つの勝事（一、長命で無病・二、優れた侶が提携する・三、純正にして邪無し・四、唯だ浄にして染無し・五、恒に聖尊に仕える）を挙げ、これらの縁によって浄土において「不退」を得られるとする。

次に迦才『浄土論』における四不退の中に、

問曰。如無量寿経云。衆生生者。皆悉住於正定之聚。又阿弥陀経云。舎利弗。極楽国土衆生生者。皆是阿毘跋致。捴此二経。十解已上。始得往生。何故言乃至十悪五逆並得往生。答曰。正定阿毘跋致並云不退。不退言通。非局十解。今依経論。釈有四種。一是念不退。謂在八地已上。二是行不退。謂在初地已上。三是位不退。謂在十解已上。四是処不退。謂西方浄土也。故無量寿経云。彼土無有邪定及不定聚名。又四十八大願中云。設我得仏。国中之人天。不住正定聚。必至滅度者。不取正覚。

（大正四七・八六下頁）

とある。ここでは不退に前述同様に四種あるとされ、「処不退」とは西方浄土には邪定聚及び不定聚の名はないとし、浄土において正定聚に住する事を述べられている。すなわち浄土において「不退」を得るという事である。

右の二例に代表されるように「処不退」は成立したと考えられる。それは処（浄土）において「不退」となることである。

次に「処不退」がいかに日本浄土教の中で受容されていたのか、という点に注目したい。今回は存覚上人の教学にも影響を与え、当時仏教界で隆盛であった浄土宗鎮西派の僧侶の著述からいくつか挙げてみたい。(5)

まず鎮西派の祖とされる弁長上人の『浄土宗要集』には、

極楽浄土依二仏本願一一向正定聚地無二邪定聚不定聚一処也正定聚者是阿毘跋致処也故此阿毘跋致機於上輩中輩下輩三輩九品善併通生処也（『浄全』第十巻一六八頁）

極楽世界生皆正定聚也是住正定聚地也（『浄全』第十巻一六八頁）

浄土門曰来迎他力預故極楽正定不退位至安也（『浄全』第十巻二二七頁）

といった用例が見られる。次に良忠上人『観経四帖疏伝通記』には、

今経専説下一切凡夫往二生浄土一生已不レ退必至中菩提上（『浄全』第二巻一五七頁）

観経弥陀経等説即是頓教菩薩蔵一日七日専称レ仏断須臾生二安楽一一入二弥陀涅槃国一即得二不退一証二無生一

（『浄全』第二巻二八六頁）

とある。最後に存覚上人御存命の頃に近い了慧上人の『無量寿経義疏』には、第十一願を述べられたものに、

今謂此願処不退（『浄全』第十四巻八一頁）

や、同じく『論註略鈔』には、

以レ要言レ之捨二自力難行一帰二他力易行一捨二此土不退一期二浄土不退一此説相正契二浄土宗教相一

問所言易行不退者為此土位不退為浄土処不退（中略）（『浄全』第一巻五六一頁）

答云如ニ一邊疑一往生不退也有レ理有レ文故先レ理者十方浄土随レ願往生得ニ不退一者聖教通談是知此土不退難レ成浄土不退易レ得故也（『浄全』第一巻五六二頁）

期ニ此土位不退一難行道中尚願ニ往生一況易行道所期何非ニ往生浄土之不退一耶（『浄全』第一巻五六三頁）

とあり、また同じく『浄土論註拾遺鈔』には、

唯真聖者自内証其性本寂故名ニ涅槃一不レ断ニ涅槃一而生ニ彼土一先居ニ不退之処一続証ニ寂滅之理一自性涅槃当ニ速究竟一

（『浄全』第一巻六四七頁）

というような「処不退」受容の用例が見られる。

以上の如く、彼土不退・処不退の思想は浄土宗鎮西派の「不退」思想に大きな影響を与えている事が理解できる。言うなれば弁長上人を祖とする浄土宗鎮西派において、「処不退」の思想は一貫して受容されていると考えられる。それは存覚上人御存命の頃も同じであり、「不退」思想の一つの大きな流れであろう。このように『論註』の彼土不退思想から了慧上人に至るまでの中で、浄土において「不退」を得るとする「処不退」思想は脈々と受け継がれていると思われる。

（二）「心不退」の成立背景

二つ目に「心不退」の成立背景について考察したい。(6) まず注目すべきは善導大師の『往生礼讃』に、

弥陀本願華王座　一切衆寶以爲成　臺上四幢張㆓寶幔㆒　弥陀獨坐顯㆓真形㆒　真形光明偏㆓法界㆒　蒙㆓光觸㆒者心不退　晝夜六時専想念　終時快楽如㆓三昧㆒

（『真聖全』一・六七六頁）

とある。ここでは弥陀の光明を蒙る者は心不退を得るとされる。この『往生礼讃』における「心不退」の用例が基本となっている。浄土宗鎮西派の良忠上人においては『観経四帖疏伝通記』に、

問曰備修衆行等者意云諸行之人皆得㆓往生㆒然仏之光明周㆓遍十方㆒何不㆑照㆓余行窻㆒偏摂㆓取念仏者㆒若云㆑照者何惜㆓摂益㆒平等慈悲似㆑有㆓偏頗㆒

答曰等者意云念仏行者由㆓仏願㆒故得㆑蒙㆓光益㆒信心不退往業易㆑成

（『浄全』第二巻三五一頁）

とあり、念仏の行者は仏願に由るが故に光明の利益を蒙り信心不退となり、往生の業が成就しやすいとされている。ここでは前述の『往生礼讃』の「心不退」を基本とし、「信心不退」を述べられている。

以上の如く「心不退」の用例は『往生礼讃』にその成立を見ることができ、[7] 良忠上人が自身の著作において述べられるように当時の仏教界、ここでは鎮西派においても「心不退」は基本的理解として捉えられていたと考えられる。また「信心不退」という用例が見られる点も注目すべきであろう。

三　存覚上人の「不退」思想から見る証果論

それでは存覚上人における「不退」思想に言及したい。まず「不退」と同意味であると考えられる「正定聚」について『浄土見聞集』に、

他力の信心を獲得するとき、よこさまに五悪趣におつべき業因をきりとゞめられたてまつり、悪道のかどながくとぢて自然にすなはちのとき正定聚にさだまる。正定聚といふは不退のくらゐなり、不退といふはながく二十五有にかへらざるなり。されば善知識にあひたてまつり、法をきゝて領解するとき、往生はさだまるなり。そのゝち名号のとなへらるゝは大悲弘誓の恩を報じたてまつるなり。それも行者のかたよりとなへて仏恩を報ずるにはあらず。他力よりもよほされたてまつりて、となふればをのづから仏恩報謝となるなり。信も行もかつて行者の所作ならず、但他力といへり。すでに摂取の心光におさめられたてまつり、ながくすてられたてまつらず、御ちかひにあひたてまつること、これ善知識の恩徳なり。（『真聖全』三・三七九頁）

とある。他力の信心を獲得するする時が正定聚に定まる時であると述べられている。またさらに「正定聚」について『六要鈔』の「信巻」現生十益の註釈に、

第十入正定聚益者、第十一願所説益也、本是雖レ説二処不退位一、現生之中且得二其益一、是則如来摂取益故。龍樹尊『十住婆沙』判云二「即時入必定」一也。（『真聖全』二・二九八頁）

と親鸞聖人の教えと同様、正定聚は現生において得られる益であるとしている。では「正定聚」と同意味の「不退」に関する箇所を見ていくならば、まず『決智鈔』において、

しかるにいまの弥陀仏智一乗頓教は、他力の住持するところなるがゆへに仏名をきくときにをいて心不退の益にあづかり、金剛のこゝろざしをおこせば横に四流を超断して垢障の凡夫直に高妙の報土にいる、これ諸教のいまだとかざるところ、諸宗のいまだ談ぜざるところなり。この報土といふは、弥陀の果徳涅槃の土なるがゆへに、生ずれば無生に契当してすみやかに無為法性の身を証す、これすなはち頓教の極致なり。

（『真聖全』三・二一六頁）

と「心不退」という用例が見られる。より具体的には『六要鈔』の「行巻」『論註』引文箇所（『真聖全』二・一四頁）の註釈に、

「易行道者謂但」等者、問。如㆓上述㆒者、難易二道所行雖㆑異、所期之益共是不退。其不退者、同於㆓此土㆒所㆑得益也而如㆓今文㆒者、言㆓不退㆒者為㆓往生後所㆑得之益㆒、其文炳然、如何。答。本有㆓三義㆒、諸師之意各存㆓一義㆒、況又雖㆑存㆓生後之義㆒、非㆑遮㆓現生不退之益㆒。位雖㆑未㆑至㆓不退之地㆒、蒙光触者心不退義、摂取不捨横超断四流、豈以空耶。此等明文非㆓虚説㆒者、不退之義何不㆑成乎。非㆓三不退㆒、非㆓処不退㆒、只是信心不退義也。

（『真聖全』二・二四〇頁）

とある。ここで注目すべきは、『往生礼讃』の「心不退」に依る「信心不退」が述べられている点である。前述した『往生礼讃』の、弥陀の光明を蒙る者は心不退を得る、という「心不退」の思想を基本として存覚上人は「信心不退」を導き出されている。しかしこの「信心不退」についてはすでに前述した通り、良忠上人の『観経四帖疏伝通記』の中に見られるものである。少なくとも「信心不退」の思想に関しては両者に共通の思想背景があったと十分に考えられ得る。『浄土真要鈔』にはさらに明確に、

しかるに薄地底下の凡夫なれども、弥陀の名号をたもちて金剛の信心をおこせば、よこさまに三界流転の報をはなるるゆへにその義不退をうるにあたれるなり。これすなはち菩薩のくらゐにをいて論ずるところの位・行・念の三不退等にはあらず、いまいふところの不退といふはこれ心不退なり。されば善導和尚の『法事讃』（『往生礼讃』の間違いか）には「蒙光觸者心不退」と釈せり、こころは弥陀如来の摂取の光益にあづかりぬ

れば心不退をうとなり。まさしくかの『阿弥陀経』の文には「欲生阿弥陀仏国者、是諸人等、皆得不退転於阿耨多羅三藐三菩提」といへり。願をおこして阿弥陀仏のくにゝむまれんとおもへば、このもろ〳〵のひとらみな不退転をうといへる、現生にをいて願生の信心をおこせばすなはち不退転にかなふといふこと、その文はなはだあきらかなり。

（『真聖全』三・一三二頁）

と、「心不退」を善導大師の『往生礼讃』の「蒙光觸者心不退」に依って理解されている。すなわち存覚上人においては、「信心不退」と「心不退」は思想基盤を『往生礼讃』に依って同意味である事が考えられる。

前述の『浄土真要鈔』の後には続いて「心不退」に関し、「即得往生住不退転」を註釈して、

しかれば阿弥陀仏のくにゝむまれんとおもふまことなる信心のおこるとき、弥陀如来は遍照の光明をもてこれをおさめとり、諸仏はこゝろをひとつにしてこの信心を護念したまふがゆへに、一切の悪業煩悩にさへられず、この心すなはち不退にしてかならず往生をうるなり。これを「即得往生住不退転」ととくなり。すなはち往生をうといへるはやがて往生をうといふなり。たゞし即得往生住不退転といへる、浄土に往生して不退をうべき義を遮せんとにはあらず、まさしく往生ののち三不退をもえ処不退にもかなはんことはしかなり、処々の経釈そのこころなきにあらず、与奪のこころあるべきなり。しかりといへどもいま即得往生住不退転といへる本意は、証得往生現生不退の密益をときあらはすなり。これをもてわが流の極致とするなり。

（『真聖全』三・一三三頁）

とある。まず「心すなはち不退にしてかならず往生をうる」と規定された「即得往生住不退転」は、三不退や「処不退」の意もあるということを認めつつも、その本意は「証得往生現生不退」であるとする。この説の如く見るな

らば、「心不退」は「現生不退」である。また前述の『六要鈔』の「現生十益」入正定聚の釈にも、正定聚は現生において得られる益であるとする点で、同様の説が取られている事に注目したい。

また正定聚を隠顕に分ける理解も述べられる。『六要鈔』の「行巻」行一念釈の註釈に、

「即」言頓義、不ㇾ待二命後一、潜顕二信心開発時分入二正定聚一。顕雖ㇾ可ㇾ為二浄土不退一、以ㇾ不二退堕一隠表二現生可ㇾ有二其益一、非二三不退并処不退一、唯是所ㇾ顕二蒙光触者心不退之不思議一耳。今家料簡専存二此意一、処処解釈以二此義勢一可三解二了之一。

（『真聖全』二・二六〇頁）

と、正定聚に隠顕があり、顕は「浄土不退」、隠は「心不退」（位行念の三不退・「処不退」ではなく、『往生礼讃』に依る「心不退」）であり、真宗における「不退」は隠の意にあるとされる。ここでは隠顕を用いて明確に「心不退」とその他の「不退」を明確に区別されている。この点に関して前述の『浄土真要鈔』の後に、

「曇鸞大師は入正定之聚といへり」といふは、『註論』の上巻に「但以信仏因縁、願生浄土、乗仏願力便得往生彼清浄土、仏力住持即入大乗正定之聚」といへる文これなり。文のこゝろは、たゞ仏を信ずる因縁をもて浄土にむまれんとねがへば仏の願力に乗じてすなはち彼の清浄の土に往生することをう、仏力住持してすなはち大乗正定の聚にいるとなり。これも文の顕説は浄土にむまれてのち正定聚に住する義をとくにたりといへども、そこには願生の信を生ずるとき不退にかなふことをあらはすなり。なにをもてかしるとならば、この『註論』の釈はかの『十住毘婆沙論』のこゝろをもて釈するがゆへに、本論のこゝろ現身の益なりとみゆるうへは、いまの釈もかれにたがふべからず。聖人ふかくこのこゝろをえたまひて、信心をうるとき正定のくらゐに住する義をひき釈したまへり。

（『真聖全』三・一三五頁）

とある。直接的に『往生礼讃』の「心不退」には触れられてはいないが、「願生の信を生ずるとき不退にかなふ」や「信心をうるとき正定のくらゐに住するといった表現は「心不退・信心不退」の義を意味しているものであると考えられる。先程の正定聚の隠顕の理解を、下線部に当てはめてみても通ずるものがある点からしても、「心不退・信心不退」の義が述べられている事は明らかである。

右の用例をまとめるならば、存覚上人の「不退」思想は、まず親鸞聖人の「現生正定聚」の教えを承け、正定聚を顕には「三不退・処不退」とし、隠には「心不退」とした。その「心不退」はまた「信心不退」という語も用いられ、それは『往生礼讃』に見られる「心不退」に依るものである。

しかし証果論、特に差別門という立場から大観するならば、存覚上人は当時の浄土宗鎮西派の教学にもある「処不退」の思想や、通仏教において見られる四不退等の影響もあるとみられる。(8) つまり図で示すと、

○差別門

往生	成仏
近	遠
分証	究竟
始（初）益	終益
不退	滅度

○平等門

往生即成仏

隠	顕
信心不退（現生不退）	四不退・処不退等
↑	↑
親鸞聖人の本意	通仏教の不退理解の影響

と系統づけられると考えられる。

結　論

以上、存覚上人における証果論として、「不退」の思想に重点を置いて考察を進めた。注目すべきは存覚上人における「不退」は「信心不退」が中心であり、それは『往生礼讃』の「心不退」に依るという点である。親鸞聖人の上では「不退」は「現生正定聚」で理解される如く、現生におけるものとしての一面があった。ただそこには存覚上人のように隠顕に分けて捉えられるものではなかったと考えられる。しかし存覚上人は当時の対外仏教との兼ね合いの中で、親鸞聖人の教えを捉えていこうと尽力された。だからこそ「不退」の顕の立場（ここでは文の上で顕らかな義・方便とは捉えず当相）を特に「処不退」の影響下に置き、なおかつ通仏教で用いられる四不退といった思想にも考慮にいれつつ、隠の立場（ここでは文の隠れた義・真実とは捉えず微意）を「信心不退」言い換えれば現生不退と定義づけ理解された。

それは存覚上人の証果論が、ただ対外仏教と足並みを合わせようとする受身な姿勢ではなく、いかに親鸞聖人の教えが一般仏教の中においても理解されうるということを証明するものであった、ということが存覚上人の「不退」の思想を考察した結果導き出される。

註

（1）存覚上人の教学において、法華と念仏の関係を述べたものとして『決智鈔』がある。その中に、

一、問ていはく、法華と念仏と一法なりといふこと不審なり。そのゆへは、法華は開示悟入仏之知見の妙理なり、念仏は捨身他世往生極楽の事教なり。なんぞおなじかるべきや。

こたへていはく、法華と念仏は相対するに、分別・開会の二門あるべし。分別門のときは異なり、かれは実相これは称名、かれは理教これは事教、かれは成仏これは往生、かれは為聖これは為凡、かれは難行これは易行、かれは自力これは他力、二教各別にして、機に応ずるときたがひに勝劣あり。開会門のときは同なり、ともに一実の仏智なるがゆへなり。実相と名号とあひはなれず、おなじく仏智一乗なり、理・事つゐに別ならず、事・理不二なり。成仏・往生は一旦の二益なり、剋するところは開悟にあり。為聖の教も凡夫をすてず、一切衆生皆成仏道の実説なるがゆへに。為凡の教も聖人をきらはず、五乗斉入の仏智なるがゆへなり。おほよそ如来の教法はもとより無二なり、ただ一乗の法のみあり、八万四千の法門をとけるは衆生の根機にしたがへるなり。されば実相円融の法と指方立相の教と、しばらくことなるがゆへに、文にあらはれて一法といはれざれども、實には仏智一乗のほかにさらに余法なし。このまなこをもてみるときは、『法華』の文々句々みな念仏なりとしらるゝなり。

（『真聖全』三・二〇九頁）

とあるように、法華と念仏を分別門と開会門の二門で捉えられている。つまり分別門では法華と念仏は機に応じて勝劣があり、開会門では法華も念仏も共に一実の仏智であるが故に同じであるとする。これは証果論における差別門・平等門の思想と底辺を同じくしていると考えられる。『決智鈔』の成立が法華と念仏の関係を述べられ、最後に、

されば理観も念仏も、もとより一法にして、往生も成仏もおなじく一益になるなり。かゝる道理あるによりて、

いみじき智者達も浄土をもとめ往生を願じたまへり。いはんや濁世末代の衆生、在家愚鈍の凡夫、まめやかに生死をはなれんとおもはば、一心に西方をねがひ一向に念仏を行ずべきものなり。（『真聖全』三・二二〇頁）と、機に応じて最終的には念仏に帰するべきであるという主張がなされている。存覚上人の思想の底辺には、分別門・開会門のような教判があると考えるべきであろう。

（2）普賢晃壽氏は『中世真宗教学の展開』（永田文昌堂）において、存覚上人の証果論の主張は浄土宗鎮西派等の「処不退」に同調する点があると述べられている。（例えば一八八、一八九頁等）

（3）この『論註』箇所について親鸞聖人は自らの思想に基づいて理解したと考えられる。

・『論註』当面

もし人、ただかの国土の清浄安楽なるを聞きて、剋念して生ぜんと願ずれば、また往生を得て、すなはち正定聚に入る

（『註釈版聖典七祖篇』一一九頁）

・親鸞聖人加点本、「証巻」箇所

もし人ただかの国土の清浄安楽なるを聞きて、剋念して生ぜんと願ぜんものと、また往生を得るものとは、すなはち正定聚に入る

（『註釈版聖典第二版』三〇九頁）

（4）舟橋一哉氏は曇鸞がなぜ正定を彼土の益と見たか、という点について論が展開されている。

曇鸞はこの「不退転」というものを、易行品のように初地におかないで、十地経のように第八地におく。つまり初歩的な一應の不退転ではなく、「沈空の難」を超えたところの真に完全な不退転の意味にとって、そのような不退転を現身において成就できるはずがないとして、これを彼土の益としたのである。

（『仏教としての浄土教』法蔵館・一二二頁）

と述べられている。また『論註』では『大経』の第十一願・第二十二願・第十八願成就文において、正定聚・不退転を彼土の益としている点に注目している。

（5）小山法城氏の論文「六要鈔と了慧の無量寿経鈔との交渉」（『仏教大学論叢』二四三頁）によれば、存覚上人が当時隆盛であった西山派・鎮西派の教義を多く用いられた、と推測されている。

（6）「心不退」と混同されやすい語句として「信不退」が挙げられる。しかし例を挙げてみるならば、

・『妙法蓮華経玄讃』の四不退

不退有四。一信不退。十信第六名不退心。自後不退生邪見故。二位不退。十住第七名不退位。自後不退入二乘故。三證不退。初地以上即名不退。所證得法不退失故。四行不退。八地已上名不退地。爲・無爲法皆能修故。（大正三四・六七二中）

→菩薩の修行の階位に合わせて、信不退は「十信第六」であるとする。

・『釈浄土群疑論』の四退

然娑婆穢土聖少凡多。信希謗衆。根行淺者。多遇退縁。邪風所扇。悉皆退轉。依諸經論説有四退。一信退。二位退。三證退。四行退。信退者。十信位中初五心位。猶有退生邪見斷善根等。後位不然。位退者。十住位中前六心位。猶得退敗作二乘等。後位不然。證退者。十地已前諸凡夫位。於前所證尚有退失。十地不然。行退者七地已前。於所聞行尚生怯劣。不能修學。不能於念念中恒修勝行。（大正四七・五五中）

→菩薩の修行の階位に合わせて

とある如く、あくまで「信不退」は菩薩の階位を前提として成立したものであると考えられる。よって『往生礼讃』を基とした「心不退」とは異なるものであると推察する。

（7）　さらに普賢晃壽氏は、『阿弥陀経』の「不退転」に注目され、源信和尚と法然聖人においても「不退」は現生におけるものであるとする用例を指摘されている。ここから存覚上人は成就文の「不退転」を現生におけるものであるとし、正定聚の現生不退を導かれた、と考察されている。（『中世真宗教学の展開』永田文昌堂・一八五頁）

（8）　普賢晃壽氏は存覚上人の差別門と平等門について、

差別門の立場は浄土教一般、ひいては鎮西派の処不退に迎合した解釈であり、平等門の立場は宗祖の御己証に順じた解釈というべきである。（『中世真宗教学の展開』永田文昌堂・一九〇頁）

と述べられている。しかし私は結論にも述べるが如く、存覚上人の差別門はただ「処不退」に迎合したという受身な姿勢ではなく、積極的な通仏教との関わりの中で親鸞聖人の証果を位置づけようとされた結果、導き出されたものであると考える。

参考文献

・舟橋一哉著　『仏教としての浄土教』　法蔵館
・普賢晃壽著　『中世真宗教学の展開』　永田文昌堂
・相馬一意著　『往生論註講読』　百華苑

参考論文

・小山法城氏　「六要鈔と了慧の無量寿経鈔との交渉」　『仏教大学論叢』二四三所収
・寺倉襄氏　「存覚上人の教学」　『同朋学報』二〇所収

存覚における隠顕義

赤井智顕

■はじめに

存覚（一二九〇〜一三七三）は本願寺第三代・覚如（一二七〇〜一三五一）の長子であり、父の覚如と共に後の真宗教学に多大な影響を与えた人物として知られている。

この存覚の教学において注目されるものに隠顕の釈義がある。存覚の隠顕の釈義は正定聚理解や本願成就文理解等、真宗教義を語る上で重要な問題に配置され、見解が述べられている。これは親鸞には見られない配置であり、また覚如が隠顕の釈義を積極的に用いられていないのとは対照的といえる。[1] このことは存覚にとって隠顕の釈義が、自らの主張を述べる際の重要な概念であったと考えられると共に、その教学的特徴であったともいえるだろう。

周知の通り、親鸞は『教行証文類』「化巻」に隠顕釈を示されているが、それは「浄土三部経」を第十八願・第十九願・第二十願を開説したものとして、真（『大経』）、仮（『観経』・『小経』）に分判された上に論じられていく三経隠顕釈であった。またそこに示される「隠」・「顕」は、「真実」・「方便」としての意味が含有されており、方便の教法は従真垂仮された権仮方便の教法として、「従仮入真」のはたらきのある旨を明かされている。(2) だが従来指摘されてきた様に、存覚の正定聚・本願成就文理解等に示される隠顕の釈義は、他宗・他流に対する会通的・準通的解釈であるとの評価を与えられているものの、親鸞の隠顕義と同義の用い方が為されているものとは言い難い。(3) しかし一方、存覚の経典理解にみられる隠顕の釈義は親鸞のみならず、親鸞と同じ源空門下であった幸西（一一六三〜一二四七）の隠顕義を受容しつつ、その見解が語られている。これは前者、正定聚理解等に見られた釈義とは意趣を異にするものであり、存覚の聖浄観を考察するにあたっても重要な意味を示唆しているものである。

また従来の先行研究では、存覚の聖道門や浄土門内の方便教に対する見解といったものは、所謂、聖浄帰一論に収斂され、弘願真宗に対する意義が明確に語られることはなかった。そこで本論文ではまず存覚の隠顕義に影響を与えたと考えられる幸西の隠顕義を概観し、存覚の著述にみられる隠顕の用法を整理していく。その上で存覚の経典理解の隠顕の釈義に見られる『観経』・『小経』といった浄土門内の方便の教説、そして聖道諸宗の教説と弘願真宗との関係について存覚がどの様に捉えていたのか、といった点も併せて考察していきたい。

一・幸西における隠顕の釈義

経典に隠顕をみるという釈義は、源空門下であり親鸞の兄弟子でもあった幸西が既に『玄義分抄』において論じられている。この幸西の隠顕の釈義を見ていくにあたり、まず幸西の聖浄二門観について概観しておきたい。凝然の著した『浄土源流章』には幸西の仏教観を要約して、諸教は是れ為聖之教なり、念仏は是れ為凡之教なり。聖道諸教は皆聖人に被らしめ、此の穢土に於いて聖果を証獲す。浄土の教門は、唯凡夫に被らしめ、諸の凡夫をして、浄土に往生して、頓に初地に登り、無生忍を証せしむ。(4)

と記している。これによれば幸西は聖道門の諸教は「為聖の教」であり、聖者が此土において聖果を獲しめる教を意味し、浄土門は「為凡の教」であって、凡夫が浄土に往生し、速やかに初地の位に登らしめられる教を意味するものと捉えられていたことがわかる。ここにいう「為聖の教」とは、詳しくいえば聖頓、すなわち為聖の頓教を意味するものであって、『略料簡』(『浄土源流章』所収)に、

仏道に八万四千門有り、亦二と為す、声聞蔵と菩薩蔵となり、菩薩蔵に二つ有り、漸教と頓教となり、頓教に二つ有り、聖頓と凡頓となり、聖者は十聖、凡とは五乗なり、今我れ菩薩頓教に依るとは正しく凡頓教と為す也。(5)

とある様に、仏道を声聞蔵と菩薩蔵との二蔵に分けた中の、菩薩蔵頓教である教を聖頓教と名付けられたものである。また『称仏記』(『浄土源流章』所収)には、聖頓を聖道門中の一乗教とし、それに対する凡頓を浄土門中の一乗教としている。

直に仏果を願て即ち得、当に如来蔵頓教一乗と名づくべし、是れ即ち為聖教、先ず浄土を求め、順次生に菩薩の初地に階ふ、是れを菩薩蔵頓教一乗海と名づく。(6)

幸西のいう「為聖教」とは、直ちに仏果を願い、その証果を得る教であるから「如来蔵頓教一乗」と名付け、「為凡教」は浄土に往生し初地の位に入る教として、「菩薩蔵頓教一乗海」と名付けられている。この様に聖頓・

凡頓という用語を依用して聖浄二門を論じ、二分類法を用いて凡夫が救われていく凡頓教こそ、最勝一乗の法門であることを明かしていくのが幸西の基本的な仏教理解であった。

ところで、幸西が為聖の教といわれた「聖」の内実は、一体どの様なものであったのであろうか。先の『略料簡』によれば、聖頓の「聖」とは十聖、すなわち初地以上の聖者を指し、凡頓の「凡」は五乗の凡夫を指していた。したがって幸西が為聖の教といったとき、聖道門とは正しく初地以上の菩薩が仏果に至る為の法門を意味していたものであって、聖者所修の道と見られていたことがわかる。だが一方で幸西は、聖道門の修行を実践することの出来る初地以上の聖者はこの娑婆界には存在しないといわれている。

雖無一実之機等五乗之用といふは、真如の機なしと云ども弘願の機ありと也。五乗不側其辺、故に真如の機にあらず。託仏願五乗斉入す、故に弘願の機也。但し三界の極位に居して十聖の初地に隣なるもの、真如の機に当れりと云ども、修福念仏を以て無生の国に入る事は仏法不思議の力也。敢て其機にあらず、故に仏の願力の外に都て真如を証する門なき也。(7)

三界には無漏智を発し、真如を悟る初地以上の聖者、つまり真如の機は存在しない。(8)三界に存在するのは真如をはかり知ることの出来ない五乗の凡夫だけであり、その凡夫が弥陀の願力に乗託し報土に往生して、初地の位に入らしめられることを明かす凡頓教以外に、真如を証する法門は存在しないと言い切っていくのである。しかし、為聖の教が最終的に弘願に対して廃されていくにしても、やはりその聖道門の教えが説かれた意義と役割とが説明されておかねばならない。

この点について幸西は、『玄義分抄』に、

聖道の別時といいは、諸経の相違多といへども、宗旨門に已に大小を弁じて取捨し、漸頓を判じて廃立す、故に所詮唯頓に法性を証する一門也。此に就て二門の相違あり。一は聖道門、穢土にして入聖す。二は浄土門、安楽に生じて入聖す。然るに涅槃乃至大集等の七部は聖道の教、今此の観経は二宗共に浄土の教也。何むか方便とするならば、観仏三昧の頓教に例して聖道の頓を知べし。云何とならば、今経の定善は正く諸教の現益階位に同じて一切を知らしめむが為也。然るに観仏三昧は先づ像観を修して念仏三昧を得、断見思位不退位。次に真身を観じて念仏三昧を得、断無明位初地。たとひ現益実に有とも三惑異時に断ず、それ頓教にあらず。何に況や成ぜざるをや。異時同時の漸頓、日観に至て知るべし。故に聖道は方便也。然則聖道の方便より浄土の真実に通入する次第を知らしむが為に、論意、華厳の念仏三昧、観仏の像観、弥陀経の護念不退、大経の定聚不退等の文に依て不退の別時を作る。(9)

と述べ、聖道門そのものが浄土門に入る為の方便であるという、聖道方便説を論じている。

そもそも見・思・無明といった三惑を異時に断じていかねばならない止観の行を修する聖道門は、厳密にいえば頓教ではなく漸断漸証の漸教であって、しかもその様な止観行を行って三惑を断じ、初地の位に入るという様な行為は、到底、凡夫に実現出来るものではない。またその聖道門において説かれる止観行は、『観経』の定善、すなわち観仏三昧と軌を一にする行法であったことを考えれば、聖道門の頓教は観仏三昧と同じく弘願念仏に入らしめる為の方便説といわねばならないというのである。その意味より『観経』の観仏三昧為宗の立場が、未熟の機を弘願念仏に引入せしめる方便であった様に、幸西は聖道門をもって未熟の機を浄土門に誘引する為の方便教と断じていくのである。ここに幸西が論じる隠顕義の重要な意味がある。

今此の一乗に隠顕あることは、証果は高妙にして心想羸劣なり、大聖の智力に非ずば生死を出べからず、故に必ず凡心にかなふ易行あるべし、真の一乗是也。此の一乗若し顕説せば方便の諸教廃べし、真実は易行にして方便は難行なるが故に。方便の門若し無くば一乗の機あるべからず。此義を以ての故に、諸仏出世の本意、難行の一乗を顕説して易行の一乗を了せしむが為也。然則顕の一乗の文に依て隠の一乗の義を了すべし。(10)

といわれている様に、幸西は隠顕義を用いて一乗を論じている。つまり、一乗には為聖の一乗と為凡の一乗とがあって、前者の一乗を顕説の一乗、後者の一乗を隠説の一乗と解し、真如観や観仏三昧を成仏道として説く顕説の一乗（難行の一乗）は、実は隠説の一乗（易行の一乗）に入らしめる為の権仮方便の教法であり、隠説である念仏三昧（弘願念仏）の一乗法のみが真実であるというのである。

更に幸西は、『観経』がそうであった様に、『大経』の弘願意によって読みとっていく時、『法華経』にも隠顕の義を見出されていく。

念仏三昧といは釈名の南无阿弥陀仏、序題の弘願、説解の一乗也。何ぞ一乗と名くる。一乗といは无二无三の義也。其の義正しく当教に有と云へども、其の文法華に出たり。十方仏土中唯有一乗法无二亦无三除仏方便説といへり。此一仏乗の理初地に至て初て顕はる。今経の果の念仏三昧と名別義通也。彼も法性を証し此も法性を証す。…〈中略〉…此の理を顕すに即其の因に二あり。一には真如観［今経の観仏三昧に同ず、是れ顕説の因也］。二には称仏［念仏三昧に同ず、乃隠説の因也］。其の文に云く、一称南無仏皆已成仏道云々。…〈中略〉…法華の今の文、観経の下品上生の文に合す。故に今経の流通に法華一乗の異名を仮て念仏三昧の行者の名とすとす。是正く法華の一乗を証すべき正因なるが故也。(11)

幸西は一仏乗の理である法性を顕す因に、真如観と称仏を挙げているが、一仏乗の理が初地に至って初めて顕現することを明かす法華一乗の教説は、凡夫には理としてあるのみで、『観経』所説の弘願の称仏こそ、凡夫が一仏乗の理を顕す唯一無二の正因であることを、『法華経』に隠顕の意を見出すことによって証明している。しかも幸西は『法華経』所説の一乗と、『観経』所説の念仏三昧（弘願念仏）とは、「名別義通」であり、「彼も法性を証し此も法性を証す」と述べ、同一果得を得る教法であると論じている。この様に『法華経』に念仏往生の義（隠説）を見出し、法華と念仏は同一果得を証するものであるという主張のもと、その顕の一乗（真如観）である聖道門の経説は隠の一乗（称仏）に誘引する為の方便教と見るのである。そして弘願の称仏こそ凡夫救済の唯一の一乗法であるとするのであるが、この幸西の論理展開は『法華経』にも顕説と隠説とがあって、隠説は弘願一乗を顕すものと理解されていた証左と考えられよう。この様に聖道方便説を論じる際、隠顕の釈義を用いながら、為聖の一乗が説かれた理由は、真実である凡頓一乗に入らしめる権仮方便の法門として説かれていた旨を明かしていくのが幸西の隠顕義であった[12]。

二・存覚の著述にみられる隠顕の釈義

存覚の著述中、『六要鈔』・『浄土真要鈔』等において隠顕の釈義が用いられているが、その中で特に教義に関連して述べられている隠顕の釈義は、①正定聚理解・②本願成就文理解・③本願力理解・④経典理解の四つの釈義に分類することが出来る。まずはこの四つの隠顕の釈義について、以下、内容を確認していきたい。

①正定聚理解

「即」言頓義、不レ待二命後一、潜顕三信心開発時分入二正定聚一。顕雖レ可レ為二浄土不退一、以レ不二退堕一隠表二現生可レ有二其益一。[13]

とある様に、正定聚の解釈に「隠」・「顕」の名目を用い、正定聚に彼土不退（顕）と現生不退（隠）の二義があるとして、親鸞の意は現生不退（隠）であると説示される。

②本願成就文理解

この一念につゐて隠顕の義あり、顕には十念に対するとき一念といふは称名の一念なり、隠には真因を決了する安心の一念なり。[14]

と示され、本願成就文の「一念」に対して、「称名の一念」（顕）・「安心の一念」（隠）との二面より説示されている。

③本願力理解

「本願力」者、問。是指二如来本願力一歟、将指二行者本願力一歟。答。顕説先指二行者願力一、雖レ然自利利他成就偏依二如来本願力一故、推レ功帰レ本只是仏力。下文所レ判、他利利他分別解釈、可三思二択之一。以レ之言レ之、隠説可レ言二仏本願力一。…〈中略〉…本文雖レ為二行者願力一、約二其本意一仏本願力。[15]

と、「本願力」について行者の本願力を顕説、如来の本願力を隠説として、隠説である如来の本願力を本意とする説示が為されている。

④経典理解

言二「浄業」一者是念仏也。…〈中略〉…此等経釈、或約二定観一、或約二散善一、或約二懺悔一、立二浄業名一。何云二念仏一。答。於レ此可レ有二一往・再往、顕説・隠説、随他・随自等之差別一。謂浄業名、於二諸善法一、雖レ無レ所レ遮、若約二定散懺悔方等一、一往・顕説・随他意語、所二出難一之諸文是也。若以二念仏一名二清浄業一、再往・隠説・随自意語。[16]

といわれている文や、同じく『六要鈔』に、

「法潤」等者、且説二定散一先摂二衆機一、遂令三引二入弘願一意也。依二衆経一中、「勤処」等者、惣亘二化前一、別依二三経一。雖レ有二隠顕一皆明二釈迦一代設化仏意、在レ顕二安養往詣本懐一也。[17]

とある様に、『観経』所説の解釈には、一往・再往、随他・随自等の差別のあることが示されている。ここでは『観経』顕説の「定散」について、衆生をして真実弘願へと引入せしめる仏意のあることが説示されているが、存覚によれば、経の隠顕は『観経』のみならず、広くいえば諸経に説かれる教説をも含むことを意味していたことがわかる。

以上、四つの釈義を整理すれば、存覚の用いる隠顕の釈義には二様の用い方を見出すことが出来る。第一義は①②③において示されていたもので、経論文の当相を顕、その微意を隠とする解釈であり、第二義は④において示される経の説相に隠・顕を示し、顕を随他意方便、隠を随自意真実とする解釈である。

三・存覚の経典理解にみられる隠顕の釈義

先の理解をふまえた上で、存覚の経典理解における隠顕の釈義を考察していくにあたり、次の記述に注目したい。

一往誠然、但有二深意一。一代教文隠顕雖レ殊、併説二弥陀済凡利生一。得二此意一時、諸文無レ違。(18)

とある様に、存覚は諸経典全体に隠顕の意を示し、「弥陀済凡利生」のあることを示されている。また、

万行諸善是聖道意、双樹林下是約二『観経』一、十九願意、善本徳本是約二『小経』一、二十願意、乃是難思往生心也。選択願海是『大経』意、即難思議往生是也。「果遂」等者、如レ此展転従レ仮入レ真、出二方便門一入二真実門一、即果遂願之所レ成也、是偏今師不共別意、人不レ知レ之可二仰信一也。(19)

とある様に、経典理解における存覚の隠顕の釈義は、単に経論文の当相を顕、その微意を隠とする説意ではなく、『観経』・『小経』はもとより、諸経典全体にまで隠顕の意が存在することを認め、いずれもその根底には衆生を「従仮入真」せしめる、「弥陀大悲の利益」の通底していることが示されている。

この様な存覚の理解は、方便の教法には「従仮入真」せしめる権仮方便のはたらきを有するものとして、弥陀の仏意をみていかれた親鸞の隠顕義の受容が見られる。しかし親鸞は『観経』・『小経』に対しての隠顕釈を示されてはいたが、諸経典全体についての明確な隠顕釈は示されていなかった。勿論、親鸞も聖道諸教に対して方便の意をみられていたが(20)、存覚は明確にその幅を広げ、諸経典全体にも隠顕釈を適応されていたことが知られる。

また親鸞は「化巻」に、「釈迦牟尼仏、福徳蔵を顕説して群生海を誘引し(21)」と、「顕説」という言葉を用いられる

例はあったが、「隠説」という言葉を用いられた用語例はない。親鸞が『観経』の「顕彰隠密」の義を論じられる場合、方便の教法は「顕の義」、もしくは「顕」といわれ、真実の教法は「隠彰」、もしくは「隠」・「隠の義」といわれている様に、決して「隠説」という言葉を用いられることはなかった。この『観経』の説相に対して、「顕説」と「隠説」という言葉を対句として用い、自論を展開されていたのが幸西の隠顕義である。

前述した通り、幸西は諸経典に説かれる教説には、弘願真実の法門へと調機誘引せしめる権仮方便のはたらきのあることを、隠顕の釈義で示していた。親鸞の隠顕義も幸西義の影響を少なからず受けていたと考えられるが、存覚在世時の本願寺においても、幸西の門弟との交流のあったことが知られており[22]、諸経典全体に亘る存覚の隠顕義は、親鸞だけではなく幸西からの影響があったものと考えられる[23]。

また存覚は『決智鈔』で次の様に述べている。

浄土門にをいて諸行往生・念仏往生の二門あり。いま『法華』の説は、そのなかに諸行往生の門をあらはすなり。これすなはち『観経』をとくところの三福のなかに読誦大乗の行なり。しかれば定・散・弘願の三門のなかに、定散は能顕の方便、念仏は所顕の真実なるがゆへに、かの『法華』の読誦大乗の行は『観経』にいりて、つゐに念仏往生に帰すべきなり。さればかの如説修行の女人も、もし弥陀の名願力によらずば、千劫・万劫・恒沙等の劫にもつゐに女身を転ずべからずとこゝろうれば、顕には読誦大乗の往生をとくといへども、密には念仏往生の義をふくめり。いはんやまた法華と念仏と一法なりとしるときは、この経の益、即往安楽に帰しけるは、もとも道理なりとこゝろえらるゝなり[24]。

浄土門には諸行往生の門と念仏往生の門とがあるが、いま『法華経』の読誦行は諸行往生をあらわすもので、

『観経』所説の三福行にあたるものである。そして『観経』所説の定散は方便であり、念仏は所顕の真実であるから、その定散は遂には念仏に帰すべきものであるといわれている。つまり、『法華経』所説の聖道行は、『観経』所説の定散が弘願真実に入らしめる為の方便説であった様に、実は『観経』に説かれている浄土門中の諸行往生を明かす行業と同質のものであって、弘願真実に入らしめる為の方便説であるというのである。この様に存覚が『観経』に説かれた定散諸善の行業を方便と見ていたことは、『六要鈔』に「「尓者」の下は私の御釈也。此の自解の意は、専ら定散諸善の業、仏願に非るが故に報土に生ぜず、而も諸善を説くことは是れ念仏三昧の方便為ることを明す[25]」といわれていることからも知ることができる。

更に『決智鈔』の文には『法華経』をもって、「顕には読誦大乗の往生をとくといへども、密には念仏往生の義をふくめり」といわれているが、これによって存覚が『法華経』にも隠顕の意を見られていたことがわかる。先述した通り、存覚は諸経典全体に隠顕の意を見られていたが、親鸞は第十九願・第二十願の意を開説した『観経』・『小経』のみに隠顕を論じられていた。これは隠顕というのは経の説相について語ることが出来るものと見られていたからであろう[26]。その意味より、親鸞が『法華経』を含む諸経典に隠顕をみられなかったことと比較すれば、存覚の経典理解との間には相違がある。勿論、この隠顕義の思想背景には、『西方指南抄』に収録されてある、

> 念仏往生といふことは、みなもとこの本願よりおこれり。しかれば『観経』・『弥陀経』にとくところの念仏往生のむねも、乃至余の経の中にとくところも、みなこの経にとけるところの本願を根本とするなり。…〈中略〉…凡そこの三部経にかぎらず、一切諸経の中にあかすところの念仏往生は、みなこの経の本願をのぞまむとてとけるなりとしるべし[27]。

といわれた源空の言葉にあったとも考えられるが、直接的にはやはり幸西義を受けたものであろう。幸西のいう顕の一乗（真如観）である聖道門の経説を、隠の一乗（称仏）に誘引する為の方便教とし、弘願の称仏こそ凡夫救済の唯一の一乗法であるとする論理展開は、先に述べた存覚の主張や、

法華と弥陀と、内証同体なり。彼は為聖の教、此は為凡の教、所被の機、聖凡殊なりと雖、所説の法、共に是れ一乗、真宗の称、彼此密に通ず。此は是今家不共の別意なり。(28)

といわれる存覚の法華理解とも、非常に共通するものとして注目される。(29)

四・存覚における聖浄観

この様に存覚は、聖道の諸教を弘願真実に対して方便の教えと位置付けられているのであるが、その一方で、

一代の諸経まちまちにわかれて、諸宗の所談各別なり。別なりといへども帰するところの極理は一致なり。いづれも生死をはなれて涅槃を証し、まどひをひるがへしてさとりをうべきがゆへなり。(30)

と、『歩船鈔』・『決智鈔』・『法華問答』等に示される様に、聖道諸宗の教法に対して、経説の表現に差異があってもその本質に優劣はなく、いずれも道理成仏の法として同一であるとの見解を示されている。確かに従来より、この存覚の聖道諸宗に対する寛容的な態度が注目されてきたが、これらの著述は対法華宗を強く意識して著された述作背景より、諸宗に対する融和的な側面を有するものであって、必ずしも弘願真宗に対する諸経の教説の存在意義が明瞭に語られているものではない。(31)

『持名鈔』に存覚が、

そもそもこの念仏はたもちやすきばかりにて功徳は余行よりも劣ならば、おなじくつとめながらもそのいさみなかるべきに、行じやすくして功徳は諸行にすぐれ、修しやすくして勝利は余善にすぐれたり。弥陀は諸仏の本師、念仏は諸教の肝心なるがゆへなり。(32)

しかるにひとつねにおもへらく、つたなきものゝ行ずる法なれば念仏の功徳はおとるべし、たうときひとの修する教なれば諸教はまさるべしとおもへり。その義しからじ、下根のものゝすくはるべき法なるがゆへにことに最上の法とはしらるるなり。…〈中略〉…智慧もなく悪業ふかき末世の凡夫は、たとへばやまひおもきもののゝごとし。これをば弥陀の名号のちからにあらずしてはすくふべきにあらず。かるがゆへに罪悪の衆生のたすかる法ときくに、法のちからのすぐれたるほどはことにしらるゝなり。(33)

といわれている様に、そもそも仏教における機と法との関係は、本来分離して語りえないものである。教法は具体的に機に相応し、衆生を利益するものであることにおいて、はじめて法としての意味を有し、その価値が決定されるものでなければならない。機に相反した教法は、いかにそれ自体が殊勝なものであっても、真実の法とよぶことは出来ないであろう。末世凡夫の救済は「弥陀の名号のちから」に依るより他なしとする説示は、本願の教法こそいかなる者も救済せしめる「勝利は余善にすぐれた」「最上の法」であることを明確に示している。このことを『決智鈔』には、

末世の凡夫は鈍根無智なるがゆへに、法は殊勝なれども浅機のためには不成の行なれば、なを生死をまぬかれ

がたし。かかる劣機のために出離の要道となるはただ念仏の一行なり、このまへにはかの一代の諸経みな念仏の一門に帰して、これまた念仏一乗といはるるなり。(34)

いはんやまた在世の機はおほく権者なりとみえたることあり。もしその義によらば、益をうといへるも実益にはあらざるべし、たゞ滅後下根の機、悪障深重の衆生の、まことに生死をいづる法を真実の法とはいふべし、これすなはち念仏なり。(35)

といわれている。いかに聖道門の教法自体が殊勝なものであったとしても、凡夫にあってそれを実践することが出来なければ、真に殊勝なものとよぶことは出来ないであろう。生死の苦海に沈没している者を、真っ先に救わずにはおれないのが仏の大悲であり、重苦の病者を癒す薬こそ最上の薬である様に、「罪悪の衆生」を救済せしめる教法こそ「如来真実の所説」であり、真に殊勝な法といいうる。その意味で鈍根無智なる極悪の機の救いに焦点を定め、凡聖、善悪、一切の衆生を平等に救済する本願の法門こそ、釈尊出世本懐の教であり、最上の法門であったといわねばならない。

だからこそ存覚は他宗の教法に対し、「法はいたりて最上なれば、下根のともがらはをよびがたし(36)」と、その価値を最大限に評価し、時に念仏と法華との等同まで語りながらも、常に時と機の立場を省みて、いかなる行も修し難き「悪障深重の衆生」を救済する念仏行こそが、「諸仏証成(37)」なる「真実の法」(出世本懐)である旨を顕示して、他の教法を浄土の法門に奪っていかれたのであろう。

この様に存覚は、聖道門の教法の価値を認めながらも、それは時機に乖離した教法として廃されていくのだが、存覚の聖道教受容の態度は、本願の教法と他の教法との価値を相対的に論じられているものでも、時機不相応の教法として廃されていくだけのものでもない。『六要鈔』に、

『法華』・『華厳』以下諸経、皆隠顕二彼弥陀利生一。上人深解三一代諸教、皆顕二弥陀大悲利益一。[38]

と、諸経典に隠顕を示されていた様に、一代仏教はまた弥陀大悲の顕現であり、衆生を本願の教えへと導き育てる為の権仮方便の意味を持つものとして受容され、「極悪最下のひと」[39]を救済せしめる弥陀法に統摂されていくものであった。

同じく『六要鈔』に、

万行諸善是聖道意、双樹林下是約二『観経』一、十九願意、善本徳本是約二『小経』一、二十願意、乃是難思往生心也。選択願海是『大経』意、即難思議往生是也。「果遂」等者、如レ此展転従レ仮入レ真、出二方便門一入二真実門一、即果遂願之所レ成也、是偏今師不共別意、人不レ知レ之可二仰信一也。[40]

といわれていた様に、存覚は方便門から真実門への階梯（万行諸善・聖道門意→『観経』・十九願意→『小経』・二十願意→『大経』・十八願意）を「従仮入真」の次第で説明されている。まさしく諸経の教説は「弥陀大悲の利益」が通底しているが故に、権仮方便としての意味を有し、念仏一乗に統摂されることを可能にしていたのである。このような存覚の聖道教や浄土門内の方便教の受容の態度は、真実である弘願門への権仮方便として示されていた親鸞の意を受容していたものといえるだろう。存覚自身が聖道方便説について、ほとんど論じられることがなかったことも相俟って、これまで存覚の聖道門理解が、聖道方便説を論じる親鸞の理解から乖離した印象を与える一因となってしまったことは否めない事実である。しかし存覚の隠顕義は聖道諸宗の方便の教法に「従仮入真」せしめる

仏意をみられていた様に、弘願真宗に対して並列的、或いは廃立としての位置付けだけで語られているものではない。

「法華の諸法実相、真言の阿字不生、華厳の三界唯心、涅槃の悉有仏性、般若の尽浄虚融、禅宗の都莫思量、法相の五重唯識、三論の八不中道、みな弥陀仏智の一法異名なるべし(41)」と、存覚が聖浄帰一の見解を語られていたとしても、それはあくまでも「弥陀仏智」を基軸とした上での立論であり、存覚にとって聖道門は、弘願に引入せしめる為の権仮方便として理解されていたことは看過できないことであろう。

■結　び

以上、存覚の著述に見られる隠顕の釈義を整理し、特に経典理解にみられる隠顕の釈義についての考察を行った。存覚の経典理解にみられる隠顕の釈義は、親鸞のみならず源空門下である幸西の隠顕義を受容しつつ、その理解が語られていた。これまで存覚の隠顕義が語られる際、隠顕義そのものを取り出して論じるというよりも、正定聚・本願成就文理解を論じる際に付随して語られることが少なくなく、ともすれば親鸞との相違点ばかりが浮き彫りにされてきた感がある。しかし存覚の隠顕の釈義全体を通して見たとき、それは相違する一義的な解釈にとどまるものではない。

正定聚理解等で論じられていた隠顕の釈義は、存覚在世当時の具体的な教学課題に答えるべく、「隠」・「顕」という用語を依用し、諸宗と真宗義との会通を念頭において説示されたものと考えられ、対他与奪門(42)の姿勢を取られた存覚独自の隠顕義といえるだろう。
しかし一方で、経典理解に示されていた隠顕の釈義は、幸西や親鸞の隠顕義を受容しつつ、経典の部分的・表面的な相違を切り取って論じられていくだけのものではなく、「隠」・「顕」に「真実」・「方便」としての意味をもたせると共に、その釈義を諸経典全体にまで広げて、釈迦一代仏教を弥陀法に統摂していくような方向性を指示するものであった。このような存覚の諸教に対する見解は、『観経』・『小経』や、諸経典全体に説かれる自力方便の教説を、真実弘願に対してただ廃していくものでなく、方便の教法は弘願意へと導く仏意ありとみられた、親鸞の隠顕義と共通する側面を持つものであったといえる。(43)

註

(1) 覚如も『改邪鈔』(『真聖全』三・八五頁)や、『御伝鈔』(『真聖全』三・六五一頁)等に「隠顕」の言葉を用いられているが、覚如自身が直接教義を語るものに用いられているものではない。
(2) 『教行証文類』(『浄土真宗聖典全書』(以下、『聖典全書』)二・一八三頁、一九五頁、一九八頁)。
(3) 普賢晃壽著『中世真宗教学の展開』一六二〜一六六頁、一七五〜一八七頁参照。
(4) 『浄土源流章』(『浄全』一五・五九二頁)。
(5) 同右。
(6) 同右。
(7) 『玄義分抄』(『日本大蔵経』九〇・三七五頁)。
(8) なお、ここで「十聖の初地に隣なるもの、真如の機に当れり」とある言葉は真如の機の存在を示すものではなく、初地に隣接している第十回向満位の菩薩を指すものであって、真如をさとるべき機であるとの意であろう。だが第十回向満位の菩薩であっても持前の有漏智では、決して無漏智を開く事は出来ないというのが幸西の考え方であり、無漏無生の領域に至るには本願力（仏法不思議力）に依る意外に他はないのであるから、結局この娑界には無漏智を発得した真如の機は存在しないこととなる。「三界生死のあひだに惣じて一実真如の機なし」（『玄義分抄』・『日本大蔵経』九〇・三八〇頁）といわれた言葉もこの意をあらわすものといえる。

(9)『玄義分抄』（『日本大蔵経』九〇・三八八頁）。

(10)『玄義分抄』（『日本大蔵経』九〇・三八二頁）。

(11) 同右。

(12) 幸西の隠顕義に関しては、梯實圓著『玄義分抄講述』参照。

(13)『六要鈔』（『真聖全』二・二六〇頁）。

(14)『浄土真要鈔』（『真聖全』三・一二八頁）。

(15)『六要鈔』（『真聖全』二・二六二頁）。

(16)『六要鈔』（『真聖全』二・二〇八頁）。

(17)『六要鈔』（『真聖全』二・三六八頁）。

(18)『六要鈔』（『真聖全』二・二六三頁）。

(19)『六要鈔』（『真聖全』二・四〇七頁）。

(20)「凡就二一代教一、於二此界中一入聖得果、名二聖道門一、云二難行道一。就二此門中一、有二大・小、漸・頓、一乗・二乗・三乗、権・実、顕・密、竪出・竪超一、則是自力、利他教化地、方便権門之道路也。」

『教行証文類』（『聖典全書』二・一九六〜一九七頁）

「聖道といふはすでに仏になりたまへる人の、われらがこころをすすめんがために、仏心宗・真言宗・法華宗・華厳宗・三論宗等の大乗至極の教なり。仏心宗といふは、この世にひろまる禅宗これなり。また法相宗・成実宗・倶舎宗等の権教、小乗等の教なり。これみな聖道門なり。権教といふは、すなはちすでに仏に成りたまへる仏・菩薩の、かりにさまざまの形をあらはしてすすめたまふがゆへに権といふなり。」

『末灯鈔』（『聖典全書』二・七七八頁）

等といわれている様に、親鸞においては聖道門全体を浄土真宗の方便として位置付けられていたことが知られる。

(21)『教行証文類』(『聖典全書』二・一八三頁)

(22)「これによりて安養寺の阿日房上人彰空に遇て、西山の法門をば聴受し給。五部の講敷にもたびたびあひ、そのほか『大経』・『註論』・『念仏境』などの談もありけり。又慈光寺の勝縁上人に対して、一念の流をも習学ありけり。これも『凡頓一乗』・『略観経義』・『略料簡』・『措心偈』・『持玄鈔』などいふ幸西上人の製作ゆるされによりてかきとり給けり。」『最須敬重絵詞』(『真聖全』三・八四六頁)

(23)梯實圓著『玄義分抄講述』、堀祐彰氏「存覚教学における幸西義の受容について」(『真宗研究』第四六輯)参照。

(24)『決智鈔』(『真聖全』三・二〇一頁)。

(25)『六要鈔』(『真聖全』二・三八五頁)。

(26)『教行証文類』(『聖典全書』二・一九五頁)、『浄土文類聚鈔』(『聖典全書』二・二七五頁)。

(27)『西方指南抄』(『真聖全』四・八八頁)。

(28)『六要鈔』(『真聖全』二・二一四頁)。

(29)浄土宗西山義、深草流顕意(一二三九~一三〇四)の『浄土宗要集』に、「彼法華与今浄教。同名一乗。探其実道応理無二」(『大蔵経』八三・四二六頁)といわれているのも、存覚の思想との親近性を感じられるものであるが、幸西の法華論は、顕意のそれに先行するものとして注目される。

(30)『歩船鈔』(『真聖全』三・二二一頁)。

(31)「歴応元戌寅年。存師四十九歳三月。備後国ニシテソノ国ノ守護某ノ亭ニテ。日蓮派ノ僧輩ト法問アリ。当流門葉の懇望ニヨリテ不レ獲レ止出席シタマヒ。仮名ヲ悟一トナノリテ彼僧輩ト対論。逐一ニコレヲ砕キテ説弁一句ノ渋滞ナシ。僧輩忽屈伏シ。甚タ赤面シテ悉ク退席ス。コレニヨリテ真宗イヨイヨ繁昌シ。当流マスマス弘興シテ。門葉ノ尊敬炳焉ナリ。コノトキ同国山南ノ慶空所望ニヨリテ。決智鈔・歩船鈔ヲ述作シ。同ク願空ノ所望ニツイテ。報恩記・法華問答・至道鈔・選択注解鈔・等ヲ製述シタマヘリ。」『鑑古録』(『真宗全書』第六八巻・三七三頁)

梅原眞隆氏「存覚上人の教義」(『佛教大学論叢』第二四二号・二五頁)。

「存覚上人の聖浄論はその形容において頗る堂々たるものあるも、その内実は決して尖鋭なものでない、仍って、縦的に一宗教義の開展に資するといふよりも寧ろ横的に他宗の謗難に備ふる点において効果を認むべきであろう。これ、存覚上人の思想傾向や修学過程からの影響にも依るであろうが、実は時代適応の行方でもある。新興の宗旨としての真宗が聖道諸宗のあいだに伍して、独立した地位を確保するにはかかる苟合的態度も止むを得なかったのであらう。」

普賢晃壽著『中世真宗教学の展開』一三九～一四〇頁。

「存覚が他の聖道諸宗と同格に浄土宗を扱っているのは、当時の日蓮の徒よりする論難を予想していると考えられる。…〈中略〉… 日蓮宗の対浄土宗観に対して、存覚は念仏往生の浄土宗の地位を仏教各宗の中で確立せしめる必要が存したものと考えられるのである。」

高田未明氏「存覚の法華対論における出世本願論と諸行観」（『中央仏教学院紀要』第十七号）参照。

(32)『持名鈔』（『真聖全』三・九六頁）。

(33)『持名鈔』（『真聖全』三・九七～九八頁）。

(34)『決智鈔』（『真聖全』三・一九三頁）。

(35)『決智鈔』（『真聖全』三・一九五頁）。

(36)『歩船鈔』（『真聖全』三・二四二頁）。

(37)「『観経』にいへる煩悩賊害の機まさしくいまにあたれり。かるがゆへに時機相応の教につきて、この念仏往生の門をすゝむるなり。これ如来真実の所説、諸仏証誠の教法なるがゆへなり。」

『決智鈔』（『真聖全』三・一九一頁）

(38)『六要鈔』（『真聖全』二・二八八頁）。

(39)「されば『選択集』（巻下）のなかに、「極悪最下のひとのためにしかも極善最上の法をとく、例せばかの無明淵源のやまひは中道府蔵のくすりにあらざればすなはち治することあたはざるがごとし。いまこの五逆は重病の淵なり、またこの念仏は霊薬の府蔵なり、このくすりにあらずばなんぞこのやまひを治せん」といへるはこのこゝなり。そもそも弥陀如来の利益のことにすぐれたまへることは、煩悩具足の凡夫の界外の報土にむまるゝがゆへり。」

『持名鈔』（『真聖全』三・九八頁）

(40) 『六要鈔』(『真聖全』二・四〇七頁)。
(41) 『決智鈔』(『真聖全』三・二一二頁)。
(42) 中島覚亮氏「覚如上人と存覚上人との教理関係」(『無盡燈』第二二巻)には、「自宗相承門」と「対他与奪門」の言葉を依用して、覚如・存覚の教義についての特徴が論じられている。
(43) 勿論、方便の教法もあくまで仏意について語られるものであり、『浄土真要鈔』に「諸行は難行なり、念仏は易行なり、はやく難行をすてて易行に帰すべし。その益を論ずれば、来迎は方便なり得生は真実なり、もとも方便にとどまらずして真実をもとむべし。…〈中略〉…第十八の願には諸行をまじへず、ひとへに念仏往生の一道をとけるゆへなり」(『真聖全』三・一五〇〜一五一頁)といわれている様に、存覚においても方便の教法は肯定的に捉えられているだけのものではなく、「聖道権仮の方便に　衆生ひさしくとどまりて　諸有に流転の身とぞなる　悲願の一乗帰命せよ」(『聖典全書』二・三七三頁)といわれた親鸞と同じく、そこに深い仏意を認めつつも、真実はただ第十八願に規定し、本願の教法に帰せよと勧められていかれたものであったことはいうまでもない。

『存覚法語』の構想
――唱導の説法との関連から――

龍口恭子

はじめに

『存覚法語』は存覚が「浄教の大綱に就きて、法語の一句を書き与えなんや」との依頼を受けて執筆したものである。文和五年(一三五六)、存覚六十七歳、「契縁禅尼」からの懇望であったというが、その内容・著作の時期より推して、存覚が永らく執筆の構想を温めていたものを実現に移したものと考えられる。

存覚はこの書において、聖教の新たな様式化を図ったのではないかと推考する。それは「女性への説法」というものである。存覚の著作の中では、女性に関する論説としては『女人往生聞書』があるが、その内容は『無量寿経』に説く法蔵菩薩の誓願の第三十五願、即ち女人往生の願を中心として、その他の諸経典を引用しつつ、女性の罪障の重さを述べて、女身からの離脱を図るための念仏を勧めたものである。対して本書では、『教行信証』の冒頭の一節をあげ、その讃題を行う。次いで浄土教の大綱を、無常輪・不浄輪・苦輪の「三輪」からの得脱と捉え、多数の引文と共に詳説する。最後に『法然上人伝』の中から韋提希夫人の化身と見られる女性を登場させ、女性の救済こそ浄土教の目的であるとする。

『女人往生聞書』は了源の請いによって書かれたものであるが、『存覚法語』は禅尼の請いによって筆をとったものであって、前者は不特定多数の女性への布教を意図して、僧侶が法を説くためのテキストとして与えたものであり、後者はその内容・表現からして、高い学識と仏教的素養を持った女性が自ら読むものであったと考えられる。本稿では、このような存覚の構想、乃至、試みを、存覚が生涯の課題とした浄土真宗弘教の一環と位置づけ、時代の思潮と共に跡付けてみたい。

第一章　著作の構想

（一）　存覚の著作の時期

存覚が契縁禅尼なる人からのかねてよりの要望に応えるべく本書を執筆したことはそのあとがきに、

右浄教の大綱に就きて、法語の一句を書き与へなんやの由、契縁禅尼の請を得るに依りて、・・・

（『真宗聖教全書』三・三七四頁。以下「真聖全」と略称）

とあることより知られる。この「契縁禅尼」については、実在の人物の中から誰を指しているのか諸説あるが、本論では論究せず、存覚が六十七歳の時点で本書を著わそうとしたその動機と方法についての分析を試みたい。

存覚は本書の著作の時期、即ち六十七歳以降、集中的に重要なものを書いている。六十七歳の時、この『存覚法語』を始め、『浄土見聞集』、六十八歳で『願海講式』、七十歳で『嘆徳文』、七十一歳の時、『六要鈔』を著した。

存覚の著作の仕方は既に指摘されているように、大体三期に分けられる。存覚が直接教化指導し、その教団の発展を図った仏光寺了源の請いに応じて書いた三十五歳の頃には、『浄土真要鈔』『諸神本懐集』『持名鈔』『破邪顕正抄』『女人往生聞書』『弁述名体鈔』等がある。

また備後山南の慶空・空暹・願空・慶願・明光等中国地方の布教の最前線に立っていた教団の僧侶達の請いに応じて書いた四十九歳の頃の述作は、真宗の教義を特に布教する側の僧侶に徹底するために、他宗と真宗との教義の相違点に焦点をあてて述べている。『決智鈔』『報恩記』『至道鈔』『選択註解鈔』『歩船鈔』『法華問答』等である。

若年・壮年の存覚の自他を分別する厳しい論に対して、老境に入った第三期には、長年の自らの修学の成果とも言える円熟した境地を示すものを多く述作している。簡にして要を得た親鸞讃嘆の伝記『歎徳文』を始め、『六要鈔』は学問的に精緻な存覚の力量を示して面目躍如たるものがあるが、『存覚法語』は『教行信証』序の冒頭の綿密な語釈に加え三輪からの解脱を縷々述べ、結びもこれを書き送った女性を髣髴とさせて余韻嫋々たるものがある。

(二)　主題の展開

以上のように存覚の著作の流れを振り返った上で、次に『存覚法語』の著作意図を考察してみたい。

本書は、親鸞の『教行信証』の序、

難思の弘誓は難度海を度する大船、無碍の光明は無明の闇を破する慧日なり。　　（『真聖全』三・三五三頁）

の引用で始まる。この文の「難思の弘誓」「難度海」「度する大船」「無碍の光明」「無明の闇を破する慧日」について一々の詳細な語釈を挙げ、

略してかの序のはじめのことばを解することかくのごとし。（『真聖全』三・三五三頁）

で、本書の第一部は結ばれる。

次いで第二部は本書のメインともいうべき部分で、

そもそも弥陀如来の、深重の本願をおこし殊妙の国土をまうけたまへるは、衆生をして三輪をはなれしめんがためなり。その三輪といふは、一つには無常輪、二つには不浄輪、三つには苦輪なり。この義慈恩大師の『阿弥陀経の通賛』にみえたり。（『真聖全』三・三五八頁）

として「三輪」が具体的に述べられる。中でも「無常輪」に述べるところは、存覚が最も力を入れたもので、「朝には紅顔ありて」の文は蓮如の『御文章』で夙に有名であるが、もとは存覚の『存覚法語』によるものであり、さらに言えば後鳥羽院の『無常講式』の引用によるものである。

さてこのような讃題・主題に続いて「なかんづくに女人の出離はこの教の肝心なり」と、「浄土教の救済」から「女人の救済」へとテーマが展開される。羅生門の跡より掘り出された大石に刻まれた文字を法然が読み解いたこと、その石に書かれた文は浄土教の興隆と女人の救済を予言した未来記であったことが述べられ、続いて、洛東の法然上人の禅房を訪れのどかに対面を遂げた気高い貴女を韋提希夫人、賀茂の大明神の化身と見て、「女人も悪人もともに救済をかうぶ」ることを以て、本書一巻のむすびとする。

第二章　唱導の説法との類似

（一）　三部の構成

本書の構成を大略すると、次の三つの部分に分けられる。

1、　一節を上げ、その解釈、讃題等

基礎的な知識の確認

浄土教思想の思惟方法

2、　本論の展開

「三輪」の概念規定

譬喩譚の展開

3、　施主讃嘆

女性である読み手の讃嘆

全ての救済を誓う

このような構成の仕方は存覚の著した書物の中では他に見られない。

存覚の著作は、『六要鈔』『存覚一期記』は別として大部のものは見られず、むしろ短篇と言えるもので、それらの著作の構成を分類すれば次のようになろう。

①　本論と問答

『持名鈔』『女人往生聞書』『浄土真要鈔』『決智鈔』『顕名鈔』

②　ひとつ書きとその説明

『破邪顕正抄』『歩船鈔』『至道鈔』

③　問答

『法華問答』

④　鈔録

『浄土見聞集』

⑤　次に云々

『弁述名体鈔』

以上のようなパターンでそれまで聖教を著作して来た存覚が永年の構想を練った「契縁禅尼」に自ら納得行く方法で書いて進呈したのがこの書ではなかったのではないだろうか。

このような構成で本書を構想した存覚はそれまでにない新しい著作を意図したと考えられるのである。存覚はこの書を所望した女性に、今までにないもの、それでいてこの女性にふさわしい最高のものを書きたいと思ったのではないか。このような著作に対する絶えざる挑戦とも言える姿勢は、親鸞・覚如に続く血筋とも言えるものであろう。

そこでこの書の場合、構想の源泉となったのは、第一章の（二）主題の展開で内容を説明し、本章の冒頭で示したような、「唱導の説法」のパターンではないかと推考する。

唱導の説法は、仏法の教化活動として当時一般的に行われていたもので、人々が集い、施主が荘厳をした説法の場で、僧が仏や法の讃嘆を行い、最後に施主を讃嘆して一座を閉じるというものである。この様式は、寺院における種々の法要を始め、宮中の年中行事、貴紳の私邸で行われる年忌法要、さらに村々の辻堂で行われる説法に至るまで、長さも一座で終わるものから、千日に及ぶものまで、実に種々様々であった。

個々の法会によって相異はあるものの、まず導師が一座に仏菩薩を奉請し、経典を読誦して、讃嘆供養する。その後に講師が説法を行うが、その説法は経典の讃題を行なうものである。讃題とは経典、あるいは聖教の一節を取り上げ、それを讃嘆し、詳しく申し述べる。さらにそれに関連して説法を行う。譬喩譚・因縁譚を用いながら分かり易く説示するのである。終わりに必ず一座の施主を讃嘆する。

前述したような主題も三部で展開する内で前二部と最後の「嵯峨帝国母」と「賀茂の河原に消えた女人」の話は、前の部分とは直接の関係はない。しかし説法の席に於いてはこの部分は讃題・主題に劣らず重要な部分である。説法の場を設けた施主に対する讃嘆は必要不可欠のものであるからである。

以上のような唱導の説法の様式を存覚が弁えていたことは疑う余地がなく[1]、この形式を巧みに文字化したのが、存覚の『存覚法語』であると言えよう。

（二）『法華百座聞書抄』に見る唱導の説法の様式

本論では唱導の説法について述べるにあたり、平安中期の説法というものの聞書である『法華百座聞書抄』を取り上げ、これに述べられた説法の具体例をあげながら、唱導説法の様相を示して行きたい。

『法華百座聞書抄』は天仁三年（一一一〇）に催行された法座の聞書である。三百日に亘る長期の法座の記録が一部ではあるが現存することは唱導説法に関する史料が極めて少ない現在、唱導の説法の実態を知り得る貴重なものである。年代的に言えば、『存覚法語』が著された一四世紀半ばに比して、『法華百座聞書抄』は一二世紀に記録されたものであるから、同時代とは言い難いのであるが、このような儀式に関するものは、伝統的に催行されるものが多く、同様の形態で室町時代ころまでは殆ど変わらず続けられているものが多いので、説法の形式を知るにはこの年代のものでさし支えないと思われる。

さてこの法座は天仁三年（一一一〇）二月二八日に始められ、ある内親王[2]の発願によって三所（亡父母及び一方の縁者）の追善のために行なわれたものである。

日ごとに講せられ給ふところの般若心経、阿弥陀経、妙法蓮華経一品。

佐藤亮雄校注『法華百座聞書抄』[3]（閏七月一一日条　一四二頁）

と『法華経』のみならず、『般若心経』・『阿弥陀経』を同時に、供養し、演説している。内親王はこの期間中、毎日、法座の席に臨み、講経を聴聞した。内親王がこの講会を開催するまでに既に数年をかけて、多大な仏・経を用意したこともこの説法の講師の語りから推し量れるのである。内親王自ら三経を書写し、その上でこの三百日に亘る日毎《ひごと》の講経に臨席し仏法に触れたのである。内親王の信心の篤さをこの法座の講師大安寺の僧永縁は次のように述べている。

今、内親王殿下、信心をこらしおはしまして、年来のあひだ、御てづからもかきたてまつらせたまひ、人してもかかせさせたまへる法花経の文字、しかしながら仏におはしますらむ。しかれば、御功徳のかぎりなさは、申尽べきにもあらずとこそおぼえ候へ。

『法華百座聞書抄』(二月二八日条　八五頁)

法会は前述のように僧侶の入場に始まる。この場合「宮の内」とあるから恐らくこの内親王の私邸で行われたものであろうが、用意された阿弥陀画像と『法華経』一巻・『阿弥陀経』一巻・『般若心経』一巻が毎日新たに供養された。続いて説法が行われたが、この説法は各宗(法相・華厳・天台)の僧侶が一〇日ずつの交代で行った。その次第は毎回ほぼ次のようなものである。

次にあげる例は、三月二日、三井寺の香雲房阿闍梨が行なったものである。

摩訶般若波羅蜜多心経は、我山王院の大師(智証大師円珍)の釈を見に、摩訶とは空・仮・中の三諦の法門なり。波羅蜜といふは、到彼岸といふ事なり。心といふは、多の般若肝心なればかと思給ど、はじめ凡夫の識身より、をはり仏の妙覚の心なり。経とは、又この心のひさしきをいふこころなり。

『法華百座聞書抄』三月二日条(九〇頁)

説法の冒頭、『般若心経』の経名を講師三井寺の香雲房は宗派の祖円珍の説を引いて、「摩訶」「波羅蜜」「多」「心」「経」と、言葉を分かって、一語一語丁寧に説明して行く。孤本である『聞書抄』は原本から抄出されたもののようでその表記も完全とは言えないが、説法の僧侶の口調まで伝えていることが想像できる。

次の例は、六月二六日、教釈房の説法である。

今日講ぜられ給ふところの陀羅尼品の心は、薬王菩薩、勇施菩薩及四大天王等のをのをの願をおこし、陀羅尼を説て、持経者をまぼらむ事を説きたまふ品にまします。　『法華百座聞書抄』六月二六日条（一三三頁）

この日は『法華経』陀羅尼品が講ぜられる日であった。例によってその品の経意から説き起こしている。このように、毎日、定まった経や品の語を一語一語詳しく述べるのが唱導の説法の始めである。

次に講師はその日のメインとなるテーマを選び、それについて論を展開させるが、その説くところに具体性を持たせるために譬喩譚を用いたり、真実味を与えるために因縁譚を用いたりする。

次の例は三月八日の三井寺の香雲房の説法であるが、この日は『法華経』の法師品が供養され、講ぜられる日であった。香雲房は、

此品の心は、仏の、御ころもをもて持経者をなむはむき給、とのたまへる品也。

『法華百座聞書抄』三月八日条（一〇〇頁）

と説き始め、「衣」に関する話を引用する。「ばし仙」の因縁譚、「しばせむと西王母」の因縁譚を語り、

まして、如来の六度万行の糸すぢしてをり給へる慈悲忍辱の衣にはむかれなむ人は、悪業煩悩の病もすなはちのぞかり、菩提彼の岸にもはやくいたりたまはむこと、疑もなきことなり。

『法華百座聞書抄』三月八日条（一〇〇頁）

と六波羅蜜の糸で織られた布で作られた忍辱の衣が煩悩の病を除くという喩えを説き、その譬喩譚として、「まぢかき此国事には候ども」とことわり、松尾明神と空也聖の話を持って来るのである。この松尾明神と空也の話は

『法華百座聞書抄』が文献上では最も早く見られるものであるが、当時広く流布したもののようである。松尾明神の般若の衣では功徳が少なくて耐え難いという歎きを、空也聖が「この四十年行住坐臥に読み染めた法華の衣」を奉ってその苦患を救ったという話で、この日の説法は「持経者」が法の衣によって功徳を護ることができるという趣旨で一貫させている。

次にあげる例は、三月一二日、三井寺の実教房の説法で、この日は安楽行品を講じた。安楽行品は法華行者が行う一心三観の行法を示すものであるが、実教房はこの時、「修摂其心」について、

二十八品の中には、此品（安楽行品）すぐれたまへる品なり。その中にも、修摂其心とまうす文を、御心をとどめてをぼしめさば、をのづから御功徳はえさせおはしましぬべきことなり。

『法華百座聞書抄』三月一二日条（一〇五頁）

と、「修摂其心」の文の奉持を、この説法の施主である内親王に勧めている。

なにごとも、心ひとつよりおこることなれば、わが身に仏性ありとしらぬものを、凡夫とはまうすなり。

と述べ、あるいは、

されば、花厳経には三界唯心と説き、普賢経には我心自空とのたまへり。ただ心ひとつによりて罪をもほろぼし、仏道にもいるべきなり。

と説いている。さらに、実教房の宗祖円珍の書にある話として、不空三蔵の話を因縁譚として取り上げている。不空は「三十七尊住心城」の文を常々誦し、他にも唱えて聴かせていたが、ある日不空の弟子が「お師匠様はこの文をいつもお唱えなさいますが、私のような汚れた身の中に三十七尊がましますとは到底信じられません」と言った

という。不空はこの弟子によくよく説き聞かせたが、弟子はどうしても信じようとはしなかった。不空は「聴きなさい。人の身の胸の間に、八分の肉団があり、男は上に向かい、女は下に向かっている。三昧を行う時、八分の肉団が割れて八葉の蓮華となり、その上に三十七尊は住し給うのである。それをお前は信じない。お前に私の胸に住み給う三十七尊を見せよう。私は今から持仏堂に入るからしばらくして鐘を打ったら来て、私の内の三十七尊を見よ」と言った。

　弟子かねのこえをききて、ゆきてみれば、三蔵のむねの左右にひらけて、八葉の蓮華のうへに、三十七尊ことごとく光をはなちて居たまへるをみて、弟子五躰をちになげてをがみたてまつりて、それよりなむ深く信じて、さとりをひらきてける。

『法華百座聞書抄』三月一二日条（一〇八頁）

と結んでいる。

以上述べたのは、唱導説法の中段の例で、このように毎日の講師はメインのテーマを設定して、例証を挙げ、譬喩譚、因縁譚で分かりやすく説き進めたのである。

　さて、説法の最後には必ず施主讃嘆が行われる。

三月三日、香雲房は、説法の最後に百座開講の功徳を、

　内親王殿下の、我も玉の御すがたをかたぶけて、頗梨をかけ、露をつらぬく点、ひとつもかくる事なく、人をおしへて書写せしめ給事も、年しごろにならせたまひぬるうへに、今、百座御講、開講・演説せしめ御す功徳は、申尽しべからぬ事なり。

『法華百座聞書抄』三月三日条（九四頁）

と讃えている。

同じく、施主の積徳とそれによる仏菩薩や天神地祇の護念を讃えて三月二四日の講師、興福寺の大輔得業は次のように述べている。

法花経を毎日に開講せしめたまへるみやのうちなれば、天衆・地類・神祇・冥道、まもりはぐくみたてまつり給らむ。これによりて、をそれをなすべからず。もろもろの鬼神、他方にはらひしりぞけられて、玉躰つつがおはしまさず、男官・女職ことゆへ候らはじとなむ、おぼえ候。

『法華百座聞書抄』三月二四日条（一一三頁）

と内親王の仏道修行を讃え、それに対して功徳も莫大であることを証している。

以上は『法華百座聞書抄』のごく一部であるが、毎日の説法はこのような配分で以て進められたとみてよい。自ずから三部構成がなされていることに気づかされる。このような唱導説法を存覚が一著を成そうとした時、手本としたとしても不思議ではない。

第三章　女性のための説法

『存覚法語』で今ひとつ特徴的なのは、唱導の説法を行う点に加えて、対象が女性であることである。前述したように、存覚の著述したものに『女人往生聞書』があるが、これは了源が布教の際に使えるものとして与えたもので、女性が直接読む物ではない。しかし『存覚法語』はこれを女性に読まれることを意識したものである。

このように女性が自ら求めて仏法に触れようとし、救いに預かった例を次に見て行きたい。

女性を対象とした説法で人口に膾炙されているものとしては釈尊が韋提希に行った『観無量寿経』所説のものがある。次にその概略を示す。

（一）釈尊の韋提希夫人への説法

『観無量寿経』では王舎城の悲劇として示される。釈尊の従弟、提婆の奸計により、父王頻毘沙羅を幽閉した阿闍世は後にまた母韋提希をも幽閉することになる。

遙向耆闍崛山。爲仏作礼而作是言。如来世尊在昔之時。恒遣阿難来慰問我。我今愁憂。世尊威重無由得見。願遣目連尊者阿難。与我相見。作是語已。悲泣雨涙遙向仏礼。未挙頭頃。爾時世尊在耆闍崛山。知韋提希心之所念。即勅大目揵連及以阿難。従空而來。仏従耆闍崛山沒。於王宮出。時韋提希礼已挙頭。見世尊釈迦牟尼仏。身紫金色坐百宝蓮華。目連侍左。阿難在右。釈梵護世諸天在虚空中。普雨天華持用供養。

『観無量寿経』（『大正蔵』一二・三四六頁）

と釈尊の説法を請う。釈尊は危急の中にある韋提希に説法の好機を見る。苦しみの底において始めてこの女性は自己の無知に目覚め、「心生歓喜歎未曽有。豁然大悟得無生忍。」即ち、無生忍を得たのである。ここに悟りを得た女性が誕生し、それがまた浄土教誕生の機縁ともなったのである。存覚はこの韋提希夫人の話を巧みに『存覚法語』に取り入れている。『存覚法語』には次のように述べる。

『観経』の発起をたづぬるに、韋提の厭苦よりいでて定散随他の二善をとくといへども、つゐに弘願随自の一門をあらはししかば、夫人たちまちに大悟無生の益をえ、侍女おなじく阿辱菩提の心を起こししよりこのかた、三従を具せりといへども、三明を証せんことかたからず、女身をうけたりといへども仏身をえんことをしる。

（『真聖全』三・三七一頁）

存覚は『観経』の成立が韋提希の厭苦より発したことに韋提希の功を見出している。しかも女性は三従の煩いを具してはいても、韋提希の得忍によって仏身を得ることが証せられたとするのである。

（二）　浄意尼と良忠

本書執筆の依頼主「契縁禅尼」については諸説あるが、この内容からして、仏教の素養を有した人であることは確かであろう。この当時の女性が仏教を修学するには相当の困難が伴ったはずであるが、皆無であった訳ではない。現に源信の妹の願証、安養尼(4)（九五三～一〇三四）は、

才学道心は、共にその兄（源信）に超えたり。

『続本朝往生伝』【四〇】（日本思想大系　二五二頁）

と言われるほど勝れた能力を有した人であり、また西大寺叡尊の弟子となり法華寺を西大寺流律宗の尼寺として復興した慈善（一一八九～?）のように多くの弟子を率いて活躍した人もあるが、多くの女性に仏法の修学の道は閉ざされていたと言ってよい。

しかしながら前章で見て来たように、数限りなく開講されて来た説法の講莚に侍する機会の多かった女性には、仏法に接することがなかった訳ではなく、むしろこのような法会が女性によって主催されることが多かったと言える。そしてそのような宗教的環境の中で育まれた知識や宗教心は無視できない。

そのような中に、聖覚法印の妹、浄意尼がいる。『然阿上人伝』によれば、聖覚（一一六七～一二三五）の妹、

浄意尼は京都嵯峨に住まいしていたが、筑紫の弁長（一一六二～一二三八）に学んだ後、故郷石見に帰り布教に専念していた良忠（一一九九～一二八七）の噂を聞き及び、良忠に『選択集』の講義を要請した。

（良忠は）行年満五十、宝治二年（一二四八）、春、上りて帝里に在り。尼、浄意（聖覚法印の妹）の請いにより、『選択集』を講ず。浄意曰わく、「我、昔、故法印（聖覚）の義を聞く。今の義、勢、先に聞きしに違わざるなり。彼、則ち吉水の波を浴びしを見、此に亦、黒谷の流れを酌むを聞く。源既に一澄なり。流れあに清濁ならんや。宜なるかな」云々。浄意頭を傾けて洛中に居すを請ふ。即ち契るに諸檀施主を以てす。期するに浄土弘法を以てす。

道光『然阿上人伝』（『浄土宗全書』一七・四〇九頁）

浄意尼は兄の聖覚法印の薫陶を受けて、浄土教の奥旨を心得ていた。さらに法然の教えを受け継いだ浄土宗の学者良忠から『選択集』の講義を受けるに及んで、兄から聞いた教えが良忠の説くところと違わぬことをしっかりと見定めることができたのである。浄意尼はこのように仏法を深いところまで理解できたのみならず、その資力で仏法を学ぶ人を支援した人でもあった。(5)

（三）『法然上人伝記』（九巻伝）の法然最後の説法

本書の終章には「契縁禅尼」を髣髴とさせる貴女を登場させ、存覚はこの一巻を結ぶ。全文をあげよう。

さてもかの聖人の禅房に、ことのやうけだかくしかるべき貴女とおぼしき人ののぞみたまひけるが、乗御のよそほひもみえず、来入の儀もさだかならで、のどかに対面をとげ、ねんごろに法門の沙汰ありければ、勢観上人あやしくおもはれけるに、かへりたまふときは乗車なりければ、ひそかにあとをいてみらるるに、賀茂の河原のほとりにてにはかにみうしなひたてまつられければ、いとど奇特のおもひをなし、いぶかしさのあまりに、事の子細を聖人に啓せられけるに、「それこそ韋提希夫人よ、賀茂の大明神にてましますなり」と、こたへたまひけり。かの大明神の御本地をば、ひとたやすくしらず、たとひしれる人も左右なくまふさぬことにてはんべるとかや。

(『真聖全』三・三七三頁)

この部分、存覚は法然上人伝の中でも特殊な異本、『九巻伝』にのみ見られる部分を使って、イメージ豊かに描いて行く。これも煩を厭わず原拠『九巻伝』の一節を次に掲げる。

同(建暦二年正月)二十二日、看病の人々或は休息し、或は白地に立出て、折節勢観上人たた一人看病し玉ふ時に、気高く気よけなる女房の、車にのりて、上人の見参に入へき由を申されける。但し僧衆のをさえ出してあれハ、勢観上人ハ立ちのきなからあたり近く退けるに、此女房申されけるは、「いかにくるしく思召し侍らん此の事のみなけき申つる。此薬を用たまふべし」とて、薬を奉らる。また「浄土の法門ハいかにと御定侍るぞ」と申されされければ、「選択集と云ふ書を法問にて候へば、此文に違はず申侍るらん。つらつら源空が義なるべし」と、返答せられければ、「さてハ目出候」とて、数々御物語りありてかへられぬ。此時勢観上人あやしみて見送り玉ふに、川原へ出向って上られける。忽然として見え玉はざりければ、帰りて上人に尋申されければ、「さるに夫こそ韋提希夫人なり」と申されけり。「いづくにおはしましける」と重て申されけるに、「賀茂の辺に」とぞ答たまひける。加茂の大明神の本地を知る人もなし。而に今の仰の如きは斗り知ぬ加茂の大明神は韋提希夫人なりと云ふ事を。

『九巻伝』(『法然上人伝の成立的研究』Ⅲ 三二五頁)

病床の法然上人を見舞い、薬を奉った気高い女人こそ、韋提希の化身であり、賀茂の明神であったとする。『九巻伝』では、往生の近い上人への問い掛けが「浄土の法門はいかにと御定侍るぞ」という問い掛けであったが、存覚もまたこの意を汲んで、「のどかに対面をとげ、ねんごろに法門の沙汰ありければ」と、浄土の教えを希求してやまない女性の姿を描いている。

むすび

以上、六十七歳の存覚が、契縁禅尼の永らくの慫慂と自らの浄土教布教の志を併せて、一著に結晶させた『存覚法語』の、創作についての分析を試みた。この書を構成面からみると「唱導の説法」の様式を踏まえたものであって、存覚は伝統的な仏法布教の仕方を読み物の形態に生かすことを試みたと考えられる。このやり方は本書を請うた人が教養豊かな、しかも宗教的に深い認識を持つ女性であったことによってこの意図がより一層明瞭になったものと言えよう。

本書は大著ではないが、蓮如による『御文章』等の敷衍を経て、存覚の代表的著作として弘まったのは周知の如くである。

註

（1）関山和夫氏は『説教の歴史的研究』（法蔵館・一九七三年三月刊）で、存覚を「非凡な才能と学徳」の人と位置づけ、ことに説教との関連を指摘しておられる。

（2）佐藤亮雄氏は『百座法談聞書抄』に、詳細な考証を行い、「後三條院の二女俊子内親王」と比定しておられる。

（3）『法華百座聞書抄』は、大正五年（一九一六）に薗田宗恵氏によってその存在が発表された。法隆寺に伝えられた孤本である。書名は一定しないが、本論文では、法隆寺鵤文庫の箱書にある『法華百座聞書抄』を使い、テキストとして佐藤亮雄校注『百座法談聞書抄』（桜楓社・一九六三年九月刊）を用いた。

（4）拙稿「『存覚法語』の成立背景　―女性のための聖教の視点から―」（『印度学仏教学研究』第五九巻第一号・二〇一〇年一二月刊）参照。

（5）那須英勝氏「聖覚法印の妹浄意尼の事跡について」（『印度学仏教学研究』第六一巻第一号・二〇一二年一二月刊）参照。

伝道者としての存覚上人

西原法興

第一章　伝道の背景

存覚上人（以下、存覚と記す）は『教行信証』の最初の解説書である『六要鈔』の著者として知られ、一般的には教学者として位置付けられよう。その教学的功績のみならず彼自身が研鑽した教学的立場には、自ら信じ（「自信」）人をして教えしめる（「教人信」）という、自行化他の内容を含むものであると考えられ、そこには伝道的側面も存在しており、「大悲を伝え（弘め）普く化する」という側面が働いていたのである。

存覚自身が布教巡錫に出向したという記録はあまり存在しないが、彼の教学的姿勢や言行には多分に伝道者としての側面が見受けられる。拙稿はそのような視点に立脚して、伝道者としての存覚像を検討していくものである。[1]

親鸞聖人（以下、親鸞）の直接的な著述には「伝道」という語は見当たらないが、まず「伝」の語については、『往生礼讃』初夜偈に「自信教人信　難中転更難　大悲伝普化　真成報仏恩」という文言が出され、これを『教行信証』に二箇所引用されており（信巻末と化巻真門釈）、いずれも「大悲伝普化」が「大悲弘普化」となっている。

善導大師（以下、善導）は「大悲を伝え普く化することは」と著わされるが、親鸞は「大悲が働いて一切衆生を弘く普く教化される」と読解されたと考察出来、寧ろ仏法（大悲の働き）は伝わる（弘まる）のであり、それは仏の独用であり、伝や弘に凡夫の力を差しはさまないのだと解釈することも出来ようか。

存覚自身はこの一句について「こころはみづからもこの法を信じ、ひとをしても信ぜしむること、かたきがなかにうたたさらにかたし、弥陀の大悲をつたへてあまねく衆生を化する、これまことに仏恩を報ずるつとめなりといふなり。(2)」と述べている。

次に信巻（本）の二河譬では「道」の語が出されているが、その「道」とは「路」（二乗・三乗万行諸善の小路）に対する語で「大般涅槃無上之大道也」とある大道であり、「本願一実之直道」ともある「道」である。よって「伝道」の意は、大乗の至極である本願他力の大道を伝え弘めることと、解釈することが可能であろう。

さらに存覚が自信教人信の大道を歩まれたことを考察する上には、教学的側面のみならず歴史的背景をも勘案して検討しなければならない。

現代真宗教学から逆観して、第三代覚如上人（以下、覚如）の長男である以上、父子揃って信因称報義を主張すべきにもかかわらず、存覚には真宗義が希薄であったとする評価が存在するかも知れない。覚如の信因称報説を教学的基本に置いた本願寺中心主義は大変成功した感があるが、当時の社会的背景・宗教事情を勘案した際には、本願寺中心主義はかなり偏重した主張であり、事情次第では本願寺が衰退の一途を辿る可能性も充分に孕んでいたの(3)である。事実覚如の後、第四代善如上人以降第七代存如上人までは生活的に困窮を極めたの(4)は周知のことである。

即ち存覚を論述する際には、その歴史的事情・社会的環境などをも検討せねばならず、一概に真宗義の希薄なることのみを論述するのではなく、本願寺存亡の危機にあった時代性にも着目しなければならない。そのような立場にあり、他派・他宗教との会合を図りながら、念仏の大道を宣説されていったのが存覚であったと考察することが可能であろう。

存覚教学の準通的性格は(5)、その生涯の学習過程によるところが大きく(6)、結果的にその性格は真宗護法に貢献したとも考えられよう。つまり親鸞によって開かれた真宗教学を一般仏教的基盤に基づいて考察していかれたのであり、それは現代教学から言えば真宗色が希薄で消極的な説相とも看取されがちである。しかし父覚如の言動や教学が真宗的性格の強いものであったことにより、当時として脆弱な教団は存亡の危機に晒される可能性も存在したのである。くしくも存覚の言行・教学は真宗の独自性を一歩控えた形かも知れないが、準通的で寧ろ一般仏教界には首肯し得るものであったと言えようか(7)。

そこで存覚の伝道とは、大乗至極の念仏の大道を実践することではあるが、その念仏の大道を法然聖人（以下、法然）・親鸞を通した仏教一般教義の上から示していかれたものであり、単に教義教学を伝えられただけではなく、真宗教義が一般仏教教義の中でも普遍的なものであるという論理を述べられたのが彼の伝道と言えよう。

第二章　著述に見える伝道者の側面

存覚の伝道者としての姿は様々の著述において如実に表現されているので、その特徴ある点を摘出して、その姿勢を概観する。

第一節　伝道の基軸

第一項　『持名鈔』二巻について

『持名鈔』はまさに伝道ベースの書物と云え、存覚教学を総合的に網羅している。諸宗との関係に続いて念仏往生義を説き、自ら問答を設定して神明についての見解を述べ、さらに念仏者と諸仏諸菩薩との関係、また信心の本質についての論説を行なう幅広い書である。

特に本巻の冒頭と末巻の結尾に注目すると、

ひそかにおもんみれば、人身うけがたく仏教あひがたし。しかるにいま、片州なれども人身をうけ、末代なれども仏教にあへり。生死をはなれて仏果にいたらんこと、いままさしくこれときなり。このたびつとめずしてもし三途にかへりなば、まことにたからのやまにいりて手をむなしくしてかへらんがごとし。なかんづくに無常のかなしみはまなこのまへにみてり、ひとりとしてもたれかのがるべき。三悪の火抗はあしのしたにあり、仏法を行ぜずばいかでかまぬかれん。みなひとこころをおなじくしてねんごろに仏道をもとむべし(8)

と文頭に著わし、末巻末尾には「師のおしへをたもつはすなはち仏教をたもつなり。師の恩を報ずるはすなはち仏恩を報ずるなり。同行のことばをもちゐてはすなはち諸仏のみことを信ずるおもひをなすべし。他力の大信心をうるひとはその内證如来にひとしきいはれあるがゆへなり。(9)」と仏法に遇うことの難しさ、善知識や同行を大切にして仏恩報謝をすべきであることを説く。

また『歩船鈔』にも見られるように、浄土門に帰依し念仏往生を期すべきであることを説いている。さらに「このゆへに源空聖人このむねをおしへ、親鸞聖人そのおもむきをすすめたまふ。一流の宗義さらにわたくしなし。まことにこのたび往生をとげんとおもはんひとは、かならず一向専修の念仏を行ずべきなり」[10]と法然・親鸞両師の説く「一向専修念仏」を勧めるが、その理由として「ただ浄土の一宗のみ念仏の行をたうとむにあらず。他宗の高祖またおほく弥陀をほめたり。（略）このこころは、もし弥陀をとなふればすなはちこれ十方の仏をとなふると功徳まさにひとし、ただもはら弥陀をもて法門のあるじとすとなり。（略）こころは諸仏の願行この果の名を成ず、ただよくみなを念ずればつぶさにもろもろの徳をかぬとなり。おほよそ諸宗の人師の念仏をほめ西方をすすめることあげてかぞふべからず、しげきがゆへにこれを略す、ゆめゆめ念仏の功徳をおとしめおもふことなかれ。（略）その義しからず、下根のものすくはるべき法なるがゆへにことに最上の法とはしらるるなり」[11]と述べ、諸師も念仏を讃嘆しており、浄土往生の最上の方策であることを伝道するのである。

第二項　『歩船鈔』及び『顕名鈔』について

『歩船鈔』を窺うと、彼の仏教観の基本的姿勢は、特に真宗教義の独自性に重点を置くものではないことが分かる。

例えば「一代の諸教まちまちにわかれて、諸宗の所談格別なり。別なりといへども帰するところの極理は一致なり。いづれも生死をはなれて涅槃を證し、まどひをひるがへしてさとりをうべきがゆへなり」[12]と諸宗の教えは転迷開悟の一点にあるとし、続いて「しかれども機根萬差なるがゆへに仏教また萬別なり。各々有縁の教によりて修行せば、速やかに解脱をうべきなり」と述べ、各宗教義そのものには優劣をつけていない事が分る。ところが我国に流布する十宗について、その教義を概説する箇所に至っては、各宗項目の文末箇所で、易往易修の行を選んで弥陀の本願に帰命して、念仏往生を期すべきであると論述する。即ち真宗によって諸修十宗を統括しようと考えていることに着目しなければならないのである。この『歩船鈔』に顕れた仏教諸宗観が、存覚の教学的姿勢と考察でき、伝道の基盤もこの一般仏教的側面からのアプローチにあると言えよう。

『顕名鈔』においても伝道ベースは同様である。

先ず一代仏教に於いて様々の道があることを認めながら「これみな生死をはなるる要行、菩提にいたる正道なり」[13]と聖道門仏教を肯定するが、その直後の文に「ただ弥陀の一教、浄土の一門のみ、ひとへに末代相応の要行、凡夫出離の直道なり。されば釈尊は安養をさして易往の浄土ととき、龍樹は念仏をもて易行の道と判じたまへり。(略)ひとへに弥陀一仏を称して余の一切の行業をまじへず、もはら名号の一行をたもちてひとすじに極楽をねがふなり。これ弥陀の本願なるがゆへに決定往生の正業なり。」と述べ、南無阿弥陀仏が往生の正因と信じて一向に称名すべきであると説いている。さらにその名号の徳について、名号には滅罪の徳があるので、無善の凡夫でも往生することが出来るのであってそれを他力と言うのだと説く。その他力の本願に乗じて称名念仏すれば、一乗清浄の土に往生し、自然に無生の生を得ると論じる。このように『顕名鈔』に於いても一般仏教を否定することなく、真宗の立場を主張し、称名念仏のみが浄土往生の道であると、一貫した伝道基盤を持っていることが理解できよう。

第二節　伝道方法（与奪の論法）

第一項　『浄土真要鈔』に於ける伝道方法

浄土異流に関する説示について『浄土真要鈔』をもとに存覚の伝道方法を窺うことにする。

まず異流との差別化は、一向専修の正統的な伝統者は親鸞であることを示す努力を見せている。

「いはく諸流の異義まちまちなるなかに、往生の一道にをいてあるひは平生業成の義を談じあるひは臨終往生ののぞみをかけ、あるひは来迎の義を執しあるひは不来迎のむねを成ず。いまわが流に談ずるところこれらの義のなかにはいづれの義ぞや」と往生について設問し、その答釈に於て「親鸞聖人の一流においては、平生業成の義にして臨終往生ののぞみを本とせず、不来迎の談にして来迎の義を執せず。ただし平生業成といふは、平生に仏法にあふ機にとりてのことなり。もし臨終に法にあはば、その機は臨終に往生すべし。平生をいはず、臨終をいはず、ただ信心をうるとき往生すなはち定まるとなり。これを即得往生といふ。[14]」として、親鸞の一義は平生業成の義であって臨終往生ではないことを明らかにされている。

さらにその平生業成の義を解説するのに、善導・法然の教学には念仏の利益に来迎の益があるように説示される箇所があるが、その会通について一往方便再往真実義と云う会釈を行ない、

ただし念仏の益に来迎あるべきやうにみえたる文証、ひとすぢにこれなきにはあらず。しかれども、聖教において、方便の説あり真実の説あり、一往の義あり再往の義あり。念仏において来迎あるべしとみえたるは、みな浅機を引せんがための一往方便の説なり。深理をあらはすときの再往真実の義にあらずとこころうべし。

（略）こころは、浄土と穢土と、そのさかひはるかなるに似たりといへども、まさしく去るときは、一念にすなはち到るといふこころなり。往生の時分一念なれば、そのあひだにはさらに来迎の儀式もあるべからず。[15]

と釈し、来迎の益があると見えるのは未熟の機を誘引するための方便であって、深理をあらわす真実の教えではないと説く、一往方便再往真実義という論法をとるのである。

また一旦他者の論理を認めながらも（与門）その後に自らの論理に帰せしめる（奪門）という与奪の論理を用いて教義を主張することもある。例えば不退転という義について、『浄土真要鈔』末（『真聖全』三・一三二頁）にはその義について問答を設定して、退・不退の論義を展開している。

真宗でいう不退とは、善導の『法事讃』に「蒙光触者心不退」と言い、如来摂取の光益にあずかれば心不退をうるという意味である。また『阿弥陀経』の「欲生阿弥陀仏国是諸人等　皆得不退転　於阿耨多羅三藐三菩提」という語を見れば、現生に於いて願生の信心を起こせば不退にかなうと言い、本願成就文の「即得往生　住不退転」というのは、即ち往生を得るというのは、やがて往生を得ることを意味しているのであるが、文字通り浄土に往生して不退を得るという義を認めないのではない。まさしく往生の後に菩薩の位に於いて論ずるところの位・行・念の三不退をも得て、処不退にも通じることは明らかであると認めながらも（与門）、真宗では「いま即得往生住不退転といへる本意は、證得往生現生不退の密益をときあらはすなり。これをもてわが流の極致とするなり」[16]（奪門）と断言している。

その根拠として『正信偈』の「憶念弥陀仏本願　自然即時入必定」を引文し、即ちとは信心を得るときを示し、必定に入ると云うのは正定聚に住し不退にかなうということであると述べている。

このように存覚の伝道方法として、一往再往義、与奪の論法を挙げることができるのである。

第二項　『決智鈔』について

『決智鈔』の著述目的は、法華宗徒への論難であるが、その中でも前項同様に分別門・開会門の二門に分けて論ずる与奪の論理が用いられている。

法華と念仏とを相対するに、分別・開会の二門あるべし。分別門のときは異なり、（略）開会門のときは同なり、ともに一実の仏智なるがゆへなり。実相と名号とあひはなれず、おなじく仏智一乗なり、（略）おほよそ如来の教法はもとより無二なり、ただ一乗の法のみあり、八万四千の法門をとけるは衆生の根性にしたがへるなり。されば実相円融の法と指法立相の教と、しばらくことなるがゆへに、文にあらはれて一法といはれざれども、実には仏智一乗のほかにさらに余法なし。このまなこをもてみるときは、『法華』の文文句句みな念仏なりとしらるるなり。(17)

このように法華と念仏とを対比する箇所で、分別門の時、実相円融の法と指法立相の教との異があるが、開会門の時は同であり共に一実の仏智であり差別はないと論じている。

加えて与奪の論法を用い、

かの諸経の深理をきくものをのをその機にしたがひて益をうること、在世はいふにおよばず滅後の衆生も上代上根のひとは説のごとく修行してその證をあらはす。たとひ末世の機なりといふとも、利智の人ありて教のごとく行学せば益をうることなかるべきにはあらず。（略）末世造悪の衆生、障重根鈍の凡夫は、現身にさとりをうることかたきがゆへに、この聖道門の修行にたへざらん機のために、いま易行の一道をまうけて他力の往生をしめすなり。(18)

とし、上根の機は直至成仏の門を示して現身に法性の理を得ると一旦は認めて（与門）、その後に、

『大集経』にとくところの五箇の五百年のうち第五の五百年なれば、闘諍堅固の時分なり。『観経』にいへる煩悩賊害の機まさしくいまにあたれり。かるがゆへに時機相応の機につきて、この念仏往生の門をすすむるなり。これ如来真実の所説、諸仏証誠の教法なるがゆへなり。(19)

と、『大集経』に説かれる末法の時代であるが故に、時機相応の教として念仏往生の門をとることが、「如来真実の所説・諸仏証誠の教法」なのである（奪門）と結論しているのである。

すなわち存覚の伝道方法は、他思想に対しては一旦それを認め、正面からは否定することはしないが、次第に文証を挙げて、結論的には念仏一門に帰入させるという形態を取っていることが理解出来よう。

他思想との会合を計るのは、存覚が自ら領解する教義に基づくものか、または真宗教団が未だ確固たる力を持ち得なかったことに起因しているものと見なすのが妥当であろうか。いずれにせよ存覚の与奪の論法が結果的には時代に相応した伝道形態であったと言っても過言ではない。

第三節　他宗教・他思想への伝道

第一項　対法華宗徒

『法華問答』二巻は主として（ア）念仏は無間の業であること（イ）法華以前の教は方便であり得益がないこと

（ウ）出世本懐論について、法華宗徒との対論をもとに説かれた著述である。前述の『決智鈔』では与奪の方法を用いて、法華宗徒に真宗教義を説かれたが、本書にはその論法がさほど見受けられない。

まず（ア）念仏無間であるという論難について。法華宗徒が善導・法然両師の釈を引いて謗法というのは不穏当な主張とする。両師ともに諸行往生を認めているからであるとした上で存覚は、[20]

『玄義』にいはく、「こころによりて勝行をおこすに、もん八万四千にあまれり、漸教すなはち所宜にかなふ、縁にしたがふものは皆解脱をかうぶる。」おなじき『玄義』にいはく、「定散ひとしく廻向すれば、すみやかに無生の身を証す」といへり。定散のほかにいかなる行ありてか不生といはん。『法事讃』にいはく、「如来五濁に出現して、随宜に方便して群萠を化す。あるひは多聞をときてしかも得度せしめ、あるひは少解をときて三明を証す。あるひは福慧ならべてさはりをのぞくとをしへ、あるひは禅念して坐して思量せよとをしふ。種々の法門みな解脱すれども、念仏して西方にゆくにすぎたるはなし」といへり（略）

と述べ、念仏も法華のような行において仏になることを認めており、法華を謗法しているのではないと述べる。また同様に、法華と弥陀は全く一体異名なのであるから、法華を信ずるものは専ら弥陀を尊ぶべきであるし、弥陀を信じる人は最も法華を尊ぶべきである（『真聖全』三・二八九頁）と説く。

つぎに（イ）（ウ）は同意趣の問題と把えられる。法華以前の教は方便であって得益がないとする法華の論理を認めるならば、浄土の『観経』は法華以前の教であるか否かが問題になる。

（イ）の法華以前は方便であるという論点については、存覚は『法華』と『観経』は同時の説であり、『観経』同時という事実は『善見論』にも『涅槃経』にもその根拠の文があり、明確な事実であるというのが存覚の主張である。

すなわち『法華経』は釈尊七十二歳に説かれ始めたが、その時阿闍世は『法華経』の序分の聴衆に加わっている。そしてその時点では真実の説を聞かないうちに逆害を発してしまう。逆害以後八年間は釈尊のもとに行かなかったが耆婆の勧めにより、釈尊入滅の三ヶ月前に漸く釈尊のもとに行き救われていくということである。このことは阿闍世が聴衆であった時点では、未だ『法華経』が完成されていなかったことになり、逆害を発したのは『法華経』序分の後と言うことになる。そこで『法華経』と『観経』は同時ということになると存覚は説いている。[21]

また（ウ）出世本懐の経については、「出世の本懐かぎりて『法華』にあり」[22]の文証として「方便品」の「一大事の因縁のゆへに世に出現す」という文をあげて、浄土三部経の中にはこのような出世本懐を示す文がないではないかと論難されているのだが、これに対して、浄土教を出世本懐という証明の文は多く、『阿弥陀経』『法事讃』や恵心の『小経略記』、『称讃浄土経』『秘密四蔵経』『無量寿経』下巻などで明白であると反論する。浄土教は釈尊の悦予・微笑が示すように出世本懐の相を表現するのであり、それのみならず、十方恒沙の諸仏の護念証誠があり、何よりもまして重要な出世本懐の証拠であろう。およそ諸仏の出世は重苦の衆生を救わんが為なのであるから、浄土教が出世本懐の教であると存覚は論述しているのである。[23]

法華宗徒に対して、念仏者の立場を明確に打ち出し自宗の出世本懐論を展開したことは非常に意味のあることであり、爾後の真宗念仏者に指針を示すものであったと言えよう。

第二項　神道に対する伝道姿勢

『諸神本懐集』(『真宗全書』四八巻所収)について、[24]存覚の伝道姿勢は、まず第一に諸神はその本地を尋ねれば、極果の如来深位の大士であり、仏法興隆の本誓に催されて利益衆生の悲願に住して、かりに神明のかたちを現わしたのであると論じている。しかし最後にはその本地はそれぞれ異なるけれども結局はみな弥陀一仏におさまるので、弥陀一仏に帰依すれば自ずから仏菩薩に帰依したてまつることになるのであると、本地である阿弥陀一仏に帰依することを勧めている。

第二に邪神に仕えれば福を得ずして、かえって禍を招くと誡めて、実社の神は全部排斥すべきであると示している。

第三にその本師本仏である弥陀に帰依すれば、神明も慶讃することになるとして、専修念仏の者は神を敬う者であると論述して、念仏者は権社の神を認め敬う者であることを力説している。存覚の神道についての記述は、仏教と神道との交渉について考察せざるを得ない日本の宗教事情において大変重要な意味を持つものである。この説示は真宗の内外を問わず神道についての見解の一指針となったことは明確であり、その意味においても一つの道筋を明らかに伝道されたと言えよう。

第三項　道徳について

専修念仏の行者は反道徳的であるという批難が存在したことは、法然・親鸞時代の法難からも理解出来ようが、[25]この念仏者と道徳との関係に対して、『観経』や『大経』『心地観経』『梵網経』を引用して、道徳の基本的概念である孝養父母と奉事師長について論説している。

即ち『報恩記』に於て、生前は孝順を心がけて養育の力を励み、亡き後は追善を本として報恩のつとめを行うべきであるとし、『観経』に三福の業因を表わし「三世の諸仏の浄業の正因なり」と云っているように、孝養父母はその中の一つであり、専修念仏の行者も務めないわけではないと述べ、(26)念仏者も道徳を大切にするものであることを論じている。

また奉事師長も三福の随一として、『梵網経』に説かれるように父母に孝養するのも師長に奉事するのも共に孝行であると言う（『真聖全』三・二七一頁）。即ち「生前にもとも尊重頂戴のこころざしをぬきんで没後にも殊に追修追善のつとめをいたすべきなり」(27)と述べ、その追善の行為には念仏が最もかなっているのであると示し、最終的には念仏に帰結することを勧めている。そして現世の祈禱よりも念仏の功力にすぐれたものはなく、阿弥陀如来の利益が最高のものであると結論付けているのである。

次に同趣旨の著述に『至道鈔』が存在する。

（ア）父母の菩提のために仏事を修する功徳のすぐれたる事

（イ）道場をかまへて念仏を勤行すべきこと

以上の二箇条に分って念仏者と道徳の関係を論じるものである。

例えば『至道鈔』（『真聖全』五・二五五～二五七頁）には、玄奘三蔵の『斗数の記』にある例話を用いて、釈迦如来の因行も孝養の勤めを専らにし、弥陀如来の大悲も孝養のこころざしを表わすものであると述べていることが分かる。

その他『十王経』に基づく中有の追善仏事の例話を用いて「念仏の行者は信心をうるとき横に四流を超断し、この穢身をすつるとき、まさしく法性の常楽を證すれば、十王のまへにいたるべきにあらず」（『真聖全』五・二六五頁）と、念仏者の利益をあげ、さらに加えて、恩をいただき恩を報ぜなければ冥加もなく、徳を謝すれば我が福分となるので、いくら真実念仏の行者と云っても報恩のつとめをおろそかにすることはないようにと説諭している。

次に（イ）の箇所では道場を構えて同行を集めて念仏を行うべきであり、念仏は無上の功徳があるので諸仏も歓喜される。自利利他の願行円満し自他平等の利益を獲得するのであると説示している。

一方『破邪顕正抄』下巻の道徳的側面について論ずる条では、念仏行者の反道徳的行為について「もし万が一にかくのごときの非法をいたすひとあらば、すみやかに交名をせざるべし、こともし実ならば、すでに仏法破滅のともがらなり、これ放逸邪見のたぐひなり、はやく門徒を追放すべし。[28]」などと誡めるが、他方では「しかるに弥陀如来は五劫思惟の本願深重超絶にして諸仏にすぐれ、兆載永劫の修行不可思議にして群生を利しまします。たとひ十悪・五逆・四重・謗法・闡提・破戒・破見等の罪人なりといへども、廻心念仏すればこれをもらさず、至心身語湯すればかならずこれを度したまふ。[29]」として、念仏すれば一人ももらさず皆救いましますと論じており、念仏者の反道徳的行為を超越した如来の救いを宣説するのである。存覚の結論は、末代無智の凡夫は五欲を起してしまうのが日常の生活であり、このような機は阿弥陀如来の法によってのみ生死を出ることが出来るのであるから、一心に帰依し、一向に勤修すべきである。如来の大悲は罪人に向けられたものであると如来の救済の大道を説くのである。

第四項　女人往生について

『女人往生聞書』には、『大経』で第三十五願を別に建立して誓われた仏意を思い、『観経』によって韋提希夫人のように自己の罪深いことを知らせ、その凡夫が喜・悟・信の三忍を得て、『小経』に説かれる念仏の善女人に列なっていくことを説かれている。また、

されば如来の慈悲は惣じて一切の衆生にかうぶらしむれども、ことに女人をもてさきとし、浄土の機縁はあまねく十方の郡類にわたるといへども、もはら女人をもて本とせり。このゆへに天竺・震旦・わが朝、三国のあひだに弥陀を念ずる女人、往生をとげ阿毘跋致の菩薩となること、伝記等にのせてかずをしらず。しかればこのたび女身をあらためてかならず仏道をならんとおもはんひとは、ひとへに超世の本願をたのみて一心に弥陀の名号を称すべきものなり。(30)

と、如来の救いは「女人をもて本とせり」と女人往生について明示し、その為には本願を信じ念仏を称することが肝要であると論述している。

釈尊の時代より、仏教では女人の出家問題は様々論議されてこられたが、女人往生についての論究は、存覚当時の仏教界にあっては稀少なことであろう。現代社会に至って漸く女性の地位が確立されつつあると言えようが、往時において女性観について論じていることには大変興味深いものがある。仏の下に男女の差別なき救済観を示したことは、伝道者としての一面である。

第五項　本尊の銘文などの筆

存覚は四十五歳頃より晩年にかけて、諸人の求めに応じて本尊の銘文や讃などを多く揮毫し残されている。

光明本尊の銘文（四十五歳）・『教行信証』の延書本（五十四歳）・真桑明圓の本尊に銘（六十五歳）・開田證信房の本尊に銘（六十五歳）・遠野性空房宛（六十五歳）など多数で、特に六十五歳以降八十四歳で亡くなるまでの間、多くの銘文などを作られた。銘文や讃などの染筆も、願主に対する文書伝道とも考えられ重要な伝道である。

第三章　結　論

存覚の伝道は、真宗教義を法然浄土教の一流と位置づけ念仏往生義を説くものであり、他宗との教学的優劣を直ちに決定付けずに、浄土門に帰し念仏往生を求めるべきであるという主張によって諸宗を統合したと言ってもよい。またその手法は与奪の論法を用いることにより、端緒より好戦的・排他的な論を立てない。一旦は他者の優れていると力説する点を許容した上で、それと同様の位置にまで念仏思想を高めていくという巧みな論法をとっている。これは例えば浄土門内の異流に対しても然り、特に法華宗徒などに対してはこの論法を散見することが出来る。彼の著述の多くは願主に応求して著作されたという特徴が存在するが、いずれの著述においても仮名文字の多用された、大変親しみ易い説相である。

また存覚の伝道対象は、仏教教団のみならず道徳の分野にまで及び、神道や女人往生への説示などは、後世の神道や女人に対する立場や対応に莫大な影響を与えたとしても過言ではないであろう。

晩年の七十一歳頃に著述された『六要鈔』は、その著述全体を法然浄土教の一流としての親鸞教学という立場を貫いており、『教行信証』最初の解説書として、現在もその念仏思想を伝道するものであって、学ぶべき点は少なくはないのである。

このような存覚の伝道は、当時の時代背景・社会的事情のもとに、実践されてきたものであって、その考察には、常にその根底に着目せねばならないであろう。

真宗教団の創生期にあって存覚は、従来他宗の寓宗的地位とみなされていた念仏を、[31] それらの宗旨の最高の思想と同等の如くに高めていかれたのであり、その点に存覚の尊高なる伝道性が存在するのである。またその教学は著述を通して表現され、同時に著述に見られる教学的傾向そのものに彼の伝道性を窺えると言えよう。

他方存覚には次の如き論述が存在するかも知れない。

たといそれが法華教徒との対論の場における弁明・教誡・誘引的論法であったとしても、存覚に欠けているものは転宗者意識であり、加わっているのは教団擁護の要請という意識である。[32]

との論述も存在するようである。

現代の強固な真宗教団から逆算して存覚の業績を語るとそのような批判が生じるかも知れないが、往時の教団の状況を客観的に見れば、存覚こそ真宗のとり得るべき道を正確に歩んだ者と考察出来まいか。くしくも覚如の本願寺中央集権的態勢は、関東の門弟の発言力が強固であり、かつ他宗の影響を直接的に受けやすい時代においては受容され難いことであった。そのことは第四代善如以降第七代存如までの本願寺の困窮、それに対する仏光寺の繁栄を見るまでもないであろう。

存覚の教学から派生する伝道は、文字通り親鸞の「信巻」に示される「大般涅槃無上之大道」であり「本願一実之直道」であった。

存覚はその後の真宗教団にその教学的功績をもって伝道されたとも言えるし、その伝道姿勢は現代の我々に対しても一つの大道を伝えているのである。

註

（1）布教ではなく伝道という語を用いた意図は、文字通り真宗の教説を説かれたことのみではなく、一つの道を伝えられ今も伝えられておられるのではないかという意図が存在するのである。

（2）『真宗聖教全書』第三巻、歴代部（大八木興文堂刊）（以下『真聖全』三と記す）一一二頁

（3）教団外部との関係においては、真宗教団の脆弱さは御廟所から寺院化した頃に目立ってくる。一例を挙げると、御廟所は妙香院門跡支配の山門の支流であったが、正和元年（一三一二）の夏、法智の発起により『専修寺』の額を一旦掲げたが、比叡山から一向専修は往古より停廃されているので不可として破却された事件がある。また教団内部の問題としては、嘉元元年（一三〇三）九月鎌倉幕府は一向衆と号し群をなして諸国を横行する念仏者を禁制した。この時唯善は幕府に働きかけ、親鸞門徒は在家止住の土民で、諸国遊行の一向衆とは異なると申し立てて、真宗布教が許可されたことを機会にして、自らの立場を有利にしようとしたことも、覚如の立場が弱体的なものであったことを意味するものであるし、加えて延慶三年（一三一〇）秋頃に、和田寂静の要請によって十二ヶ条の懇望状を提出したと『存覚一期記』には記されている。懇望状とは起請文であって、門弟の要求を全面的に受け入れることを誓ったものであって、その当時の教団の内部に対しての弱さも見えて来る。さらに寺院に本尊の安置は必須であるが、当時覚如は門弟の反対にあって阿弥陀木像を御堂の中心に置くことが出来ず、覚如筆の十字名号を安置せざるを得なかったことも挙げられよう。

（4）本願寺の貧困については、覚如が本願寺を御廟所から一般寺院化したことが原因で、東国門徒と対立し関東から上洛参拝する門徒も少数になり、経済的に困窮したのである。事実正和三年（一三一四）の年末には、年越しの費用もなく、法智から燈明料五貫文を送って貰って漸く越年したと記録されている。（『初期真宗の研究』宮崎圓遵著、一八四頁）

（5）梅原眞隆氏の表現による。
（6）重松明久氏の『覚如』（昭和四六年、吉川弘文館）一五～二九頁参照。
学習の過程のみが準通的性格をもたらすならば、覚如上人も天台・法相・三論・浄土系多念義や一念義で学んだので、同様の過程をたどっていてもよさそうだが、父子でかなりの真宗理解に差異が見られる。
（7）このような見解は、現代教学から逆観した見解であり、存覚自身が自らを準通的・一般的仏教的であるなどとは考えていなかったであろう。
（8）『真聖全』三・九一頁
（9）『真聖全』三・一〇八頁
（10）『真聖全』三・九五頁
（11）『真聖全』三・九七頁
（12）『歩船鈔』本（『真聖全』三・二三一頁）
（13）『真聖全』三・三三〇頁
（14）『真聖全』三・一二三頁
（15）『真聖全』三・一四二頁
（16）『真聖全』三・一三四頁
（17）『真聖全』三・二〇九～二一〇頁
（18）『真聖全』三・一八九～一九〇頁
（19）『真聖全』三・一九〇～一九一頁
（20）『真聖全』三・二九五頁
（21）『真聖全』三・三一六頁～三一九頁
（22）『真聖全』三・三二一頁
（23）『真聖全』三・三二三頁
（24）『龍谷大学論叢』二四二号所収「存覚上人著書解題」の「諸神本懐集」の項目、及び「存覚上人の教義」（梅原

眞隆氏)、また「諸神本懐集」(玉置韜晃氏)にも神道関係の論述が存在する。
(25) 例えば『興福寺奏状』解脱房貞慶などもその一である。
(26) 『真聖全』三・二五六頁
(27) 『真聖全』三・二八〇頁
(28) 『真聖全』三・一七七頁
(29) 『真聖全』三・一七八頁
(30) 『真聖全』三・一一七頁
(31) 例えば『破邪顕正抄』などを見れば明白である。
(32) 「親鸞聖人・存覚上人の法華経に対する態度」嬰木義彦氏(『真宗学』四四)

＊参考文献(抄出)

『初期真宗の研究』宮崎圓遵著　昭和四六年　永田文昌堂
『覚如』重松明久著　昭和四六年　吉川弘文館
『真宗聖典講讃全集　第七巻　存覚上人之部』　昭和五一年　国書刊行会
『本願寺』井上鋭夫著　昭和五一年　至文堂
『本願寺年表』　昭和五六年　本願寺史料研究所
『伝道要義』中央仏教学院編　平成六年　本願寺出版社

＊参考論文(抄出)

・「女人往生聞書」「浄土真要鈔」「破邪顕正鈔」「法華問答」「存覚法語」
以上は『六条学報』二〇〇所収
・「存覚上人年譜」「存覚上人著書解題」「存覚上人識語集」「存覚上人の教義」
以上は『龍谷大学論叢』二四二所収　大正一一年
・「親鸞聖人・存覚上人の法華経に対する態度」嬰木義彦氏『真宗学』四四　昭和四六年三月

- 「存覚における悪人正機説の展開」矢田了章氏　『真宗学』七七　昭和六三年二月
- 「存覚の法華問答」村上宗博氏　『親鸞教学』五九　平成四年一月
- 「存覚教学の研究」林智康氏　『宗教研究』七五巻　三三一（四）　平成一四年三月
- 「存覚の伝道」高山秀嗣氏　『宗教研究』七六巻　三三五（四）　平成一五年三月
- 「存覚における教学的特徴〜『持名鈔』『女人往生聞書』『破邪顕正鈔』について」普賢保之氏　『龍谷大学論集』四六二　平成一五年七月
- 〈覚如の伝道〉研究ノート　高山秀嗣氏　『真宗研究会紀要』三五　平成一五年三月
- 「伝道」と「自信教人信」の関係　長岡岳澄氏　『宗学院論集』八一　平成二一年三月
- 「存覚と錦織寺」北村文雄氏　『真宗学』一二三・一二四　平成二三年三月

覚如と存覚における善知識観

眞城信

【はじめに】

覚如と存覚に関する研究において、従来、大きく注目されてきた問題の一つに、父覚如と長子存覚との確執の問題がある。覚如は、元亨二年（一三二二）と康永元年（一三四二）の二度に亘り、長男存覚を義絶している。

両者の教学的な違いは、従来、覚如が、本願成就文を根底にした信心正因称名報恩義という信心為本の教学体系を確立したのに対し、存覚は、因願を主とした念仏為本の教説、いわゆる行信不二をふまえた上での他力の称名念仏の開顕に努めたとする見方が一般的である。これまで、両者の対立の背景には、法義上の対立に加えて様々な複数要因も論じられてきたが、その中でも看過できないものに、存覚による仏光寺教団との密接な関係がある。

覚如の著した『改邪鈔』は、当時の仏光寺教団を、その批判の主な対象としている点が多々見受けられるが、その仏光寺教団の実質上の理論指導者が長男存覚であったことは、覚如においても周知の事実であった。

『改邪鈔』において、覚如が邪説として批判する事柄は二十箇条に上るが、重松明久氏は、『中世真宗思想の研究』（二〇五頁）の中で、これを次の四部門に分類されている。

（イ）対寺院観（第十二条・第十三条）

（ロ）門徒間の風儀・言語に関するもの（第三条・第十条・第十三条・第十四条・第十六条）

（ハ）知識と門徒との関係（第一条・第二条・第四条・第五条・第六条・第七条・第八条
第九条・第十八条）

（ニ）念仏思想（第十一条・第十五条・第十七条・第十九条）

この中、本論において注目したいのは、二十箇条中、実に約半数に上る九箇条において批判が展開されている知識と門徒との関係である。

仏光寺教団には、了海作とされる『還相回向聞書』と『他力信心聞書』という知識帰命の異義が展開される談義本が相伝書として伝えられていた。(1) しかし、それにもかかわらず、仏光寺教団の理論指導者であった存覚の著作の上には、覚如のように積極的に知識帰命説を正そうとする姿勢が確認できないばかりか、善知識について非常に知識帰命説に近い表現を取る場合も窺えるのである。

本論では、初期真宗教団において大きな問題の一つとなっていた善知識観に焦点を当て、覚如と存覚、同時代に生きた両者の善知識観が、どのように関わり、どのように展開されているのかを窺う中で、二度の義絶にまで至った両者の思想的対立の一端を明らかにしていきたい。

一、覚如における善知識観

㈠善知識重視の背景

まず『改邪鈔』を記し、仏光寺教団における知識と門徒との関係を批判した覚如において、善知識というものがどのように捉えられ、具体的に何を問題にしようとしていたかについて窺っておきたい。

覚如は、『改邪鈔』以外の著述においても善知識について多く言及しているが、それらを列挙すると次のものがある。

「しかるに宿善開発する機のしるしには、善知識にあうて開悟せらるるとき、一念疑惑を生ぜざるなり。」

【口伝鈔】（『真聖全』三・四頁）

「しかればその名号をきくといふは善知識に開悟せらるる時分なり。問。いまの文になんぞ名号をとなふといはずして聞といふや。こたふ。名号をとなふる功をもて往益を成ずべからず、聞といふは善知識にあふて本願の生起本末をきくなり。」

【願願鈔】（『真聖全』三・四七頁）

「聞其名号といふ聞は、善知識にあふて如来の他力をもて往生治定する道理をききさだむる聞なり。」

【最要鈔】(『真聖全』三・五一頁)

「黒谷の聖人より本願寺の聖人相承しましますところの報土往生の他力不思議の信心を、善知識ありて、つたへときてさづくるを、行者ききうるによりて、文のごとく一念歓喜のおもひおこるにつきて、往生たちどころにさだまるを、正定聚のくらゐに住すともいひ、・・・・・」

【本願鈔】(『真聖全』三・五五頁)

「真実の信心にはかならず名号を具すといふは、本願のをこりを善知識のくちよりききうるとき、弥陀の心光に摂取せられたてまつりぬれば、摂取のちからにて名号をのづからとなへらるるなり。」

【本願鈔】(『真聖全』三・五六頁)

これらの説示は、覚如においても、善知識が非常に重要な位置を占めるものであることを表すものであるが、真宗義において最も重要な「聞」を釈するについて、そこに善知識の働きを特に強調していくのは、親鸞と比較して、覚如の特徴的な説示であるといえる。この点については、村上速水氏が、教団の確立を企図し、自ら宗主となろうとした覚如の姿勢の表れであることを指摘されている。(2) 確かに覚如は、三代伝持の血脈と口伝による師資相承を主張し、自身が最も正統な第十八願の法脈を受け伝えるものであることを強調しており、この指摘は当を得たものといえるであろう。

しかし、それは、単に伝道上の手法として強調されただけではなく、同時に教義的な裏付けもなされていることにも注目しておきたい。この点について、次の『執持鈔』の文に注目したい。

「このたびもし善知識にあひたてまつらずは、われら凡夫かならず地獄におつべし。しかるにいま聖人（源空）の御化導にあづかりて、弥陀の本願をきき摂取不捨のことわりをむねにをさめ、生死のはなれがたきをはなれ、浄土の生れがたきを一定と期すること、さらにわたくしのちからにあらず。たとひ弥陀の仏智に帰して念仏するが地獄の業たるを、いつはりて往生浄土の業因ぞと聖人授けたまふにすかされまゐらせて、われ地獄におつといふとも、さらにくやしむおもひあるべからず。そのゆへは、明師にあひたてまつらでやみなましかば、決定悪道へゆくべかりつる身なるがゆへにとなり。しかるに善知識にすかされたてまつりて悪道へゆかば、ひとりゆくべからず、師とともにおつべし。さればただ地獄なりといふとも、故聖人のわたらせたまふところへまひらんとおもひかためたれば、善悪の生所わたくしの定むるところにあらずといふなりと。これ自力をすてて他力に帰するすがたなり。」（『真聖全』三・三八頁）

この文が、『歎異抄』第二条を承けたものであることは、文脈からも明らかなところであろうが、注目すべきは、親鸞が法然の教えに随順する姿を「自力をすてて他力に帰するすがたなり」と結んでいる点である。これは、『改邪鈔』の第十九条にも、「知識伝持の仏語に帰属するをこそ、自力をすてて他力に帰するともなづけ、また即得往生ともならひはんべれ。」（『真聖全』三・八八頁）といった同じ趣旨の主張が見られる。『執持鈔』は、存覚義絶四年後の嘉暦元年（一三二六）に著された三代伝持説の先駆をなすものであり、善知識を強調した初めの書といってもよいであろう。

ここで覚如は、親鸞が法然の教えに随順する姿の上に「自力をすてて他力に帰するすがた」、つまり、それは、『改邪鈔』には、「即得往生ともならひはんべれ」とあるように、現生において正定聚に入る他力の信心を得た姿を捉えているのである。三代伝持説は、覚如自らが正統な第十八願の法脈を受け伝える者であることを主張するものであるが、その前段階として、覚如は、法然と親鸞の関係の上に、善知識からの口伝が、親鸞教義の上にはなくてはならない重要なものであることを『歎異抄』の説示の上に捉えていたといえよう。

すなわち、覚如における聞を釈するについての善知識強調の姿勢は、親鸞の往生後に成立した『歎異抄』の説示を承けた覚如が、教義的にその重要性を確認した上で主張したものであり、単に宗主になろうとした覚如の自己意識からのみ主張されたものではないことに注意されなければならない。

(二)『改邪鈔』における問題意識

それでは、次に、法義上においても善知識を重視していた覚如において、具体的に『改邪鈔』で善知識のどのような点を問題としているのかを窺っていきたい。『改邪鈔』には、二十箇条中、九箇条に亘って、善知識に関わる批判が展開される。その九箇条の標題は、次のものである。

一、　今案の自義をもって名帳と称して、祖師の一流をみだる事。　（『真聖全』三・六四頁）

二、絵系図と号しておなじく自義をたつる条謂なき事。（『真聖全』三・六六頁）

四、弟子と称して同行等侶を自専のあまり放言、悪口すること、いはれなき事。（『真聖全』三・六八頁）

五、同行を勘発のとき、あるいは寒天に冷水を汲みかけ、あるいは炎旱に艾灸をくはふるらのいはれなき事。（『真聖全』三・六九頁）

六、談義かくるとなづけて、同行・知識に矛盾のとき、あがむるところの本尊・聖教を奪ひ取りたてまつる、いはれなき事。（『真聖全』三・六九頁）

七、本尊ならびに聖教の外題のしたに、願主の名字をさしおきて知識と号するやからの名字をのせおく、しかるべからざる事。（『真聖全』三・七〇頁）

八、わが同行ひとの同行と簡別して、これを相論する、いはれなき事。（『真聖全』三・七一頁）

九、念仏する同行、知識にあひしたがはずんば、その罰をかうぶるべきよしの起請文をかかしめて、数箇条の篇目をたてて連著と号する、いはれなき事。（『真聖全』三・七二頁）

十八、本願寺の聖人の御門弟と号するひとびとのなかに、知識をあがむるをもて弥陀如来に擬し、知識所居の當體をもて別願真実の報土とすといふ、いはれなき事。（『真聖全』三・八四頁）

第一条と第二条とで批判が展開される名帳と絵系図は、了源によってはじめられ、仏光寺教団発展の主要因となっていたものである。覚如は、名帳について、「『名帳勘録の時分にあたりて、往生浄土の正業決定する』なんどばし、ききあやまれるにやあらん、・・・・こと実ならば付仏法の外道か」（『真聖全』三・六四頁〜六五頁）と批判し、絵系図については、「祖師・先徳のをしへにあらざる自義をもって諸人の形体を安置の条、これ渇仰のためか、これ妄慕のためか、不審なきにあらざるものなり」（『真聖全』三・六六頁）と批判している。しかし、近年の研究において、この名帳と絵系図については、教団の秩序の維持と門徒間の結束の強化を目的として制作されたものので、覚如の批判が当を得ていないことが指摘されている。(3)

次に第四条～第九条で批判されている内容を窺うと、そこに共通するのは、いずれもが集団の中で善知識が中心となり、門徒を支配的に統率していく点にあるといえよう。第八条や第九条では、その点を宿縁や宿善の語をもって批判している。

「かつはまた宿善のある機は正法をのぶる善知識に親しむべきによりて、まねかざれどもひとを迷はすまじき法灯にはかならずむつぶべきいはれなり。・・・・・一旦の我執をさきとして宿縁の有無をわすれ、わが同行ひとの同行と相論すること、愚鈍のいたり、・・・・・」（『真聖全』三・七二頁）

「違変すべからざる儀において、厳重の起請文を同行に書かしむること、かつは祖師の遺訓にそむき、かつは宿縁の有無をしらず、無法の沙汰に似たり。」（『真聖全』三・七三頁）

ここにあるように、善知識が「わが同行ひとの同行」と門徒を支配的に統率しようとすることや、門徒に起請文を書かせることは、宿縁や宿善というものを心得ていないからだと批判している。宿縁については、親鸞が『教行信証』の総序で「遠慶宿縁」（『真聖全』二・一頁）と述べ、宿善については、後に蓮如が「宿善めでたしというはわろし。御一流には、宿善有難と申すがよく候」(『真聖全』三・五九〇頁)と述べられるように、これらは、私自身を仏法に導いた因縁、さらにいえば、仏法に導かれた上で味わう如来の働きそのもののことを示している。

つまり、覚如は、善知識が中心となり門徒を支配的に統率するについては、如来の働きを無視し、仏法に導かれたことをまるで善知識の手柄であるかのように主張することを問題にしているといえよう。その相は、親鸞の御同朋・御同行の精神からかけはなれた、如来の本願中心ではなく、善知識の我執が中心となった非常に閉鎖的な集団として覚如の目に映っていたに違いない。覚如が名帳や絵系図の批判に至ったのも、それらの背景に、このような善知識を中心とする閉鎖的な集団を認めていたからであろう。

(三)覚如の知識帰命説批判と存覚の説示

このような善知識の我執が中心となって組織される集団の根本的な問題が、第十八条で批判が展開される知識帰命説である。知識帰命説とは、『改邪鈔』第十八条にあるように、凡形の知識をもって三十二相の仏体と定め、知識のほかは別の仏なしと主張していくものであるが、覚如の批判の意図を窺うについて、注目したいのが、次の『改邪鈔』第十八条の結びの文である。

「ただ実語を伝へて口授し、仏智をあらはして決得せしむる恩徳は、生身の如来にもあひかはらず、木像ものいはず経典口なければ、伝へきかしむるところの恩徳を耳にたくはへん行者は、謝徳のおもひをもつぱらにして、如来の代官と仰いであがむべきにてこそあれ、その知識のほかは別の仏なしといふこと、智者にわらはれ愚者を迷はすべき謂これにあり。あさまし、あさまし。」

（『真聖全』三・八六頁）

この一文と対応するものが、存覚の著述の上に認めることができる。それが、次の『持名鈔』の一文である。

「これすなはち木像ものいはざればみづから仏教をのべず、経典くちなければてづから法門をとくことなし。このゆへに仏法をさづくる師範をもて滅後の如来とたのむべきがゆへなり。」

（『真聖全』三・一〇七頁〜一〇八頁）

この二つの文を併せ見る時、覚如の批判が、明らかに存覚の主張を前提としていることが窺えよう。すなわち、覚如の「木像ものいはず経典口なければ、伝へきかしむるところの恩徳を耳にたくはへん行者は、」との説示は、存覚の「木像ものいはざればみづから仏教をのべず、経典くちなければてづから法門をとくことなし」との説示を受けていることが推察されるし、それに続く覚如の「如来の代官と仰いであがむべきにてこそあれ、・・・」との批判の矛先が、同じくそれに続く存覚の「このゆへに仏法をさづくる師範をもて滅後の如来とたのむべきがゆへなり」という知識帰命説に限りなく近い表現に向けられていることも窺われるところである。存覚は、この文に続いて後にも「かるがゆへに師のおしへをたもつはすなはち仏教をたもつなり、師の恩を報ずるはすなはち仏恩を報ずるなり。同行のことばをもちゐてはすなはち諸仏のみことを信ずるおもひをなすべし。」（『真聖全』三・一〇八頁）と非常に知識帰命説に近い表現を展開させており、それが、覚如の「その知識のほかは別の仏なしといふこと、智者にわらはれ愚者を迷はすべき謂これにあり。あさまし、あさまし。」という痛烈な批判に繋がっている所以であろう。

【はじめに】でも触れたように、仏光寺教団には、『還相回向聞書』と『他力信心聞書』という知識帰命説が展開される談義本が相伝書として伝えられていた。梯実圓氏は、これに関連して「自派の相伝書として門弟に授与していた仏光寺了源にも、知識即仏と見る思想があったとしなければなるまい」と指摘されている。(4)覚如は、このような了源を中心とする仏光寺教団の知識帰命説の主張と、そこから派生する知識による閉鎖的な集団組織は、存覚による理論指導に支えられているものだと考えていたのではないだろうか。

これは、先の第一条、名帳を批判する中にもその一端を窺うことができる。『改邪鈔』第一条では、名帳に関連して、師資相承の血脈をたてることについて、次のような批判が展開される。

「しかれば血脈をたつる肝要は、往生浄土の他力の心行を獲得する時節を治定せしめて、かつは師資の礼をしらしめ、かつは仏恩を報尽せんがためなり。かの心行を獲得せんこと、念仏往生の願(第十八願)成就の「信心歓喜乃至一念」(大経・下)と等の文をもつて依憑とす。このほかいまだきかず。」(『真聖全』三・六四頁)

この文と存覚による『破邪顕正抄』第十六条の次の文とを併せてみてみたい。

「弥陀の本願をきくによりてすでに往生の信心をたくはふ、きくことをうるは知識の恩なり、なんぞ知識をあふがざらん。これをあふがばむしろ血脈なからんや。このゆへに『大経』（巻下）のなかには、「遇善知識聞法能行」ととけり。知識にあひて法をきかばその義相承なり。」

（『真聖全』三・一八一頁）

この存覚の文は、「あながちに知識をあふいで師資相承をたつべからざるよし」という邪義に対して、正義を顕わそうとしたものであるが、存覚は、ここで、往生の信心を獲得し聞を得ることは、知識の恩であるとし、『大経』（巻下）の「遇善知識聞法能行」の文を拠り所として、知識を仰いでいくところに師資相承の血脈が成立することを主張している。これに対して覚如の『改邪鈔』の文は、血脈をたてる肝要は、往生の信心を獲得する時節を治定せしめて、師資の礼を知らしめ仏恩を報尽せんがためであると批判し、その批判の拠り所として、『大経』（巻下）の第十八願成就文を示している。

ところで、名帳の序題の文には、血脈に関して次のように触れられている。

「ココニ和朝ノ高祖源空聖人ヨリコノカタ、モハラ一流ノ血脈ヲツタヘテ、一宗ノ相伝ヲタツルアヒタ、同心ノ行者ヲモテコノ名帳ニノスルトコロナリ。シカレハコノ名帳ニツラナルヲモテ一念発起ノハシメトシ・・・・・」

（『真宗史料集成　第四巻』五七六頁）

覚如が名帳を批判する主な内容は、「『名帳勘録の時分にあたりて、往生浄土の正業決定する』なんどばし、ききあやまれるにやあらん」というものであるが、それは、おそらく、この名帳序題の文にある「コノ名帳ニツラナルヲモテ一念発起ノハシメトシ」という主張をおさえてのことであろう。しかしながら、血脈に関しては、「モハラ一流ノ血脈ヲツタヘテ、一宗ノ相伝ヲタヲツルアヒタ」とあるだけで、覚如による批判の矛先になるような詳細な主張は認めることができない。それにも関わらず、覚如が、名帳を批判する中で、血脈についても詳しく批判を展開するのは、名帳制作の背後に、血脈をたてるについての存覚の主張を認めていたからではないだろうか。

すなわち、存覚が、往生の信心を獲得し聞を得ることは、「知識の恩」であり、その知識を仰いでいくところに血脈が成立すると主張する点をおさえて、血脈をたてる肝要は、「知識の恩」を仰ぐところにあるのではなく、それは、つまるところ「師資の礼を知らしめ、仏恩を報尽せんがため」という点にあることを主張し、また、存覚が『大経』巻下の「遇善知識聞法能行」の文を依拠として示すところを、同じ『大経』巻下の中の第十八願成就文を依拠の文として示し、批判したものであろう。特に、依拠の文を示すについて「このほかいまだきかず」と厳しい一言を添えているのは、明らかに他の主張を意識したものであり、それは、存覚の主張以外には見当たるところはないといえる。

ちなみに、梯實圓氏は、名帳の序題の文の内容や、覚如の『改邪鈔』での批判の文言等から、名帳の序題の文の作者が、存覚であることを指摘されている。(5)

以上のように、覚如は、『歎異抄』を拠り所として、法義の上から善知識の働きを重視し、本願寺教団確立の上からも、それを強調していくが、その一方で、仏光寺教団による善知識を中心とした組織形態を厳しく批判していく。その批判の主たる内容は、知識帰命説を根源とした善知識の我執が中心となった閉鎖的な組織形態にあるが、それらの背後に、存覚による理論指導を認めていたといえよう。それは、換言すれば、覚如において、存覚の善知識観は、異端視されるべき危険なものであったということができる。

二、存覚における善知識観

それでは、覚如が問題にした存覚の主張とは、実際にはいかなるものであったのかを、その成立背景も含めながら窺っていきたい。

存覚の著述の中で、善知識、または、知識の語が確認できるものは、『浄土真要鈔』『持名鈔』『破邪顕正抄』『浄土見聞集』『顕名鈔』『六要鈔』である。この中、『浄土真要鈔』と『持名鈔』と『破邪顕正抄』の三つの著述は、いずれも、存覚三十五歳の時、仏光寺了源の請いによって著されたものである。よって、これらの著述における善知識に関する主張は、仏光寺教団の思想を、その背景に持つものといえるであろう。覚如が問題視したと思われる主張もこれらの著述を中心にして展開されている。ここでは、特に、善知識に関する主張が詳細である『持名鈔』と『浄土真要鈔』について検討を加えていきたい。

㈠『持名鈔』にみられる善知識観

まず、先にも触れた『持名鈔』の次の説示から検討を加えていきたい。

「これすなはち、木像ものいはざればみづから仏教をのべず、経典くちなければてづから法門を説くことなし。

このゆへに仏法を授くる師範をもつて、滅後の如来とたのむべきがゆゑなり。・・・・・かるがゆゑに師のをしへをたもつは、すなはち仏教をたもつなり、師の恩を報ずるは、すなはち仏恩を報ずるなり。同行のことばをもちゐては、すなはち諸仏のみことを信ずるおもひをなすべし。他力の大信心をうるひとは、その内証、如来にひとしきいはれあるがゆゑなり。」

（『真聖全』三・一〇七頁～一〇八頁）

ここには、先にも指摘したように、覚如の批判の対象となった「仏法を授くる師範をもつて、滅後の如来とたのむべきがゆゑなり」という主張と、最後に「師の恩を報ずるは、すなはち仏恩を報ずるなり。同行のことばをもちゐては、すなはち諸仏のみことを信ずるおもひをなすべし」と示されていくように、非常に知識帰命的な表現がみられるものである。これらの表現は、覚如が批判したように「知識のほかに別の仏なし」といった知識即仏との主張を展開していると受け取られても致し方ないようにも窺えよう。

しかし、これらの論理的裏付けとして説示される最後の一節は、親鸞の晩年の教説であった「如来とひとし」の思想を受容したものであることには注意しておきたい。親鸞の『御消息』第二十通には、次のように示されている。

「このゆゑに、まことの信心の人をば、諸仏とひとしと申すなり。また補処の弥勒とおなじとも申すなり。・・・・・信心まことなる人のこころを、十方恒沙の如来のほめたまへば、仏とひとしとは申すことなり。」

（『浄土真宗聖典　註釈版』七七八頁～七七九頁）

ここにあるように、親鸞は、「諸仏とひとし」「弥勒とおなじ」というように、「ひとし」と「おなじ」とを使い分けていることが分かる。「おなじ」という言葉は、弥勒に対して使用されているが、これは、真実信心の行人は、不退の位、正定聚の位に入るという点において、弥勒と同一の位にあることを表している。しかし、「ひとし」は、このように同一の位にあることを表しているのではない。「信心まことなる人のこころを、十方恒沙の如来のほめたまへば、仏とひとしとは申すことなり」とあるように、「仏とひとし」とされるのは、真実信心の人を十方恒沙の如来が、ほめたたえる点においてである。それは、仏と完全に同一であるのではなく、ある一点においては、仏と等しい徳を具えているという意味であろう。

存覚は、この親鸞の教説の上に立って、先の主張を展開しているのであって、単に知識即仏とみていく知識帰命説の主張とは、異なるものといわなければならない。しかし、この「如来とひとし」の教説は、当時、親鸞の門弟の間でも非常に問題になっていた、いわば、非常に受け止め方が困難な思想であったことにも注意しなければならないだろう。すなわち、『御消息』には、「専修の人のなかに、ある人こころえちがへて候ふやらん、信心よろこぶ人を如来とひとしと同行達ののたまふは自力なり、真言にかたよりたりと申し候ふなるは、人のうへを知るべきに候はねども申し候ふ」(『浄土真宗聖典　註釈版』七六〇頁)や「自力のこころにて、わが身は如来とひとしと候ふらんは、まことにあしう候ふべし」(『浄土真宗聖典　註釈版』七九四頁)といったように、当時、関東の門弟の中でも、この「如来とひとし」の教説が、非常に問題になっていたことが窺われる。それ故に、善知識を重視しながらも、知識帰命説を問題視していた覚如においては、この「如来とひとし」の教説は、一切、展開されない。また、後の蓮如においても、やはり、知識帰命説を意識して、意図的に「如来とひとし」の教説を避けていることが、先

行研究においても指摘されている。(6)

これらに対して、存覚の態度は、親鸞の教説の上に立ちながらも、知識帰命説に対して、明らかに配慮に欠けるものであり、また、訂正を促しているとは言い難いものである。ここに覚如の批判の矛先が、存覚に向けられていく理由の一つがあるとも考えられるが、存覚は、仏光寺教団の知識帰命説が異端であることを認識しながらも、それを容認していたということであろうか。この点に注目しながら、仏光寺了源の請いによって著された著述の中、善知識について最も詳細に述べられている『浄土真要鈔』の文について、次に窺っていきたい。

(二)『浄土真要鈔』にみられる善知識観

『浄土真要鈔』では、まずはじめに『涅槃経』の文を根拠に、真実の善知識は、仏・菩薩と定義した上で、次に『大経』下巻の文を挙げ、「仏・菩薩のほかにも衆生のために法をきかしめんひとをば善知識といふべしときこえたり。また、まさしくみづから法をときてきかするひとならねども、法をきかする縁となるひとをも善知識となづく」(『真聖全』三・一五二頁)と、仏・菩薩でなくとも、法を聞かせる人、そして、法を聞かせる縁となる人をも善知識と定義できるとしている。ここで引かれている『涅槃経』の文は、『教行信証』の中でも引用されているが、(7)仏・菩薩を善知識とすることは、仏教一般に通ずる定義であり、親鸞自身においても例外ではないであろう。

しかし、知識帰命説が背景にある中で、善知識という概念の下に、仏・菩薩・法を聞かせる人・法を聞かせる縁となる人を同一に含ませて示すことは、非常に危険なことというべきではないだろうか。

さらに、この傾向は、これに続く次の文にも色濃く出ている。

「されば善知識は諸仏・菩薩なり、諸仏・菩薩の総体は阿弥陀如来なり。その智慧をつたへその法をうけて、直にもあたへ、またしられんひとにみちびきて法をきかしめんは、みな善知識なるべし。しかれば仏法をききて生死をはなるべきみなもとは、ただ善知識なり。」

（『真聖全』三・一五二頁〜一五三頁）

ここでは、諸仏・菩薩の総体である阿弥陀如来とその法を伝え聞かしめていく人とが、善知識という定義の中で、まったく区別がされず示されている。見る人によっては、法を伝え聞かしめていく人と諸仏・菩薩の総体である阿弥陀如来とが、まるで同一の存在として受け取れるであろう。さらに、「生死をはなるべきみなもとは、ただ善知識なり」という一言は、人である善知識が、救済に直接関わるような印象を受けるものである。これが、了源の請いによって著されたものであることを考慮すれば、覚如が『改邪鈔』の中で、「ただちに凡形の知識をおさへて、如来の色相と眼見せよとすすむらんこと、聖教の施設をはなれ祖師の口伝にそむけり」（『真聖全』三・八六頁）と批判している仏光寺教団の知識帰命説と同列の主張とみなされても、不思議ではないであろう。

これら存覚における知識帰命説に順ずるような主張に関して、その意図を窺う上で注目したいのが、『浄土真要鈔』の最後の一文である。『浄土真要鈔』では、先の文に続いて『教行信証』の中に引用されている『涅槃経』と『華厳経』の文を挙げ、改めて善知識の徳を強調した上で、最後に次のように結んでいる。

「このゆへに、ひとたびそのひとにしたがひて仏法を行ぜんひとは、ながくそのひとをまもりてかのをしへを信ずべきなり。」

（『真聖全』三・一五三頁）

「このゆへに」とは、これまでの善知識に関する詳細な説明を指していることは言うまでもないが、最後に、この一文が加えられ、結論づけられているということは、これら『浄土真要鈔』における善知識に関する主張は、この最後の一文の意を肯定し、理論的に裏付けていくためのものであるといえよう。

ここには、善知識の教えを守り、その人に永く付き従っていくことが強く勧められているが、この一文に関わって注目すべき内容が、了源の『念仏相承血脈掟書』の中にみられる。

「ソノヒトヲカロシメ、ソノ門徒ヲハナルルコトアラン、カタク祖師ノ御遺誡ヲマホリテ、面々ノ行者、タヤスク師ヲカロシメ、善知識ヲスツルコトナカレ、オホヨソ、コトニオヒテワタクシノ義ヲヤメテ、トホクハ経釈ノココロヲウカガヒ、チカクハ源海・了海両聖人ノ御遺記等ヲマホリテ、ユメユメコレニ違スヘカラス、予カ末葉ト号セントモカラハ、オノオノコノムネヲ存知アルヘシ」（『真宗史料集成』四・五七六頁）

ここには、師を軽んじ、善知識を捨て門徒を離れること、そして、経釈や仏光寺教団における祖師の釈義を無視して私義を立てていくことを厳しく諫めていることが窺われる。この了源の『念仏相承血脈掟書』は、門弟の争奪を防止するために定められた掟書きであるが、当時の仏光寺教団における組織上の最大の問題が、この門弟の争奪にあったことを示すものである。この一節と先の『浄土真要鈔』の最後の一文とを併せて窺ってみたとき、存覚の主張も同じく、善知識の教えを信じ守り、その善知識に永く付き従っていくべきことが述べられているのであり、その主張の意図するところが、この門弟の争奪の防止にあったことが浮かび上がってくるのではないだろうか。

すなわち、『浄土真要鈔』における善知識に関する詳細な説示は、善知識の教えを守り、善知識に永く付き従っていくことの正統性を論理的に裏付けようとしたものであり、それは、門弟の争奪という仏光寺教団における組織上の最大の懸案事項に対応した結果、生まれた主張だといえよう。

このように、門弟の争奪を防止し、組織の秩序を守っていくについては、必然的に組織の中核となる善知識の権威を高めていかざるをえなくなる。ここに、知識帰命説を背景としながらも、善知識の権威が破壊されるような明確な批判が展開できない存覚の善知識観の複雑さが表れているといえる。

しかし、少なくとも、存覚は、仏光寺教団における門弟の争奪という問題が背景にあったとはいえ、仏光寺教団における善知識の権威づけを理論的に支えようとしていたのであり、仏光寺教団の知識と門徒との関係を問題視していた覚如において、そのような存覚の理論を批判するのは当然のことであったといえる。

三、存覚における同朋思想の展開

それでは、存覚は、覚如が批判したような善知識の我執が中心となっていく閉鎖的な組織形態についても、支持していたのであろうか。さらにいえば、そのような中にあって、存覚は、親鸞の同朋思想については、どのように考えていたのだろうか。

この点に関して、まず注目したいのは、先にも触れた知識帰命説に順ずるような主張がみられる『持名鈔』の一節の中で述べられている次の文である。

「しかのみならず善導和尚は「同行・善知識に親近せよ」（礼讃）とすすめ、慈恩大師は「同縁のともを敬へ」（西方要決）とのべられたり。そのゆへは、善知識にちかづきてはつねに仏法を聴聞し、同行にむつびては信心をみがくべしといふこころなり。わろからんことをばたがひにいさめ、ひがまんことをばもろともにたすけて、正路におもむかしめんがためなり。」

（『真聖全』三・一〇八頁）

この文の前後には、先に触れた知識帰命説に順ずるような主張がみられるが、この文では、「わからんことをばたがひにいさめ、ひがまんことをばもろともにたすけて」とあるように、善知識一人に帰命し傾倒していくのではなく、正路に向かって互いにいさめ、互いにたすけていくことが説示されている。これは、善導大師の「同行・善知識に親近せよ」という文と慈恩大師の「同縁のともを敬へ」という文とを根拠にしているように、同行と善知識を同じ正路に向かう同朋として示されたものといえよう。

これに関して注目したいのが、平松令三氏が、その著『真宗史論攷』の中で主張されている次の記述である。平松氏は、絵系図序題の文の作者が存覚であることを指摘した上で、次のように述べられている。

「絵系図序題のなかでもう一つ注目されることは、『門徒ノ衆議ヲマモリ、一流ノ義ヲソムクヘカラス』とか『惣ノユルサレヲカウフラス』とかいって、門徒の集団が惣的に組織され、自治的に運営されていたかのように記されていることである。・・・・・同行同朋精神は親鸞の教えの根幹にかかわるものであり、その教団が民主的な自治組織によって運営されるのがもっとも望ましいことは言うまでもない。存覚は、そんな理想像を了源の教団において、実現させようとしたのではなかろうか。・・・・・」

（『真宗史論攷』一四一頁）

平松氏は、このように述べられ、存覚の意図に反して仏光寺教団は、安易な善知識中心の教団へと傾斜していったことも指摘されている。この平松氏の指摘をふまえると、先の「わからんことをばたがひにいさめ、ひがまんことをばもろともにたすけて」という説示には、平松氏のいう惣的組織の運営を目指す存覚の意図が表れているようにみえないだろうか。

このような存覚の意図を窺うに際して、さらに注目したいのが『浄土見聞集』の次の記述である。

「また知識たらんひとは信不信をわかず、この道理をひとにしめすべし。そのゆへは、信ずるひとはすなはち往生さだまりて永劫の楽果を證し、信ぜざれども、ひとたびもききぬれば遠生の縁となりて、つゐにこのひとにむまれあひて、かさねてこの法をききて生死を度すべし。・・・・・われはよくこころえたりとおもふとも、なをも知識にちかづきて、たづねとひたてまつるべし。きれ（け）ばいよいよたかく、あふげばいよいよたかし。よくよくたづねまうさるべし。よくよくわきまへてこたへをしへたまふべし。きくことのかたきにはあらず、よくきくことのかたきなり。信ずることのかたきにはあらず、をしふることのかたきなり。・・・・・文にあきらかならんひとはつねに聖教にむかひて義理を案じ、文にくらからんものは善友知識にあひたてまつりて、わがしれるところをたづぬべし。日ごろしるところなりといへども、きけばまた得分のあるなり。」

（『真聖全』三・三八〇頁～三八一頁）

『浄土見聞集』は、存覚六十七歳の時に、ある願主に所望されて著されたものである。現在、その願主が誰であるのかは明らかになっておらず、どのような背景の中でこれが著されたのかも明確ではないが、この一節の直前には、「御ちかひにあひたてまつること、これ善知識の恩徳なり。まことに報じてもつきがたし。」(『真聖全』三・三七九頁)と、善知識の権威を高めるような説示がみられることからも、善知識が中心となるような組織を対象としていることが窺える。

この一節で特に注目すべきなのは、善知識の立場にある人々を存覚が指導する一面が窺われることである。すなわち、「知識たらんひとは信不信をわかず、この道理をひとにしめすべし。・・・」と善知識の立場にある人々に対して教化の在り方を示した上で、「われはよくこころえたりとおもふとも、なをも知識にちかづきて、たづねとひたてまつるべし。・・・」と、善知識の立場にある人も、常に他の善知識に近づいて、自分の学びを確かめていくことの大切さが説示されている。さらに、続いて、「よくよくたづねまうさるべし。よくよくわきまへてこたへをしへたまふべし。きくことのかたきにはあらず、よくきくことのかたきなり。信ずることのかたきにはあらず、をしふることのかたきなり。」と、人に教える善知識こそが、その立場の重要性を認識し、よくよく教えを学ばなければならないことが示される。

これは、組織の中核となる善知識を帰依する対象として絶対化していく姿勢とは、全く異なるものといわなければならない。組織の中での善知識とは、その中核として機能しなければならないが、それは、決して帰依される対象としてあるのではなく、善知識の立場にある人々もまた、組織の中核にあるが故に、より教えに学び導かれる姿勢が重要であることを存覚は主張しているのである。特に、最後の「文にあきらかならんひとはつねに聖教にむかひて義理を案じ、文にくらからんものは善友知識にあひたてまつりて、わがしれるところをたづぬべし。」という一文は、学があり善知識の立場に立つような者も、そうではない者も、互いに教えを学び、教えに導かれなければならないことを説示したものであり、存覚が、平松氏が指摘されるような、安易な善知識中心の組織ではなく、親鸞の同行同朋精神に基づいた組織を目指していたことが、存覚の明確な説示の上からもより明らかに知られるものであろう。

以上のように、存覚は、決して覚如が批判したような善知識の我執が中心となっていく閉鎖的な組織形態を支持していたわけではなく、むしろ、親鸞の同行同朋精神に基づいた組織を目指していたことが推察される。しかし、その意図は、実際には、仏光寺教団には反映されず、存覚による善知識の権威を裏付ける理論と仏光寺教団の実際の姿とが強い印象で重なって覚如の目に映っていたということであろう。

まとめ

以上、覚如と存覚の善知識観について、両者の関わりに注目しながら窺ってきた。覚如において、善知識とは、浄土真宗の法義の上から、また、本願寺教団確立の上からも重視されるべきものであった。しかし、その一方で、仏光寺教団による善知識が中心となった組織形態を厳しく批判していく。その批判の内容は、阿弥陀仏の働きを無視した善知識の我執が中心となっている閉鎖的な組織形態を否定していくものであるが、注目すべきは、批判を展開する中で、存覚の主張を意識しているという点である。覚如において、知識帰命説を中心とする仏光寺教団による誤った善知識観は、存覚の理論指導によるもの、あるいは、それによって助長されたものと考えられていたといえる。

一方で、存覚の善知識観も、基本的には、覚如と同じ親鸞の同朋同行精神に根差した同じ地平に立つものであった。それが、覚如の目に異端なものとして映っていたのは、仏光寺教団の抱える問題に存覚が対応していたからだと考えられる。すなわち、存覚における知識帰命説に順ずるような危うい主張は、仏光寺教団における最大の懸案事項であった門徒の争奪の問題を背景として、善知識の権威を裏付けるために展開されたものであり、それは、知識帰命説を教義的に肯定しようとするものでは決してなかったといえる。

しかしながら、存覚は、仏光寺教団内部にいて、知識帰命説を明確に批判する態度はとっていないのであり、存覚による善知識の権威を裏付けていく理論と仏光寺教団の実際の姿とが重なったことが、覚如による強い批判へと繋がっていったと考えられよう。

両者の善知識観は、共に、親鸞の同朋同行精神に基づいた正しい法義に根差したものでありながら、問題意識の相違から、それぞれの特徴ある主張へと展開していったものと考えられる。二度の義絶にまで至った両者の思想的対立の一端が、この善知識観にも表れているといえるが、それは、対立というよりも、行違いと表現する方が妥当であろう。

註

（1）『他力信心聞書』の著者については、了源の『一味和合契約状』に「イハユル他力信心ノ聞書ハ、祖師了海ノ御作ナリ」とあり、また『念仏相承血脈掟書』にも「コノユヘニ了海聖人ノ御作他力信心聞書ニ・・・」とある。『還相回向聞書』の著者については、覚如と了海の二説が古来よりあるが、知識帰命説が詳細に展開される内容からしても、覚如説は、支持しがたいものである。

（2） 村上速水氏は、『続・親鸞教義の研究』所収の「覚如教学の基本姿勢と親鸞の立場」の中で、次のように述べられている。

「ここに一宗を開創する意思をもたず、ひたすら聞法の姿勢に終始した親鸞と、教団の確立を企図し、各地に分立した門徒を統一して、自ら宗主となろうとした覚如の姿勢との根本的な相違がある。それは、覚如が親鸞の同朋主義を吹聴し弟子の争奪をいましめながら、反面において如信からの口伝を強調し、「師伝口業を最とす」といい、しきりに善知識によるべきことを主張することと無関係ではない。」

（3） 平松令三氏は『真宗史論攷』九〇頁の中で、了源の『念仏相承血脈掟書』の内容に触れた上で、次のように述べられている。

「弟子の争奪防止ということが了源たちの教団にとって、当面する大きな課題となっていたことがこの掟書から知られる。

そしてその課題解決の手段として、「念仏相承ノ血脈ヲタダシクスベキ条々」と題して、三個条の規定を申し合わせているところをみると、絵系図が「カツハ次第相承ノ儀ヲタダシクセシメンガタメ」というのもまったく同様で、結局は門徒集団相互間の門徒争奪トラブル防止というのが目的のひとつであったのである。言うなれば、絵系図は門徒を統制し組織するための教団名簿であったのである。」

梯實圓氏も「『改邪鈔』と存覚上人」（『行信学報』通刊第八号）二七頁の中で、名帳と絵系図について次のように述べられている。

「「名帳」が、同信の行者であることの確認を主としていたのに対して、「絵系図」は結束の強化と教団の秩序の維持をめざしていたことが分かる。そしてまた「名帳」が門徒の現在帳的な性格が強かったのに対して、「絵系図」は将来に向かって画きつづけ、また亡き人をしのぶという意味で、画かれた過去帳という意味ももっていたようである。」

（4）梯實圓氏「『改邪鈔』と存覚上人」（『行信学報』通刊第八号）一四頁
（5）梯實圓氏「『改邪鈔』と存覚上人」（『行信学報』通刊第八号）一八頁〜二四頁参照。
（6）普賢保之氏「蓮如における如来とひとしの意義とその背景」（『中央仏教学院紀要』一一）参照。
（7）『真聖全』二・一六四頁

『諸神本懐集』におけるアマテラス像
――『神本地之事』との比較を中心に――

吉田唯

はじめに

『諸神本懐集』は、佛光寺了源（一二九五―一三三六）の要請により存覚（一二九〇―一三七三）が執筆した真宗では唯一の神祇書であり、(1) 北西弘氏によって『諸神本懐集』は、『神本地之事』の抄出と位置付けられている。(2) 北西氏は抄出の根拠として以下の四点あげている。㈠『神本地之事』の文言が、『諸神本懐集』より平易であること。㈡『神本地之事』に引用されていない浄土三部経が『諸神本懐集』に引かれていることに着目し、「宮崎博士が指摘されたように、日来流布していた『本懐集』の底本が、真宗以外の人の手によって成ったものとするならば、浄土三部経を引用していない『神本地之事』こそ、それにあててよいであろう。存覚は、真宗の立場を明示するために、底本にない三部経をとくに引用し、『本懐集』を完成したという常識的な考え方によっても、『神本地之事』を、『本懐集』の底本としなければなるまい」との見解を示し、㈢『神本地之事』に見られる神の名が関東中心であることに対し、『諸神本懐集』は、近畿の三社の神を登場させていること。㈣『神本地之事』の文中に見られる「建長八年ヒノエタツ」という年号により、建長八年（一二五六）には成立したとは考えないまでも、否定する材料もないとの理由により『諸神本懐集』の底本を『神本地之事』と認定している。

これらの見解は、全て『諸神本懐集』が持つ奥書の読みと大きく関わっている。『諸神本懐集』の奥書とは、

元亨四歳甲子正月十二日依二釈了源詫一染レ筆訖。此書雖レ有二日来流布之《ノ》本一、文言似レ令二相違一義理非レ无《ルノニ》二不審一之間、大略加《ヘ》二添削《ヲ》一畢《ヌ》。是則依レ為二願主命《ノ》一也。定招《テ》二諸人之《ノ》嘲《ヲ》一歟。

永亨（ママ）十年戊午十月十五日書写之畢

大谷本願寺住持存如

である。つまり、先行研究では、『諸神本懐集』を存覚が執筆したのではなく、日頃流布していた本が存在し、存覚が、その本に添削を加えたのが『諸神本懐集』であるという見解であった。(3) しかし、唯一これに異を唱えているのが、次の大隅和雄氏の論である。(4)

この跋語によれば、『諸神本懐集』は元亨四年（一三二四）、存覚三十五歳の年に、了源の求めに応じて著わされたことになり、その後真宗門徒の間に流布し、永亨十年（一四三八）に本願寺第七世の存如が、伝写本の義理不明の部分に添削を加えたことが知られる。

大隅氏は、『諸神本懐集』執筆以前に日頃流布していた本が存在していたのではなく、存如（一三九六―一四五七）の頃に『諸神本懐集』の諸本が出回っており、それらの本を存如が添削したと奥書から読み解いている。この見解は、『神本地之事』の発見により影を潜めることとなるが、奥書の漢文を読むと「此書」以下の文面は、存如

による書写の際の文言とも読める。また、両書の全文の校異を行った結果、異同や意味が大きく違う箇所が多く、『神本地之事』が『諸神本懐集』の底本とは言い難い部分も確認出来る。(5) しかしながら、『諸神本懐集』と『神本地之事』の本文が全くの無関係とは考えられないために、本論では、『神本地之事』は、あくまでも『諸神本懐集』と同じような土壌で作成された本文として両書の比較検討を行う。(6) この比較により、両書の生成の過程や、了源もしくは、存覚が考える神祇への価値観の一端が浮き彫りになるものと考える。

一、「国譲り神話」の比較

『諸神本懐集』と『神本地之事』に記される「国譲り神話」は以下の通りである。(7)

【資料A】（太字は単独記事、波線部は表現の異なる箇所を示す。以降、本章では資料Aとする）(8)

『諸神本懐集』	『神本地之事』
①コノ大日本国ハ、モトヨリ神国トシテ、天児屋根尊ノ苗裔ハ、ナガク朝ノマツリゴトヲタスケタマフ。	

②垂仁天皇ノ御代ヨリ、コトニ神明ヲアガメ、欽明天皇ノ御トキ、仏法ハジメテヒロマリシヨリコノカタ、神ヲウヤマフヲモテ、クニノマツリゴトヽシ、仏ニ帰スルヲモテ、世ノイトナミトス。コレニヨリテ、クニノ感応モ他国ニスグレ、朝ノ威勢モ異朝ニコヘタリ。コレシカシナガラ、仏陀ノ擁護、マタ神明ノ威力ナリ。コヽヲモテ、日本六十六箇国ノアヒダニ、神社ヲアガムルコト、一万三千七百余社ナリ。延喜ノ神明帳ニノスルトコロ、三千一百三十二社ナリ。	
③ソモ〳〵日本《ニチホン》ワガ朝《テウ》ハ、天神七代《テンジンシチダイ》、地神五代《ヂジンゴダイ》、人王百代《ニンワウヒヤクダイ》ナリ。	日本国ヲ守護セシメタマフニハ天神七代地神五代ナリ。
④ソノウチ、天神《テンジン》ノ第七代《ダイシチダイ》オバ、伊弉諾《イザナギ》・伊弉冊《イザナミ》トマウシキ。	
	⑤コノ神トマウスハ一切衆生ヲアワレミマシマス□□(虫クイ)レハ、スナワチマヨヒノマエニハ神ト現シサトリノマエニハ仏トアラハレタマウトイエリ。モトヨリ一如ナリケルヲタヽ迷悟ノ差別ニヨリテ神トオモイ仏トワケタテマツルナリ。
⑥伊弉諾《イザナギ》ノ尊《ミコト》ハオトコガミナリ。イマノ鹿嶋《カシマ》ノ大明神《ダイミヤウジン》ナリ。伊弉冊《イザナミ》ノ尊《ミコト》ハキサキガミナリ。イマノ香取《カトリ》ノ大明神《ダイミヤウジン》ナリ。	マタ伊弉諾トイウハ鹿嶋神（□□□□）ナリ。伊弉諵トイウハ香取コレキサキ神也。

⑦**カノフタリノミコト、アマノウキハシノウヘニテ、メガミオガミトナリタマヒテ、トモニアヒハカリテイハク、「コノシタニ、アニクニナカランヤ」トテ、アマノサカホトヲサシオロシテ、サグリタマフニ、ホコノシタヾリコリカタマリテ、ヒトツノシマトナレリ。コノ日本国《ニチホンゴク》コレナリ。**	（該当本文ナシ）
⑧**ソノノチ、「クニノウチニ、ヌシナカランヤ」トテ、**御子《オンコ》ヲマフケタマヘリ。	（該当本文ナシ）
⑨日神《ニチジン》・月神《グワチジン》コレナリ。日神《ニチジン》トイフハ天照大神《テンセウダイジン》、月神《グワチジン》トイフハ素盞烏尊《ソサノオノミコト》ナリ。	コノ二神夫妻トシタマヒテソノ御子ニ天照大神ハ太郎ノ御子ナリ。ソノ本地ハ観音ノ化身日天子トモマウシマタアマテル御神トモマウスナリ。素焉ノヲノミコトハ、次郎ノ御子ナリ。ソノ本地ハ勢至ノ化身マタ月天子トマウスナリ。
⑩兄弟《キヤウダイ》タガヒニ、日本国《ニチホンゴク》ヲトラントアラソヒタマヒケルニ、伊弉諾《イザナギ》・伊弉冊《イザナミ》コレヲシヅメンガタメニ、天《テン》ヨリクダリタマフトキ、	タヽシ兄弟シテタカイニコノ日本国ヲトラムトア（□□□）コレヲシツメタマハムカタメニ伊弉諾伊弉冊ハ天ヨリ来下シタマウソノトキニ

⑪天照大神《テンセウダイジン》ハオヤニアヒタテマツラジトテ、
アマノイワトヲヒキタテヽ、コモラセタマヒケレバ、ニハカニコ
ノクニクラキヤミトナレリ。
ソノトキ伊弉諾《イザナギ》・伊弉冊《イザナミ》、天照大神《テンセウダイジン》ヲイダシタテマツランガタメ
ニ、内侍所《ナイシドコロ》トイフカヾミヲカケテ、

⑫カミ〴〵アツマリテ、七日《シチニチ》ノ御神楽《ミカグラ》ヲハジメタマフニ、天照大《テンセウダイ》
神《ジン》コレヲミタマハンガタメニ、
イワトヲホソメニアケラレシトキ、ソノミカゲ内侍所《ナイシドコロ》ニウツリ、
世《ヨ》ノヒカリクモリナカリケレバ、

伊弉諾《イザナギ》・伊弉冊《イザナミ》チカラヲエテ、
イワトヲオシヒラキ、大神《ダイジン》ヲイダシタテマツリタマヒケリ。

⑬サテ兄弟《キヤウダイ》ノナカヲヤワラゲテ、天照大神《テンセウダイジン》オバ日本国《ニチホンゴク》ノヌシト
ナシタテマツリタマフ。
イマノ伊勢大神宮《イセダイジング》コレナリ。
素盞烏尊《ソサノオノミコト》オバ日本国《ニチホンゴク》ノカミノオヤトナシタテマツリタマフ。イ
マノ出雲《イツモ》ノオホヤシロコレナリ。

⑭コレ神明《シンメイ》ノワガクニ、アトヲタレタマヒシハジメナリ。

天神ハ親ニアヒタテマツラシト、
天ノ巌戸ヲヒラキタテコモラセタマイケレハ、ニワカニコノ国ニ
天冈ヤミ□□(虫クイ)ナリニキ。伊弉諾伊弉諵ハ天神ヲイタシタテマツラ
ムカタメニ内侍所トマウス御鏡ヲ**天ノ巌戸ニカケマイラセテ**

ヲノ〳〵神々アツマリ七日ノ間御神楽ヲハシメタマフニ、天神ハ
コレヲアヤシミテ天ノ
巌戸ヲホソメニアケラレニキ。ソノカケ内侍所ニウツリテ、ホノ
カニソレハルヽマヽニ
面白ヲホエケルトカヤ。

ソノトキニ伊弉諾伊弉諵ハチカラヲ□□(エテ)天ノ巌戸ヲヲシヒラキ天
神ヲイタシタテマツリ

兄弟ノ御中ヲヤワラケタマヒテ、天照大神ヲハ日本国ノ神ノ**惣政**
所トサタメタマウ。
イマノ伊勢大神宮トマウスハ、スナハチコレナリ。
素焉ミコトハ日本国ノ神ノ親トナラせタマエトタイラケタマフ。
今ノ出雲ノ大社**ト**マウスハ、スナハチコレナリ。

(該当本文ナシ)

(該当本文ナシ)	**⑮伊勢大神宮ノ御子ニ神武天皇トマウスハ我朝ノ人王ノハシメノ王也。コノユヘノカノ神神ハ百王百代ノスエマテニ守護セムトチカヒタマリエコノ神武天皇ヨリコノカタ、建長八年ヒノエタツノ年ノ王ニイタルマテハ、人王八十九代ナリ。**(以降省略)
⑯鹿嶋《カシマ》ノ大明神《ダイミヤウ》ハ、本地十一面観音《ホンヂジフヰチメンクワンオン》ナリ。和光利物《ワクワリモチ》ノカゲアマネク、一天《ヰチテン》エオテラシ、利生済度《リシヤウサイド》ノメグミ、トオク四海《シカイ》ニカウブラシメタリ。コノユヘニ、タノミヲカクルヒトハ、現当《ゲンタウ》ノ悉地《シチチ》ヲ成《ジヤウ》ジ、コヽロヲイタストモガラハ、心中《シムヂウ》ノ所願《シヨグワン》ヲミツ。奥《オク》ノ御前《ゴゼン》ハ、本地不空羂索《ホンヂフクケンサク》ナリ。	**ソモ〳〵**鹿嶋ノ大明神ハ、十一面観音ノ**垂跡**ナリ。
左右《サウ》ノ八龍神《ハチリウジン》ハ、不動毘沙門《フドウビシヤモン》ナリ。利生《リシヤウ》オノ〳〵タノミアリ。済度《サイド》ミナムナシカラズ。	左右ノ八龍神ハ、不空絹索ノ化身也。ヲクノ御前ハ、不動明王ノ化身ナリ。
⑰コノ明神《ミヤウジン》ハ、奈良《ナラ》ノ京《キヤウ》ニシテ春日《カスガ》ノ大明神《ダイミヤウジン》ト現《ゲン》ジ、難波《ナンバ》ノ京《キヤウ》ニシテハ住吉《スミヨシ》ノ大明神《ダイミヤウジン》トアラハレ、タイラノ京《キヤウ》ニシテハ、アルヒハ大原野《オホハラノ》ノ大明神《ダイミヤウジン》トアガメラレ、アルヒハ吉田《ヨシダ》ノ大明神《ダイミヤウジン》トシメシタマフ。本社《ホンシヤ》・末社《マツシヤ》、利生《リシヤウ》ミナメデタク、洛中《ラクチウ》・洛外《ラクグエ》、済度《サイド》コトニスグレタマヘリ。	シカノミナラス、南良ノ京ニテハ、春日ノ大明神ト現シ。西ノ京ニテハ、吉田ノ大明神トシメシ。ヲタキノ里ニテハ、賀茂ノ大明神ト化シタマフ。ツノ国難波ノ京ニテハ、住吉ノ大明神トアラハレ。カマクラニテハ若宮三所トイワレ。新羅国ヲシツメムカタメニ、藤原ノ等覚性タヽヨリトアラタム。

⑱小守《コモリ》ノ御前《ゼン》ハ、鹿嶋《カシマ》ニテハ奥《オク》ノ御前《ゴゼン》トアラハレ、春日《カスガ》ニテハ五《ゴ》所《ショ》ノ宮《ミヤ》トシメシタマフ。	（該当本文ナシ）	**⑳天照大神《テンセウダイジン》ハ日天子《ニチテンシ》、観音《クワンオム》ノ垂迹《スイシヤク》、素盞烏尊《スサノオノミコト》ハ月天子《グワチテンシ》、勢至《セイシ》ノ垂迹《スイシヤク》ナリ。コノ二菩薩《ニボサチ》ハ、弥陀如来《ミダニヨライ》ノ悲智《ヒチ》ノ二門《ニモン》ナレバ、コノ両社《リヤウシヤ》モハラ弥陀如来《ミダニヨライ》ノ分身《フンジン》ナリ。コノ両社《リヤウシヤ》スデニシカナリ。以《イ》下《ゲ》ノ諸社《シヨシヤ》、マタ弥陀《ミダ》ノ善巧方便《ゼングウハウベン》ニアラズトイフコトアルベカラズ。**
コモリノ御前ハ、春日ニテハ、ヨクノ御前トアラハレ。稲荷ニテハ、五所ノ王子トシメシタマフトイエリ。	**⑲五所トマウスハ、一ニハ武氏ト二ニハヘツイトノ、三ニハフクマシノミヤ、四ニハカツチノ御前、五ニハヲキスノ明神コレナリ。**	（該当本文ナシ）

両書の大きな違いは、『諸神本懐集』が③のように「ソモ〳〵日本ワガ朝ハ」より始まり、⑭「コレ神明ノワガクニ、アトヲタレタマヒシハジメナリ」という文言で一連の説話が締め括られているのに対し、『神本地之事』は、明確な始まりも終わりも示していないことである。

両書の差異は、「国譲り神話」の構成のみならず、アマテラスとスサノオの性格にも見られる。『諸神本懐集』は、⑧「ソノノチ、「クニノウチニ、ヌシナカランヤ」トテ、御子ヲマフケタマヘリ」のように述べ、⑨「日神・月神コレナリ。日神トイフハ天照大神、月神トイフハ素盞烏尊ナリ」と二神の子が、日天子＝アマテラス、月天子＝スサノオとしている。しかしながら、両神がメインではなく、日天子・月天子をメインとして記している。一方の『神本地之事』では、「コノ二神夫妻トシタマヒテソノ御子ニ天照大神ハ太郎ノ御子ナリ。ソノ本地ハ観音ノ化身日天子トモマウシ、マタアマテル御神トモマウスナリ。素焉ノヲノミコトハ、次郎ノ御子ナリ。ソノ本地ハ勢至ノ化身マタ月天子トマウスナリ」と記しており、アマテラス＝観音菩薩は、「日天子トモマウシ」、スサノオ＝勢至菩薩は、「マタ月天子トマウスナリ」と述べている。つまり『神本地之事』の日天子・月天子は、「トモ」や「マタ～ト」が示すようにメインではなく、二神がこのような役割も担っているという付属レベルの指摘に留まっているのである。本多静芳氏は『諸神本懐集』の「国譲り神話」に相当する箇所について、(9)

> 『諸神本懐集』の中で日本の国は伊弉諾尊《イザナギノミコト》、伊弉冊尊《イザナミノミコト》の二神によって造られ、その子天照大神が建国し、その子孫が国主（天皇）であり、日本は神の国であるという記紀神話をその教学体系に取り込んでいく。さらに、伊勢神宮の天照大神と出雲大社の素盞烏尊《スサノオノミコオ》は、観音菩薩・勢至菩薩が本地で、阿弥陀仏の両脇士とし、日本神道を阿弥陀仏信仰の中に組み込んだ。
>
> つまり、本地垂迹説を縦横に用いて、日本を神国とし、国神の本地を阿弥陀仏とし、その他の日本の神々は阿弥陀仏の化身とする論理を展開した。

右記のように、アマテラスとスサノオが阿弥陀如来の脇士として扱われていることに言及し「日本を神国とし、国神の本地を阿弥陀仏とし、その他の日本の神々は阿弥陀仏の化身とする論理を展開した」と述べている。同様のことが、日天子・月天子にも考えられる。つまり、『諸神本懐集』が日天子・月天子をメインに据えるのは、資料A⑳が示すように、アマテラス・スサノオを阿弥陀如来の分身である観音菩薩・勢至菩薩へと帰着させる機能を内包していたためと考える。そこで、次節にて日天子・月天子の性格について確認しておく。

二、日天子・月天子について

『諸神本懐集』内で記される日天子・月天子について、妙音院了祥（生没年未詳・江戸時代後期）の『弁諸神本懐集』は、[10]「イヅレ正史正式ハ勿論雑説ニモ見聞セザルトコロナルナリ」とアマテラス＝日天子、スサノオ＝月天子との記述が、何れの正史にも見られないと記している。この日天子・月天子の性格については、『神本地之事』では確認出来ないが、『諸神本懐集』には、次のようにも記している。[11]

コヽニ、阿弥陀仏、二菩薩ヲツカハス。ヒトリオバ宝応声菩薩トナヅク。フタツオバ宝吉祥菩薩トナヅク。（中略）コノナカニ、宝応声菩薩トイフハ、観音スナハチ日天子、宝吉祥菩薩トイフハ、勢至スナハチ月天子ナリ。マタモロ〳〵ノ星宿ハ虚空蔵菩薩ナリ。コレマタ浄土ノ二十五菩薩ノ菩薩ノヒトツナリ。弥陀ヲ念ゼバ三光天子ノ加護ニアヅカランコト、ウタガフベカラズ。イカニイハンヤ人間ニオイテ、現証アラタナルコト日月星辰ニスギタルハナシ。イマコノ界ニムマレテ、黒白ヲワキマフルコトハ、シカシナガラ日月ノ恩ナリ。カレ、スデニ観音・勢至ノ化現ナレバ、弥陀如来分身ノ智慧ニアラズトイフコトナシ。

この記述によると、阿弥陀如来が使わした宝応声菩薩・宝吉祥菩薩は、それぞれ宝応声菩薩＝観音菩薩＝日天子、宝吉祥菩薩＝勢至菩薩＝月天子と同体であり、その観音菩薩・勢至菩薩は「スデニ観音・勢至ノ化現ナレバ、弥陀如来分身ノ智慧ニアラズトイフコトナシ」と阿弥陀如来の分身の智慧であることを記している。観音菩薩・勢至菩薩が阿弥陀如来の同体であることは、『諸神本懐集』の次の章段においても確認出来る。[12]

観音・勢至ハ、弥陀如来悲智ノ二門ナリ。弥陀ノ慈悲ヲ観音トナヅク。弥陀ノ智慧ヲ勢至ト号ス。サレバ、観経ニハ、コノ二菩薩ハ阿弥陀仏ヲタスケテ、アマネク一切ヲ化ストイヘリ。マタ念仏ノ行者ニハ、観音・勢至ツネニソノ勝友トナリタマフトモトケリ。弥陀ヲ念ゼンヒト、モトモ二菩薩ノ本誓ニカナフベキナリ。

浄土三部経の内『観無量寿経』を典拠とする説で、観音菩薩・勢至菩薩は、阿弥陀如来の慈悲と智慧の二門であり、阿弥陀如来を助ける存在として描かれている。同時に、観音菩薩・勢至菩薩は、念仏の行者の勝友になるとし、阿弥陀如来を念じたら、二菩薩の本誓にかなうものとして説かれている。この阿弥陀如来の分身である観音菩薩・勢至菩薩と資料Aでは、アマテラス＝日天子、スサノオ＝月天子を同体として描いている。ここで、『諸神本懐集』内で見られる同体と『神本地之事』に見られる同体を整理するために図式化しておく。

①日神＝アマテラス＝日天子＝観音菩薩＝日本国の主＝宝応声菩薩
　月神＝スサノオ＝月天子＝勢至菩薩＝日本国の神の親＝宝吉祥菩薩
　→ 阿弥陀如来

②アマテラス（太郎）＝観音菩薩＝日天子＝日本国の神の惣政所
　スサノオ（次郎）＝勢至菩薩＝月天子＝日本国の神の親
　→ 阿弥陀如来

図①は『諸神本懐集』にて確認出来る習合思想であり、図②は、『神本地之事』にて確認できる習合思想である。(13)それぞれの名称の順序は、物語内での登場順である。『神本地之事』は、アマテラス・スサノオを基軸としており、「国譲り神話」の後は、アマテラスの子として神武天皇について記し、神武天皇の記事の次には、イザナギ・イザナミの「国生み神話」を配列している。一方の『諸神本懐集』が基点を置いているのは、アマテラス・スサノオではなく、日天子・月天子ではないだろうか。それは、イザナギとイザナミの二神が「クニノウチニ、ヌシナカランヤ」という願いにより誕生したのが日神と月神であることを何よりも先に記していることによる。つまり、『諸神本懐集』がアマテラス・スサノオの二神を取り込む際に日天子・月天子が一役買ったのではないかということである。その理由について言及する前に、日天子・月天子が『諸神本懐集』以外ではいかに記されているかを存覚の『顕名鈔』で確認しておく。(14)

マタ日光《ニチクワウ》ハ観音《クワンヲン》ノ応化《ヲウクエ》、月光《クワチコウ》ハ勢至《セイシ》ノ権化《コンクエ》ナレハ、コレ弥陀如来《ミタニヨライ》ノ悲智《ヒチ》ノ二門《ニモン》ナリ、因位《インキ》・果位《クワキ》、ソノクラヰ各別《カクヘチ》ナルカユヘニ弥陀《ミタ》ノ功徳《クトク》ニハヲヨフヘカラス、カルカユヘニ超日月光仏《テウニチクワチクワウフチ》トイフナリ。

やはり、『諸神本懐集』と同様に、日光＝観音菩薩、月光＝勢至菩薩は、それぞれ阿弥陀如来の悲智の二門であると記している。『諸神本懐集』外の聖教にて阿弥陀如来の二門である観音菩薩（日）と勢至菩薩（月）を『諸神本懐集』内でアマテラスとスサノオの同体としたのは、神を語るための手段ではないかと考える。アマテラスとスサノオの二神は、観音菩薩と勢至菩薩の垂迹であるという性格上、二菩薩よりも二神が格下の存在でありながら、二神が二菩薩と同体を果たすことにより、最終的に二神が阿弥陀如来へと帰着することが出来たと考える。ここで問題なのが、所謂日本中世期に見られる神話の中でのアマテラスは、大日如来等と一対一で同体を果たしていたにも関わらず、『諸神本懐集』内では、アマテラスが阿弥陀如来に一人では太刀打ち出来ていないことである。この事象こそが、阿弥陀一仏に帰依する浄土真宗と他宗派との神への扱いの大きな相違点であると考える。そこで、次節では、阿弥陀如来と一対一では太刀打ち出来ないアマテラス像を『諸神本懐集』がいかに描いているのかを考察していく。

三、『諸神本懐集』内のアマテラス像

『諸神本懐集』との影響関係が指摘されている『広疑瑞決集』は、[15]「天照太神、天の磐戸をおしひらき玉ひしより已来、この国は神国也」とのみ記しており、該当箇所に関して『広疑瑞決集』から『諸神本懐集』への影響関係は考えられない。

次に、『諸神本懐集』の註釈書の「国譲り神話」部分の記事を確認しておく。先ず、江戸時代の学僧の大通院義順『諸神本懐集講義』は、「天照太神ハオヤ等。神代巻トハ大ニ違フ所ナリ」[16]と『日本書記』神代巻と記述が違うことのみを指摘し、明治三十九年版(一九〇六)の吉谷覚寿(一八四三—一九一四)『諸神本懐集略述』も、[17]「一家相伝ノ説ナルヘシ」という一言で片付けている。一方の妙音院了祥『弁諸神本懐集』は、[18]

[頭書]案ズルニ国道トイフコトアリ。サレバ親ハ祖ニシテカノ皇孫神ノ因縁ヨリシテ素盞鳴ヲ祖トイフカ。又思フニ天照太神素盞鳴ヨリ玉ヲ得テトモニチカヒヲ生ズルトコロ地神第二代ノニ、ギノ尊ナリ。サレバ素盞鳴ヲ第二代ト親トモイフベシ。コレヲ誤リテ日本国ノ神ノ親トイフニヤ。第二代ノ親トハイフトモ。日本国ノ神親トイハンヤ。又神ノ中ニ大己貴ナンドノ素盞鳴ノ子モアレバ神ノ親ナル方モアレドモ日本国ノ神ノ親トイハンヤ。サレドモ神無月ノ浮説ニ十月神ツドヒアルトイフヨリ思フニ親トイフコトモアルニヤ。サレドモ浮説キハマレリ。又思フニ日本国ノ神ノ親トハヨマズ日本ノ神親ニテ地主ノ親トイフコトカ。サリナガラ新本ニモ日本国ノ神ノ親トイヘリ。

のように、アマテラスを日神とすることは当然のためか言及していないが、スサノオを月神とすることには独自の見解を示している。しかし、何れも明確な答えとは言い難く不明な点が多いのが現状である。

この『諸神本懐集』内で記される「国譲り神話」を見ると、アマテラスが天の岩戸に隠れた理由は、スサノオとの国盗りの末、資料A⑪「天照大神ハオヤニアヒタテマツラジトテ」天の岩戸に隠れたとある。しかも、天の岩戸を押し開くのを、イザナギとイザナミが担うのである。[19] 要するに、記紀神話に見られるスサノオの粗暴により、アマテラスが岩戸に隠れるのではなく、兄弟喧嘩の末に両親に怒られたくないがために、アマテラスは岩戸に籠もるのである。岩戸を押し開くのも天手力雄神ではなく、両親が戸を開けるという一見すれば、引きこもりの子とその親の話のようなストーリーとなっており、アマテラスが国の主にしては、聊か幼児性を残す神として登場している。

このようなアマテラスが岩戸に〈籠もる〉という現象を読み解く際に、本家本元である記紀神話研究での研究状況を手引きとしたい。斉藤英喜氏は、[20]

この神話が「死と再生」をテーマとしていることはたしかであろう。岩屋に籠るアマテラスに、彼女の「死」が暗示されていること確実だ。(中略) 岩屋から再臨したアマテラスは、それまでの存在から一変する。

これ以降、アマテラスは自らの御子神を地上のあらたな支配者とするために、葦原の中つ国の平定を行なう。いわゆる「国譲り神話」の展開である。(中略) 岩屋から再生してきたアマテラスは、自ら武装し、呪術を駆使するような行動する女神ではない。彼女は、命令を下すだけの存在となったのだ。行動する神から、命令する神への変容である。

右記のように、記紀で見られるアマテラスが岩戸に籠るという行為が、アマテラスの「再生」を意味しているとの見解を示している。[21] その「再生」によりアマテラスは「行動する神から、命令する神へ」変容を遂げる。

それでは、『諸神本懐集』内に記されるアマテラスは、〈ひきこもる〉ことにより何を得たのかという問題が表出してくる。資料A⑬によるとアマテラスが岩戸から出た後に、イザナギとイザナミは、アマテラスとスサノオを仲直りさせ、アマテラスを「日本国の主」、スサノオを「日本国の神の親」に任じることとなる。一方の『神本地之事』では、アマテラスを「日本国の神の惣政所」、スサノオは『諸神本懐集』と同様に「日本国の神の親」に任じている。つまり、『諸神本懐集』では「日本国の主」、『神本地之事』では「日本国の神の惣政所」と両書でアマテラスの役割に相違が生じているのである。一見、書写の際の間違いにも見受けられるが、資料A⑦⑧によると、[22] イザナギとイザナミは、国を作ろうとして日本国を作り、「クニノウチニ、ヌシナカランヤ」と日神と月神を産んでいることからも、日本の神の主ではなく、『諸神本懐集』が主張したいのは、「日本国の主」であったと考えられる。それは、資料A①②が示すように、[23] アメノコヤネの子孫である中臣氏が長く朝廷の政を助け、神明を崇め、欽明天皇(五〇九—五七一)の頃に仏法が広まり、それ以来、神も仏も崇めてきたことを記していることにも表れている。中臣氏は、天智天皇(六二六—六七二)より藤原氏姓を賜ったが、神事を司る家では中臣として仕えてきた家である。そして、この中臣・藤原は親鸞(一一七三—一二六二)の先祖でもある。『善信聖人親鸞伝絵』においても、[24]「夫聖人の俗姓は藤原氏、天兒屋根命、二十一世の苗裔、大織冠鎌子大臣の玄孫」と親鸞が藤原氏の末裔であることを記している。つまり、「日本国の神の主」ではなく、『神本地之事』のように「日本国の神の惣政所」でもなく「日本国の主」でなくてはいけないのである。そして、その「日本国の主」を神と仏の力により支えて来たのが他ならぬ親鸞の出自である藤原一族なのである。この氏という概念については、資料A⑯〜⑱の鹿島明神の記述にも言えると考える。具体的に述べると、資料A『諸神本懐集』では、⑯「奥ノ御前ハ、本地不空羂索ナリ」と記されるが、『神本地之事』では「ヲクノ御前ハ、不動明王ノ化身ナリ」と記されている。この両書の表記は、『諸神本懐集』は⑱「小守ノ御前ハ、鹿嶋ニテハ奥ノ御前トアラハレ、春日ニテハ五所ノ宮トシメシタマフ」に、『神本地之事』では「コモリノ御前ハ、春日ニテハ、ヲクノ御前トアラハレ。稲荷ニテハ、五所ノ王子トシメシタマフトイエリ」に対応しているものと考える。つまり、鹿島の奥の御前ことタケミカヅチが、不空羂索であるとする『諸神本懐集』が、小守の御前が、春日の五所の宮とするのは、春日明神の本地が不空羂索観音であるためであり、(25)『神本地之事』が、奥の御前を不動明王とするのは、稲荷神との同体によるものと考えられる。このように、『諸神本懐集』は、意図的に創作が行われている。創作により、藤原氏の氏神を祭る春日明神と、藤原氏の氏寺である興福寺の不空羂索観音を同体とし、『神本地之事』のように「藤原」という名前を明記することなく血筋と神の関係を指し示すことに成功したものと考える。(26)これは、真宗唯一の神祇書『諸神本懐集』そのものの意義と無関係ではないと考える。国枝正雄氏は、(27)

三宝以外に帰依してならぬと説いた親鸞の主張を弁護して（親鸞の主観では月支晨旦の神も日本の神も殆んど同格に見て居たであろうものを）我国神を印度や支那の神と区別して、特別に取り扱ふの態度を示しているのであるまいか。

と、親鸞（一一七三―一二六三）が『教行信証』「化身土」巻で、日本の神も含めて三宝以外に帰依してはならない（神祇不拝）(28)と主張しているにも関わらず、存覚は、親鸞の主張を「日本の神は別格である」と捉えていることに言及している。また、林智康氏は、(29)

かつて南都北嶺の旧仏教が法然の専修念仏教団を批判した本地垂迹説や神国思想を逆に覚如や存覚はその著述や教義に採り入れた。親鸞においてはこのような本地垂迹説や神国思想は見られず、真宗にこの本地垂迹説と神国思想がもちこまれたのは、一四世紀にはいって覚如、存覚のときから以後である。

と覚如（一二七〇―一三五一）・存覚が、南都北嶺により批判された本地垂迹説や神国思想を逆に教義に取り入れたとの見解を示している。南都北嶺の批判を逆手に取った中に、『諸神本懐集』内で記されるアマテラスも含まれると考える。そのためにまず、親鸞の先祖であるアメノコヤネ以降の末裔が朝廷に仕え、神事を行い、仏法興隆後は、仏事も神事同様に大切にしてきたことを述べる必要があったのではないだろうか。その後は、鹿島明神や春日大社の性格について記し、興福寺の名前こそ明記していないが、興福寺と鹿島・春日明神との同体を匂わす思想をも記している。

つまり、アマテラスは、後の国主（天皇）をイメージする存在として「日本国の主」と表記され、そのアマテラスの末裔である天皇に仕えている自らの先祖を記すことにより、『興福寺奏状』等で再三にわたり非難されてきた「神明を軽んじる真宗」というイメージの払拭を図ったのではないかと考える。しかしながら、このアマテラスは、結局、阿弥陀如来との同体を一対一で果たすことは叶わないのである。この現象こそが、真宗における阿弥陀如来の位置とアマテラスの位置を決定的に指し示していると考える。

四、室町期までの祖師のイメージ

室町期までの祖師イメージとして、真宗における祖師観について考察を行う。結論を先に述べておくと、『諸神本懐集』内でアマテラス・スサノオは、観音菩薩や勢至菩薩と同体視されていることは、前節までの考察によっても明らかである。しかしながら、『諸神本懐集』外では、観音菩薩・勢至菩薩は、親鸞や法然（一一三三—一二一二）と同体視されており、アマテラス・スサノオとの同体についての記載は見受けられない。つまり、アマテラスは、阿弥陀如来のみならず、祖師とも一線を画す存在であったと考えられるために、本節では、真宗の祖師の概念について触れておく。

先ず、『恵信尼書状』の次の一文を確認しておく。(30)

あのひかりはかりにてわたらせ給は、あれこそほうねん上人にてわたらせ給へ、せいしほさつにてわたらせ給そかしと申せは、さて又一たいはと申せは、あれはくわんおんにてわたらせ給そかし、あれこそせんしんの御房よ、と申とおほえて、うちおとろきて候しにこそ、ゆめにて候けりとは思て候しか。

右の記事は、親鸞の妻である恵信尼（一一八二—一二六八？）が、娘である覚信尼（一二二四—一二八三）に当てた手紙である。文中には常陸国・下妻の坂井の郷（現・茨城県下妻市）で、法然が勢至菩薩、親鸞が観音菩薩として恵信尼の夢の中に現れたことが記されている。既に、鎌倉期において法然は勢至菩薩と、親鸞は観音菩薩と同体視されていたことが容易に読み取れる。これら観音菩薩や勢至菩薩を親鸞や法然と同体視するという現象は、真宗における祖師観との関わりを無視して考察出来ない。ここでは、親鸞の著作中に見られる法然に関する同体思想の記事を挙げておく。親鸞の『高僧和讃』「源空聖人」(31)と『浄土和讃』「首楞厳経《シュリヨウコムキヤウ》ニヨリテ大勢至菩薩和讃シタテマツル」の段には、(32)

①本師《ホンシ》源空《クエンク》ノ本地《ホンチ》オハ／世俗《セソク》ノヒト〳〵アヒツタヘ／綽和尚《シヤクワシヤウ》ト称《シヨウ》セシメ／アルイハ善導《センタウ》トシメシケリ

源空《クヱンク》勢至《セイシ》ト示現《シケン》シ／アルイハ弥陀《ミタ》ト顕現《ケンケン》ス／上皇《クワウ》群臣《クンシン》尊敬《ソンキヤウ》シ／京《キヤウ》 夷《イ》 庶民《シヨミン》 欽《キム》 仰ス

②以上大勢至菩薩／源空聖人之御本地也

と、①の記事では、法然の本地が、浄土真宗の七高僧の一人である道綽（五六二―六四五）或は、善導（六一三―六八一）と同体であり、法然は勢至菩薩として示現したり、阿弥陀如来として顕れたりすることが記されている。②の記事では、法然の本地が勢至菩薩であると明確に説かれている。これらを踏まえて次に、四十八巻本『法然上人行状絵図』の記事を確認しておく。四十八巻本『法然上人行状絵図』には、(33)

これにつきて諸家の解釈《げしやく》蘭菊美をほしきまゝにすといへども、唐朝の善導和尚、弥陀の化身として、ひとり本願の深意をあらはし、我朝の法然上人、勢至の応現として、もはら称名の要行《ようぎよう》をひろめ給ふ。

（第一冒頭部分・八頁）

所生の小児、字《あざな》を勢至と号す。竹馬に鞭《むち》をあぐるよはひより、その性《じよう》かしこくして成人のごとし。

（第一巻・一二頁）

讃州《さんしゆう》生福寺《しようぷくじ》にすみ給し時は、勢至菩薩の像を自作して「法然の本地身《ほんじしん》は大勢至菩薩なり。衆生を度せんがための故に、この道場に顕置《あらわしおく》（法然本地身、大勢至菩薩、為㆑度㆓衆生㆒故、顕㆓置此道場㆒）等、置文《おきぶみ》に載られけり、委事《くわしきこと》は、彼配所の巻にしるすもの也。勢至の垂迹《すいじやく》たる条、その証拠かくのごとし。尤《もつとも》仰信するにたれり。

（第八巻・七七頁〜七八頁）

善導は阿弥陀如来、法然は勢至菩薩として念仏を広めた話、そして、法然の字が勢至であることと、法然の本地が勢至菩薩であることを記している。勢至丸という幼名から勢至菩薩へと同体を果たしたのか、「智慧第一の法然房」から勢至菩薩と同体となり、幼名が後から加えられたのかは定かではないが、少なくとも、親鸞の時点で、法然と勢至菩薩を同体視する思想が存在したことは読み取れる。しかし、このような、祖師観は、親鸞に端を発するものではなく、法然の『選択本願念仏集』に[34]、「大唐《ニ》相伝《テ》云《ク》善導《ハ》是《レ》弥陀《ノ》化身也《ナリト》」と既に善導が阿弥陀如来の化身であると説かれていることによる。この『選択本願念仏集』の記事を具現化した善導図が存在し、上半身と下半身で色が違う。下半身は金色に彩色されており、既に善導の下半身が阿弥陀如来に成りつつあることを図像化したものである。このように、専修念仏教団において祖師とは、根本仏である阿弥陀如来もしくは、阿弥陀如来の脇侍である勢至菩薩や観音菩薩と同体を遂げることが可能な存在として認識されていたことになる。[35]そうすると、『諸神本懐集』内で、観音菩薩・勢至菩薩と同体であるアマテラス・スサノオも、親鸞や法然と同体と成り得るように思われる。しかしながら、親鸞や法然の伝記では、箱根権現や熊野権現に関する記事に両者が登場するにも関わらず、『諸神本懐集』の箱根権現や熊野権現の記事に両者が登場することはない。反対に、『諸神本懐集』以外で、アマテラス・スサノオについて記すこともないのである。要するに、アマテラス・スサノオは、『諸神本懐集』内でのみ、二菩薩との同体が許され、『諸神本懐集』以外では、影響を持たない存在なのである。この描き分けも、真宗におけるアマテラスへの意識が表出したものであると考える。同時に、『諸神本懐集』の読者が、真宗の外に位置する人々であったことも十分に考えられる。

おわりに

『諸神本懐集』内の「国譲り神話」は、資料A③「ソモ〳〵日本ワガ朝ハ」より始まり⑭「コレ神明ノワガクニ、アトヲタレタマヒシハジメナリ」までが一括である。しかし、氏の名前こそ出さないが、氏と神明の関係を示す①「コノ大日本国ハ、モトヨリ神国トシテ」から⑳の阿弥陀如来への帰着までの記事も一括して論じる必要があると考える。この一括の記述の後、法然や親鸞の伝記にも登場する熊野権現が登場し、以下、霊廟について記されていく。このように、『諸神本懐集』内で「国譲り神話」は、その後に記される神々の位置を決定付ける座標軸としても軽視出来ない記述なのである。そして、この日天子＝アマテラス、月天子＝スサノオという構図は、『諸神本懐集』内でしか見られないものであり、物語外では一切力を持たない記述でもある。このことは、『諸神本懐集』が神祇について述べた本であり、対外的に神祇を許容するという態度を指し示す際に、読み手に違和感の少ない日天子・月天子が方便として使用されたと考える。

方便の一つである『諸神本懐集』の日天子こと日神はアマテラスとして登場し、一見、旧来のアマテラスイメージから決して乖離していない、むしろ読み手には違和感を一切与えないアマテラスとして描かれているのである。唯一、読者が疑問を呈するとすれば、それは、天の岩戸に関する箇所である。この箇所は、アマテラスが親に怒られまいとして〈ひきこもる〉という行為により、アマテラスの幼児性を浮き彫りにし、阿弥陀如来に一対一で太刀打ち出来ない「神の未熟さ」を表出する効果も持ち合わせていると考える。しかも、このアマテラスは、イザナギ・イザナミの手により天の岩戸から外に出されることとなる。このことは、元々記紀神話が内包している「再生」イメージに準えるならば、未熟なアマテラスによる母胎回帰と、イザナギ・イザナミによるアマテラスの再誕（再生）とも考えられる。再誕により、未熟なアマテラスは「日本国の主」と成り得る存在へと変容を遂げる。

さらに、アマテラスは、他宗においては、大日如来等と、一対一で同体を果たしていたにもかかわらず、資料⑳の記事にあるように、『諸神本懐集』内のアマテラスは、観音菩薩より格下に扱われるだけではなく、勢至菩薩（スサノオ）の力をも借りなければ阿弥陀如来に帰着出来ない存在として描かれている。しかも、此程、他の尊格を介しても阿弥陀如来と同体ではなく、観音菩薩・勢至菩薩を合わせて阿弥陀如来に至るという次元に留まっているにすぎないのである。つまり、『諸神本懐集』は中世期に見られる神国思想を積極的に取り入れながらも、肝心の阿弥陀如来や祖師との関係については、真宗独自の見解を見せているのである。

結局、『諸神本懐集』は神祇を、手放しに許容したわけではなく、他宗からの非難により許容はしたものの、阿弥陀如来とアマテラス、祖師とアマテラスの間には超えられない壁が存在することも同時に指し示した書であると考える。この現象こそが、真宗の独自性であり、『諸神本懐集』の作成意図が、真宗の外の人々に自らの立ち位置を知らしめることであったことを物語っていると考える。

註

（1）　存覚は、本願寺第三世覚如（一二七〇―一三五一）の長男である。東大寺東南院にて受戒し、多くの書を残している。教義面において、父覚如により二度義絶されている。

（2）北西弘氏は、『神本地之事』について（「諸神本懐集の成立」（宮崎円遵博士還暦記念会『真宗史の研究』永田文昌堂・一九六六年・二〇一頁〜二二九頁）、

本書は一見室町時代末期の写本ともみられるが、奥にあるとおり応永二十年の写本としてよいであろう。即ち奥には、

応永第二十天癸巳沽洗念四日

信濃国□（埴）科郡屋代庄法花寺住僧依難背貴命任□遂書写了

とある。沽洗は姑洗のあやまりで三月を示す。法花寺は真言宗の寺院であるが、住僧名はさだかではない。『神本地之事』とあるから、大著の中の一部分を抄出したものとも考えられるがその間の事情は明白ではない。

と述べている。

（3）奥書に関しては他にも国枝正雄氏（「真宗の神祇観に就いて」（『国史学』第二十号・一九三四年）参照。また、義順『諸神本懐集講義』（真宗大系二十七）は、『諸神本懐集』を「存覚の撰述にあらず」との見解を示している。存覚の著作云々と奥書については、八木意知男氏が（「『諸神本懐集』と『三社託宣』（承前）」『皇学館論叢』第三十九巻・第六号・二〇〇六年一二月）、「要するに、『神本地之事』の発見により、源泉問題は一応の決着となっているのである」と述べているように、奥書にある日頃の流布の本として白羽の矢が立ったのが『神本地之事』である。この『神本地之事』を底本と考えた場合、幾つか疑問が生じる。一点目は、『諸神本懐集』と比較した際に、『諸神本懐集』の増補記事が多く、「底本」ではなく「参照」レベルなのではないかということ。二点目は、『神本地之事』の巻末に記される次の記事である。

弥陀タノム人ハアマヨノ月ナレヤ／クモリアレトモニシエコトユケ

伊弉諾・伊弉諞ト申、基本地ヲ委奉ハ、皆是弥陀如来ノ大悲方便ノ化身也。彼弥陀如来大身ヲ現給時ニハ、六十万億那由他煩阿沙由旬ノ御長也。或ハ衆生ノ機根ニ随テ、少身ヲ現給時ニハ、丈六八尺乃至五尺早少等ノ御身也。如且之妙覚ノ自位等覚ノ位帰給テ、三十三変身ヲ分テ、或人師先徳ト成テ、所々ニ仏法ヲ説給フ。或権現垂迹ト化シ給テ、源空光明放シム。門徒常ニ見令キ。賢哲愚夫モ撰レス。高蜿貴鄙無隔、命終其期近テ、本

地源空言ク、往生三度成ヌルニ、此度殊ニ遂安シ、源空自言ク、霊山会上ニ有シ時、声聞僧ニ交テ、頭陀ヲ行シテ化度セシム。

この記事は、明らかに加筆と考えられるが、史料を確認していないので、加筆の可能性が極めて高い記述であるという指摘に留める。加筆と考える理由は、この一文の直前の記事に、「諸仏度処境界経ニ説奉給ヘリ已上」と、已上という断りが記されていることと、その後に続くイザナギ・イザナミ以下の文が、それまでの本文に比べて異質であることによる。この末尾には、源空（法然）が登場しており、『諸神本懐集』が後世に漢文体の本文に「源空記」と記される版本が登場することと無関係とは考えられないが、経典における真名と仮名の問題等を考慮する必要があるために、今後の課題とする。

（4）大隅和雄氏（日本思想大系十九『中世神道論』三七九頁～三八〇頁）。

（5）『諸神本懐集』と『神本地之事』の比較表は、紙面の都合上掲載しない。

（6）つまり、奥書の読みが何れであったとしても、『諸神本懐集』と『神本地之事』の関係性を無視するわけにはいかない。比較を行うことにより、本文関係の全貌のみならず、奥書の読みに関して再検討を行う必要性の有無も見えてくると考える。

（7）この箇所については、拙稿「『諸神本懐集』を中心に見る〈存覚〉の神祇観と祖師という表象について―」（『佛教文学』第三十五号・二〇一一年三月）参照。

（8）『諸神本懐集』の本文は、前掲注4『中世神道論』より、『神本地之事』の本文は『真宗史料集成』第五巻を使用。

（9）本多静芳氏「存覚における神祇」（『印度学佛教学研究』第四十九巻第一号・二〇〇〇年一二月）。

（10）『真宗大系』第二十七巻（六七頁～六八頁）。

（11）前掲注4『中世神道論』に同じ（二〇三頁～二〇四頁）。

（12）前掲注4『中世神道論』に同じ（二〇〇頁）。

（13）『神本地之事』内においても、宝応声菩薩と宝吉祥菩薩と阿弥陀如来に関する記述は見受けられるが、宝応声菩薩と宝吉祥菩薩が日天子・月天子や観音菩薩・勢至菩薩と同体であると明確に記されていないので割愛した。

(14)『真宗史料集成』第一巻（七五六頁～七五七頁）。

(15)『諸神本懐集』と『広疑瑞決集』との影響関係については、浅井了宗氏「浄土教に於ける神仏交渉発達論―広疑瑞決集と諸神本懐集に就いて―」『宗学院論輯』第三十六・一九七六年三月参照。

(16)前掲注10『真宗大系』に同じ（三九頁）。

(17)国立国会図書館デジタルアーカイブ、吉谷覚寿『諸神本懐集略述』（西村護法館・明治三十九年版・一五丁オ～十七丁ウ）。義譲『諸神本懐集講義』（『真宗全書』）には、該当文なし。

(18)前掲注10『真宗大系』に同じ（六七頁～六八頁）。

(19)この記述は、『神本地之事』にも記されているために、『諸神本懐集』独自の記述では無いが、『諸神本懐集』が記載している以上、『諸神本懐集』内でいかなる作用を及ぼすのかを検証する必要がある。

(20)斉藤英喜氏「女神アマテラスの成長と変貌」（同氏・武田比呂男氏・猪股ときわ氏編『躍動する日本神話』森話社・二〇一〇年・四五頁～四六頁）。

(21)このような生と死のありようは、『日諱貴本紀』等の中世神話の「国譲り神話」にも見ることが出来る。

(22)『神本地之事』には見られない記述である。

(23)『神本地之事』には見られない記述である。

(24)佛光寺第三十一代門主伝灯奉告法要事務局編『善信聖人親鸞伝絵』（一九五五年・九頁）。

(25)春日大社第一殿で鹿島神宮奥宮のタケミカヅチの本地は、『玉葉』建久五年七月八日条によると（国書刊行会・八八四頁）、

丁卯今日有二祈雨奉幣一、上卿左衛門督弁宗隆、此日始二祈等於無動寺一、不動堂始二修不動法一、座主修之件僧六口、又春日五所御本地、年来奉レ造二顕之一、今日預僧五口令レ始二修行法一也、第一御前不空羂索、鹿島、覚成僧正、第二楽師、香取、山座主、相並不動法修レ之、第三地蔵、平岡、印性僧都修二地蔵行法一、先例此尊用二息災祈一事、未二尊聞一也、

不空羂索観音であることが分かる。小守の御前については未詳。

(26)覚如の伝記である『慕帰絵詞』には、春日明神を氏神として詠んだ歌が記されており、春日明神を真宗において

も氏神と認識していたようである。

(27) 前掲3国枝正雄氏に同じ。

(28) 本論で用いる「神祇不拝」とは、「神祇を拝してはいけない」という意味ではなく、「拝む必要が無い」という意味での「不拝」である。親鸞が「念仏の人々御中で」(『定本親鸞聖人全集』三・書簡篇一四七頁)の中で、神明を決して軽んじてはいけないとの文言を記していることによる。

(29) 林智康氏「真宗における神祇観」(『真宗学』第七十八号・一九八八年三月)。黒田俊雄氏(「中世国家と神国思想」同氏著『日本中世の国家と宗教』岩波書店・一九七五年・二七七頁〜二七八頁)は、覚如・存覚が神国思想を取り入れた背景として、「専修念仏への弾圧」があるとしている。

(30) 前掲注14『真宗史料集成』に同じ(五一三頁)。
この記事は、存覚の父であり、存覚を義絶するに至る覚如『口伝抄』の「一。聖人本地《しやうにんほんち》観音《くわんをむ》の事《こと》。」に恵信尼御房の御文として掲載されている(『真宗史料集成』第一巻・六四二頁〜六四三頁参照)。

(31) 前掲注14『真宗史料集成』に同じ(二八〇頁)。『尊号真像銘文』には、「源空聖人ハ釈迦如来ノ御ツカイトシテ」と法然が釈迦の使いとして記される(前掲注4『真宗史料集成』第一巻・三六二頁)。

(32) 前掲注14『真宗史料集成』に同じ(二六三頁〜二六四頁)。

(33) 大橋俊雄氏校注、岩波文庫『法然上人絵伝』(上)二〇〇二年。法然上人没後百年頃(一三〇〇年頃)成立した『法然上人行状絵図』四十八巻本である。頁番号は、引用資料の末尾に記載。

(34) 髙橋弘次氏監修『傍訳選択本願念仏集』(下)(四季社・二〇〇一年・三三二頁)。

(35) あくまでもテクストレベルにおいての共通認識である。また、阿弥陀如来・観音菩薩・勢至菩薩の三尊は、真宗高田派に見られる善光寺式阿弥陀三尊との関係を無視出来ない。それは、存覚が高田派との交流を密に行っていたためであるが、詳細については、今後の課題とする。

真宗における神祇観

——覚如・存覚・蓮如を中心として——

林　智康

はじめに

法然の神祇観及び親鸞の神祇観はすでに別のところで論述(1)したので、ここでは覚如・存覚・蓮如の神祇観を通して、中世真宗神祇観の推移を考察してみよう。

一　覚如の神祇観

まず親鸞の曽孫覚如の神祇観を見てみよう。親鸞の伝記を述べた『御伝鈔』の巻下第四段に箱根霊告及び巻下第五段に熊野霊告がある。前者には、(2)

聖人東関の堺をいでゝ、華城《くわせい》の路におもむきましく〵けり。ある日晩陰に及で、箱根の嶮阻《けんそ》にかゝりつゝ、はるかに行客《かうかく》の蹤《あと》を送て、やうやく人屋の枢《とぼそ》に近くに、夜もすでに暁更《けうかう》にをよんで、月もはや孤嶺にかたぶきぬ。ときに聖人あゆみよりつゝ案内したまふに、まことに齢《よはひ》傾きたる翁の正《うるはし》く装束《しやうぞく》したるが、いとことゝなく出《いで》あひ奉て云やう、社廟ちかき所のならひ、巫《かんなぎ》どもの終夜《よもすがら》あそびし侍《はんべ》るに、翁《おきな》もまじはりつるが、いまなんいさゝか仮寝《よりゐ》侍《はんべ》るとをもふほどに、夢にもあらずうつゝにもあらで、権現仰られて云、たゞいまわれ尊敬をいたすべき客人、この路を過たまふべきことあり、必ず慇懃《いむぎむ》の忠節を抽《ぬきむ》で、ことに丁寧の饗応《きやうおう》をまうくべしと云云。示現いまだ覚《さめ》をはらざるに、貴僧忽爾《こちじ》として影向《ゑうがう》したまへり。何ぞたゞ人にましまさん。神勅これ炳焉《へいえん》なり、感応もとも恭敬すべしといひて、尊重屈請《くちしやう》し奉て、さま〴〵に飯食《ぼんじき》を粧《よそ》ひ、いろ〳〵に珍味を調《ととの》へけり。

と、親鸞が関東から京都への帰途、箱根の山にさしかかった時に、一人の翁が箱根権現の夢告によって親鸞を丁重にもてなす内容を述べる。また後者は、(3)

証誠殿の本地、すなはち今の教生《けうしゆ》なり。故にとてもかくても、衆生に結縁《けちゑん》の志ふかきによりて、和光の垂跡《すいしやく》を留たまふ。垂跡を留る本意、ただ結縁の群類をして願海に引入せんとなり。しかあれば本地の誓願を信じて、一向に念仏をことゝせん輩《ともがら》、公務《くむ》にもしたがひ、領主にも駈仕《くし》して、その霊地をふみ、その社廟に詣《けい》せんこと、更に自心の発起するところにあらず、然れば垂跡にをひて、内懐虚仮の身たりながら、強《あながち》に賢善精進の威儀を標すべからず、たゞ本地の誓約にまかすべし。あなかしこ〳〵。神威をかろしむるにあらず、ゆめ〳〵冥眦《みようし》をめぐらしたまふべからずと云云。これによりて平太郎熊野に参詣す。(中略)件《くだん》の男夢に告云、証誠殿の扉を排《をしひらき》て、衣冠《いくわん》たゞしき俗人仰られて云く、汝何ぞわれを忽緒《こちしよ》して汚穢《わえ》不浄《ふじよう》にして参詣するやと。その時かの俗人に対座して、聖人忽爾《こちじ》としてまみえたまふ。その詞にのたまはく、かれは善信が訓《をしへ》によりて念仏するものなりと云云。こゝに俗人笏《しやく》をたゞしくして、ことに敬屈《けいくち》の礼を著しつゝ、かさねて述《のぶる》ところなしとみるほどに、ゆめさめをはりぬ。おほよそ奇異のおもひをなすこと、いふべからず。

と、平太郎が熊野参詣の途中、京都の親鸞にこれを尋ねたところ、本地の阿弥陀仏は熊野権現として垂述し、結縁の群類をして願海に引入させるものであると参詣を容認された。また平太郎は熊野参詣の夜に夢を見た。熊野権現が俗人の姿をして平太郎に参詣姿勢を詰問した時、親鸞が現われて平太郎をかばって俗人を諭したため、かえって俗人は親鸞に対して丁重に敬礼したと述べる。

『御伝鈔』の二つの話は、明らかに本地垂迹説[4]の導入が見られる。覚如においては、親鸞に見られなかった本地垂迹説に基づく神仏関係を説いて、名神大社への崇拝を認め、さらには神仏習合的宗教性を基盤とした社会体制との接近、妥協が見られる。[5]

また従覚の『慕帰絵詞』巻六、巻七には、[6]覚如は漢詩や和歌を作るために、京都の北野神社、和歌山の玉津島明神、奈良の春日大社等の神社に参拝したと記されている。[7]

以上の如く、覚如の神祇観は本地垂迹説の上に成り立ち、安易な神祇崇敬の態度が見られる。これは厳しく神祇不拝に徹し、真実信心の利益による神祇護念を主張した親鸞の神祇観との乖離が生じている。

二　存覚の神祇観

次に覚如の長子存覚の神祇観を考察してみたい。存覚が仏光寺了源のために書いた著述の中に多く見られる。

『持名鈔』には、[8]

問ていはく、念仏の行者神明《しんめい》につかふまつらんことといかゞはんべるべき。こたへていはく、余流の所談はしらず、親鸞聖人の勧化のごときにこれをいましめられたり。いはゆる『教行証の文類』の六に諸経の文をひきて、仏法に帰せんものにその余の天神・地祇につかふまつるべからざるむねを判ぜられたり。（中略）おほよそ神明につきて権社・実社の不同ありといへども、内証はしらず、まづ示同《じどう》のおもてはみなこれ輪廻の果報、なをまた九十五種の外道のうちなり。仏道を行ぜんものこれをことゝすべからず、たゞしこれにつかへずとももはらかの神慮にはかなふべきなり。これすなはち和光同塵《わくわうどうぢん》は結縁のはじめ、八相成道は利物《りもち》のおはりなるゆへに、垂迹の本意はしかしながら衆生に縁をむすびてつゐに仏道にいらしめんがためなれば、真実念仏の行者になりてこのたび生死をはなれば、神明ことによろこびをいだき、権現さだめてゑみをふくみたまふべし。一切の神《しん》祇冥道《ぎみやうだう》念仏のひとを擁護《おうご》すといへるはこのゆへなり。

と、初めは親鸞の『教行信証』の化巻の内容を承けて、念仏の行者にかぎらず仏法に帰する者は神祇不拝の態度をとるべきであると述べ、権社・実社ともに九十五種の外道の中に含めて批判しているようであるが、しかし後には本地垂迹説の上に立って神祇護念を示している。

次に『破邪顕正抄』に、[9]

一、神明をかろしめたてまつるよしの事。この条あとかたなき虚誕《きょたん》なり。そのゆへは神明について権実の不同ありといへども、おほくはこれ諸仏・菩薩の変化なり。衆生を利益せんがため、群類を化度せんがために、かりに凡惑のちりにまじはりて、しばらく分段のさかひに現じたまへり。

と、神祇軽悔をとりあげ、神明に権実の不同があっても、多くはこれは諸仏・菩薩の変化で、衆生を救済するために垂迹したものであると、権実区別なく神祇崇敬を認めている。

さらに『諸神本懐集』に、(10)

それ仏陀は神明の本地、神明は仏陀の垂迹なり。本にあらざれば迹をたるゝことなく、迹にあらざれば本をあらはすことなし。神明といひ仏陀といひ、おもてとなりうらとなりてたかひに利益をほどこし、垂迹といひ本地といひ、権となり実となりてともに済度をいたす。たゞしふかく本地をあがむるものは、かならず垂迹に帰することはりあり。本よりたるゝ迹なるがゆへなり。ひとへに垂迹をたうとぶものは、いまだかならずしも本地に帰するいひなし、迹より本をたれざるがゆへなり。このゆへに垂迹の神明に帰せんとおもはゞたゞ本地の仏に帰すべきなり。

と、本地垂迹説により、神仏は表裏の関係であってともに衆生に利益を与え済度を説くが、垂迹の神より本地の仏に帰することを勧めている。さらに、

第一には権社の霊神をあかして本地の利生をたふとぶべきことををしへ。

第二には実社の邪神をあかして承事のおもひをやむべきむねをすゝめ。

第三には諸神の本懐をあかして仏法を行じ念仏を修すべきをもむきをしらしめんとおもふ。

と、三門に分別して、諸神を権社と実社に分け、また権社の霊神を取って実社の邪神を捨て、さらに諸神の本懐は仏法、特に念仏を勧めるところにあると示す。第一の権社神とは、

これすなはち権社といふは往古の如来、深位の菩薩、衆生を利益せんがために、かりに神明のかたちを現じた

まへるなり。

と述べる如く、仏・菩薩が衆生利益のために化現したものである。その中には、伊勢神宮の天照大神《あまてらすおおみかみ》、出雲大社の素盞烏尊《すさのうのみこと》の二神をはじめ、鹿島の大明神、春日の大明神、往古の大明神、大原野の大明神、吉田の大明神、熊野の権現、三島の大明神、大箱根・八幡三所・若宮四所・日吉・祇園・稲荷・白山・熱田などの大明神がある。そして日本国の主である伊勢神宮の天照大神は日天子観音菩薩の垂迹であり、日本国の神の親である出雲大社の素盞烏尊は月天子勢至菩薩の垂迹である。従って、この二菩薩は弥陀如来の悲智の二門なので、この両社の二神は弥陀如来の分身であるとする。また、熊野権現の証誠殿は阿弥陀如来の垂迹で、ことに日本第一の霊社と崇《あが》められている。その他の諸社も弥陀の方便化現で、弥陀一仏の智恵におさまると述べる。第二の実社神とは、

生霊・死霊等の神なり、これは如来の垂迹にもあらず、菩薩の化現にもあらず、もしは人類にてもあれ、もしは畜類にてもあれ、たゝりをなしなやますことあれば、これをなだめんがために神とあがめたるたぐひなり。(中略)世にあがむるかみのなかに、このたぐひまたおほし。たとひひとにたゝりをなすことなけれども、わがおやおほち等の先祖をばみなかみといはひて、そのはかをやしろとさだむることまたこれあり、これらのたぐひはみな実社の神なり。

とある如く、崇《たた》りをなす神、なやます神に対しては、これをなだめんために神と崇《あが》めるものであり、また崇りをなさない親や祖父などの先祖などの神もこの中に入る。そして実社神に帰すれば、現世の福報は来たらずかえって災難を被り、後生には三悪道に堕ちる。また、ただ弥陀一仏に帰して浄土を願えば、諸神は昼夜に付き添いて護り、災禍は除かれ願いは満たされる。そして権社の神は喜んで擁護し、実社の神は畏れて近づかず、諸の悪鬼神をして

たよりをえしめさせないと述べる。

第三の諸神の本懐は人々を仏道に入れ念仏を称えしめるところにある。これはすなわち弥陀法を勧めるのである。

一切の神明ほかには仏法に違するすがたをしめし、うちには仏道をすゝむるをもてこゝろざしとす、これすなはち和光同塵の本意をたづぬるに、しかしながら八相成道の来縁をむすばんがためなるゆへなり。（中略）おほよそ諸仏菩薩の利生方便に二種の門あり。一には析伏門《しゃくぶくもん》、二には摂受門《しょうじゅもん》なり。摂受門といふは諸仏菩薩の本地の化導なり。ひと利根にして因果にあきらかなるものには、すぐに経法をもて済度したまふ。析状門といふは聖教にくらくして因果にまどへるひとのためには、賞罰をあらはして縁をむすばしめたまふ、後世をしらざるともがらには富貴をいのらしめんがためにあゆみをはこばせ、因果をわきまへざるやからにはそのたゝりをなして信心をとらしむ、

と、諸仏菩薩が衆生を済度する方便に二門を挙げ、摂受門は本地の立場から利根で因果に明らかなるものに対して直接仏・菩薩による救済を述べ、析状門は垂迹の立場から鈍根で因果に暗いものに対して神祇の賞罰を通しての救済を述べる、そして、

されば仏道にいりて念仏を修せんひと、もはら神慮にかなふべし。神慮にかなふならば、えんといのらずとも現世の冥加もあり、とりわきつかへずともその利生にはあづかるべし。おほよそ神明は信心ありて浄土をねがふひとをよろこび、道念ありて後世をもとむるものをまもりたまふなり。

と、念仏者は神慮にかない現世における神祇の護念があると述べる。さらに『般舟経』や『楞伽経』の所説によりこれは諸仏みな弥陀の分身なりときこへたり。しかれば本仏の弥陀に帰せんひと分身の諸仏に帰することはり

いはざるに顕然なり。このゆへに垂迹の御こゝろにかなはんとおもはゞ本地の仏菩薩を信ずべし、本地の仏菩薩の御こゝろにかなはんとおもはゞ本仏の弥陀に帰したてまつるべし、弥陀に帰すれば三世の諸仏もよろこびをなしてこれをまもり、十方の菩薩もゑみをふくみてつねにたちそひたまふ、本地の諸仏菩薩擁護したまへば垂迹の諸神また納受をたれたまふなり。

と、阿弥陀仏は本師本仏であって諸仏諸菩薩はその分身である。また諸仏諸菩薩は本地であって諸神はその垂迹と述べる。すなわち本師分身説（弥陀と諸仏諸菩薩の関係）と本地垂迹説（諸仏諸菩薩と諸神の関係）の二つの立場から述べている。そして本師本仏の阿弥陀仏に帰すれば、諸仏諸菩薩に帰することになり、また諸神の本意にもかなうことになり、諸仏諸菩薩や諸神が擁護してくれることになるのである。

続いて『六要鈔』第六には、(11)『教行信証』「化巻」外教釈の「仏に帰依するものは一切の諸天神に帰依してはならない」という立場について、問答をもって説明している。

問。天地神祇は世の貴ぶるところなり。何ぞこれを誡むるや。答。仏陀に帰するは釈教の軌範、神明を崇むるは世俗の礼奠《らいてん》、内外別なるが故に法度かくの如し。これ則ち月氏・晨旦の風教、崇むるところの神多くは邪神なるが故に、三宝に帰する者これに事ふることを得ず。

と、神祇は世の中で貴ばれるのに、なぜ誡めるのであるかという問に対して、仏陀に帰依するのは仏教の軌範（きまり）で、神明を崇むるのは世俗の礼奠（定め）であると、一応区別した上で、異国の神は邪神であるから仏・法・僧の三宝に帰依するものはこれにつかえないのであると答える。そして、

これら皆邪神に事《つか》ふる者損有りて益無きことを誡しむ、権社に於いてはこの限りにあらざるか。なかんづく我

が朝はこれ神国なり、王城鎮守諸国擁衛の諸大明神、その本地を尋ぬれば、往古の如来法身の大士、異域の邪神に相同じかるべからず。和光の素意本利物に在り、且《しばらく》は宿世値遇の善縁に酬ひ、且は垂迹多生の調熟に依りて、今正法に帰して生死を出んと欲す、その神恩を思ふに忽緒すべからず。然りと雖も一心・一行を専らにせんと欲するに、称念の結縁、猶且くこれを閣《さしお》くは一宗の廃立大師の定判なり、更にかの利生等を信ぜざるにあらず、只専念・専修の儀を守る。（中略）故に弥陀を念ずれば必ず諸仏・菩薩の冥護を得、その垂迹たる天神・地祇また本地の聖慮に違すべからず、故に一心を専らにして唯一仏を念ずる、これをもつて要と為す。かの諸神の本地等に於いては、深く信伏を致す、忽緒《こっしょ》すべからず。

と、邪神に事えることを誡めるが、権社の神はむしろ崇敬すべきであると述べる。そして日本は神国であり、国を守護する諸大明神の本地は弥陀如来であって異域の邪神と異る。垂迹の和光の本意は衆生救済であり、垂迹の神明の調熟によって今正法に帰して生死の迷いを出んと欲したのであり、権社の神恩をおろそかにしてはならない、弥陀を念ずれば諸仏菩薩の冥護を得ることができる。そして垂迹たる天神地祇は本地の弥陀の聖慮に違せず、故に一心に弥陀一仏を念ずることが要であると述べる。すなわち、本地垂迹説の権社の神祇観の上より、外教釈の『涅槃経』等の文意を会通しており、ここに親鸞と存覚の根本的な立場の相違が見られる。(12)

以上、存覚の著述として『持名鈔』・『破邪顕正抄』・『諸神本懐集』・『六要鈔』を見てきたが、存覚の神祇観は大きくは三つに分けられる。

㈠権社・実社ともに崇敬することを禁止する、神祇不拝……『持名鈔』

㈡権社・実社ともに崇敬することを勧める、神祇崇敬……『破邪顕正抄』

㈢権社に崇敬することを勧め、実社に崇敬することを禁止する、権社─神祇崇敬、実社─神祇不拝……『諸神本懐集』・『六要鈔』

㈠の神祇不拝、㈡の神祇崇敬、㈢の権社崇敬、実社不拝はそれぞれ矛盾した内容に見られるが、存覚の神祇観の中心は、㈢の権社崇敬、実社不拝にあると思われる。

この権社に本地垂迹を説く存覚の神祇観は、かつて法然の専修念仏教団への弾圧、停止を求めた興福寺や延暦寺の「奏状」に見られる神仏関係と類似している。(13)承元の法難の契機となった解脱房貞慶の『興福寺奏状』に九ヶ条の過失の第五条に「霊神に背く失」を挙げて、

念仏の輩、永く神明に別る、権化実類を論ぜず、宗廟大社を憚《はばか》らず。もし神明を恃《たの》めば、必ず魔界に堕つと云云。実類の鬼神においては、置いて論ぜず。権化の垂迹に至りては、既にこれ大聖なり、上代の高僧皆以て帰依す。

と述べる。専修念仏者は権化神と実類神の区別を知らないので魔界に堕す。実類の鬼神を拝さないのは当然であるが、権化神は垂迹の神々で本地は釈迦仏である。従って上代の高僧（伝教・智証・行教・弘法）は皆帰敬したのであると述べる。また十九年後の嘉禄の法然の契機となった『停止一向専修記』（『山門奏状』）第二条に「一向専修の党類神明に向背する不当の事」として、

右我が朝は神国なり。神道を敬ふを以て国の勤めとなす。謹んで百神の本を討《たず》ぬれば、諸仏の迹にあらざることなし、所謂伊勢大神宮・正八幡宮・賀茂・松尾・日吉・春日等、皆これ釈迦・薬師・弥陀・観音等の示現なり。（中略）而るに今専修の輩、事を念仏に寄せ、永く神明を敬ふことなし、既に国の礼を失す、何ぞ神の咎《とが》

無けん。

と述べる。我が国は神国で神道を敬うのを国のつとめとする。百神の本地は諸仏にあり、伊勢大神宮・年八幡宮・賀茂・松尾・日吉・春日などの諸社は、皆釈迦・薬師・弥陀・観音が示現したものである。（中略）しかし専修の人々は神明を敬わず、国の礼を失い、神の咎を受けるであろう。すなわち、諸仏と神々は本地垂迹の関係があり、専修念仏の者は諸神を軽侮し、神国の法を犯すと批判している。

以上の如く、かつて南都北嶺の旧仏教が法然の専修念仏教団を批判した本地垂迹説や神国思想を、逆に覚如や存覚はその著述や教義に取り入れた。親鸞においてはこのような本地垂迹説や神国思想は見られず、真宗にこの本地垂迹説と神国思想がもちこまれたのは、一四世紀にはいって覚如、存覚のときから以後である。(14)

先に掲げた存覚の『六要鈔』の文について、黒田俊雄氏は次のように述べている。(15)

一心一仏を念ずべきことを説いてはいる。しかしこれは論理的に問題をはらんでいる。まずこの論は、神祇の利益は弥陀を念ずる者への護念としてのみ意味づけられており、さきに往古如来の垂迹として意義づけた独自性がうしなわれ、その意味で弥陀に従属し一段ひくい地位におかれている。だから、このことから弥陀一仏を念ずることですべてがはたされうることと、権社の神を排斥し軽侮するのは正しくないこととの説明はともに成立するがここからは末代凡夫の自力作善や諸神諸仏への祈禱を否定する専修念仏の本質的契機は出てこない。出てこないばかりでなく作善や祈禱を否定することが正しくないことになろう。つまり、専修念仏はそれらのきびしい否定によってこそ専修たりうるにかかわらず、それを回避して、専修を手続き上の簡便化の方法であるかのごとくに説く論理を展開したのである。これは一向専修の卑俗化以外のなにものでもない。この性格は

『諸神本懐集』や当時の教化本にも、おなじようにみられる。（中略）『六要鈔』その他、覚如、存覚時代の真宗の著作が、なぜこのように一向専修（専念）の論理を骨抜きにしてまで神国思想を採用しなければならなかったか――これが、前節にのべた時代全般の傾向と無関係でないことだけは、あきらかである。さきにものべたように、当時の記録によれば、専修念仏の徒の神祇不拝に対する非難はつねにくりかえされたし、客観的にみても専修念仏の発生基盤は依然存在した。しかしそれにもかかわらず、弾圧をさけるためには、まして教団を組織するためには、権力者の思想に屈従しなければならなかったし、神祇不拝の激発を防止するために、上述のような論理が必要であったのである。

専修念仏は本地垂迹説や神国思想と基本的に相反したものであるにもかかわらず、両者を統合する上には、必然的に専修念仏の一向専修（専念）の純粋性が失われてくる。従って、そこには親鸞が述べた真仮偽の三重判による論理が見られず、外教邪偽に対する考え方も妥協的になる。(16)

三　蓮如の神祇観

次に蓮如についての神祇観をみてみよう。『御文章』一帖目第九通に(17)

しかりといへども仏法を修行せんひとは、念仏者にかぎらず、物さのみいむべからずとあきらかに諸経の文にもあまたみゑたり。まづ『涅槃経』にのたまはく、「如来法中無有選択吉日良辰」といへり。この文のこゝろは、如来の法のなかに吉日良辰をゑらぶことなしとなり。又『般舟経』にのたまはく、「優婆夷聞二是三昧一欲レ学者乃至自帰二命仏一帰二命法一帰二命比丘僧一、不レ得レ事二余道一不レ得レ拝二於天一不レ得レ祠二鬼神一不レ得レ視二吉良日一。」已上いへり。この文のこゝろは、優婆夷この三昧をきゝてまなばんと欲せんものは、みづから仏に帰命し法に帰命せよ比丘僧に帰命せよ、余道につかふることえざれ、天を拝することをえざれ、鬼神をまつることをえざれ、吉良日をみることをえざれといへり。かくのごときの経文どもこれありといへども、此分《このぶん》をいだすなり。ことに念仏行者はかれらにつかふべからざるやうにみえたり。よく〳〵こころうべし。

と述べられる。すなわち仏法を修行する者は念仏者にかぎらず物忌《ものい》みをしてはならないと、『涅槃経』と『般舟三昧経』の二文を挙げる。特に『般舟三昧経』は親鸞が『教行信証』「化巻」の外教釈に出す引文と同じで、ここでは親鸞の神祇不拝の態度を継承している。次に『御文章』一帖目第一〇通に(18)

もろもろの雑行をこのむこゝろをすて、あるひはまた、ものゝいまはしくおもふこゝろをもすて、一心一向に弥陀をたのみたてまつりて、そのほか余の仏・菩薩・諸神等にもこゝろをかけずして、たゞひとすぢに弥陀に帰して、このたびの往生は治定なるべしとおもはゞ、そのありがたさのあまり念仏をまうして、弥陀如来のわれらをたすけたまふ御恩を報じたてまつるべきなり。これを信心をえたる多屋の坊主達の内方のすがたとはまうすべきものなり。

と、信心の念仏行者は雑行や物忌む心を捨てて、諸仏・諸菩薩・諸神にたよらず、ただ一心一向に弥陀に帰すことが往生治定になり、その上の称名念仏は仏恩報謝であると述べる。これは正しく「信心正因・称名報恩」の内容を示すものである。

ところが『御文章』二帖目第三通には(19)、三ケ条の掟の中、第二条に「一。諸神・諸仏・菩薩をかろしむべから

ず」と挙げて、後に、

一。神明と申は、それ仏法にをひて信心なき衆生のむなしく地獄におちんことをかなしみおぼしめして、これをなにとしてもすくはんがために、かりに神とあらはれて、いさゝかなる縁をもて、それをたよりとして、つゐに仏法にすゝめいれしめんための方便に、神とはあらはれたまふなり。しかればいまのときの衆生にをひて弥陀をたのみ信心決定して念仏をまうし極楽に往生すべき身となりなば、一切の神明はかへりてわが本懐とおぼしめしてよろこびたまひて、念仏の行者を守護したまふべきあひだ、とりわき神をあがめねども、たゞ弥陀一仏をたのむうちにみなこもれるがゆへに、別してたのまざれども信ずるいはれのあるがゆへなり。

と、仏法に勧めるために方便として神明はあらわれる。そして衆生が弥陀をたのみ信心決定することが神明の本懐である。念仏行者を神明は守護するので、おのずから弥陀一仏をたのむ中に神明を崇敬することが含まれていると述べる。又、『御文章』三帖目第一〇通には、[20]六ケ条の掟の第一条に、「一。神社をかろしむることあるべからず。」と挙げて、後に、

一には一切の神明とまうすは、本地は仏・菩薩の変化にてましませども、この界の衆生をみるに、仏・菩薩にはすこしちかづきにくゝおもふあいだ、神明の方便に、かりに神とあらはれて、衆生に縁をむすびて、そのちからをもてたよりとして、つゐに仏法にすゝめいれんがためなり。これすなはち「和光同塵は結縁のはじめ、八相成道は利物のをはり」といへるはこのこゝろなり。さればいまの世の衆生、仏法を信じ念仏をもまうさん人をば、神明はあながちにわが本意とおぼしめすべし。このゆへに弥陀一仏の悲願に帰すれば、とりわけ神明をあがめず信ぜねども、そのうちにおなじく信ずるこゝろはこもれるゆへなり。

と、先の三ヶ条の掟の文と同様、神明は本地の仏・菩薩が変化したもので、仏・菩薩に近づきにくい衆生を仏法に勧め入れるために、方便として神明とあらわれたのであると述べる。そして、存覚が『持名鈔』や『諸神本懐集』の中で述べた「和光同塵は結縁のはじめ、八相成道は利物のをはり(21)」という文を引いている。この文は正しく本地垂迹説を示したものである。そして、仏法を信じ念仏を称える人は神明の本意であって、弥陀一仏の悲願に帰すことの中に、神明を崇め信ずる心が含まれているると述べる。

『御文章』二帖目第三通に、(22)

一。諸仏・菩薩と申ことは、それ弥陀如来の分身なれば、十方諸仏のためには本師本仏なるがゆへに、阿弥陀一仏に帰したてまつれば、すなはち諸仏・菩薩に帰するいはれあるがゆへに、阿弥陀一体のうちに諸仏・菩薩はみなことごとくこもれるなり。

と述べる文や、また『御文章』二帖目第一〇通に(23)

夫一切の神も仏と申も、いまこのうるところの他力の信心ひとつをとらしめんがための方便に、もろもろの神もろもろのほとけとあらはれたまふいはれなればなり。しかれば一切の仏・菩薩も、もとより弥陀如来の分身なれば、みなことごとく一念南無阿弥陀仏と帰命したてまつるうちにみなこもれるがゆへに、をろかにおもふべからざるものなり。

と述べる文には、『諸神本懐集』にも見られた本師分身説（弥陀と諸仏諸菩薩の関係）と本地垂迹説（諸仏諸菩薩と諸神の関係）の二つの立場が見られる。これまた存覚の神祇観を承けているように思われる。しかし、蓮如においては、存覚のように神祇を権社と実社に分けていない。これは何故であろうか。それについて、柏原祐泉氏は次

のように述べている。(24)

一般に、中世後期以後の荘園制の衰退に伴い、村や郷単位の神祇信仰が発達し、鎮守社は氏神とよばれ鎮守社を中心とする「氏子」制が成立してくる。このような村・郷の鎮守社の多くは、存覚が「邪神」の一部に入れた、本迹関係も明確でなく権門勢家の系列に入らぬ実社の神祇である。したがって蓮如時代以降は、このような実社の神を祀る氏子組織を、そのまま真宗の門徒教団の中へ吸収することとなる。(中略)このように、蓮如時代以降の門徒農民は、そのまま村落の氏子集団を形成し、したがって本来的に親鸞により否定された神祇崇拝(祈念)が、全く即一的におこなわれることとなった。したがって、蓮如以降では、たてまえとしての神祇不拝の教説も、現実の門徒農民の教団へは浸透しえなくなる。

すなわち、蓮如時代の教団が郷村制社会を基盤としており、実社の神祇を祀る氏子組織と門徒農民との強い結合は避けられなかったからである。また『帖外御文章』第二一通(25)(定)に、

一。諸神並びに仏・菩薩等軽んずべからずの事。一。諸法諸宗全く誹謗すべがらすの事。(中略)一。念仏者に於いて国守護・地頭を専らにすべし、軽んずべがらすの事。

とか、また『御文章』三帖目第一〇通に、(26)

一。神社をかろしむることあるべからず。一。諸仏・菩薩ならびに諸堂をかろしむべからず。一。諸宗・諸法を誹謗すべからず。一。守護・地頭を疎略にすべからず。

と、諸神諸仏不軽や諸法諸仏崇敬を掲げたのは、郷村制のもとで自立化した門徒農民が権門勢家や守護・地頭との間に対立抗争を起こし、それとともに権門勢家の系列の諸神諸仏軽侮が行われたので、蓮如はそれを誡めた。従っ

て、蓮如が本地垂迹説を引き諸神諸仏崇敬を説いたのは、覚如・存覚の場合と異なり、門徒農民の軽侮を抑えるために教団内にむけて説かれたのであり、それにより権門勢家の側との摩擦を避けたのである。(27)

さらに『御文章』三帖目第一二通に(28)

ことにまづ王法をもて本とし、仁義をさきとして、世間通途の儀に順じて当流安心をば内心にふかくたくはへて、外相に法流のすがたを他宗・他家にみえぬやうにふるまふべし。このこゝろをもて当流真実の正義をよく存知せしめたるひととはなづくべきものなり。

と述べ、『御文章』三帖目第一三通に(29)

夫当流門徒中にをひて、すでに安心決定せしめたらん人の身のうへにも、また未決定の人の安心をとらんともはん人も、こゝろうべき次第は、まづほかには王本を本とし、諸神・諸仏・菩薩をかろしめず、また諸宗・諸法を謗ぜず、国ところにあらば守護・地頭にむきては疎略なく、かぎりある年貢所当をつぶさに沙汰をいたし、そのほか仁義をもて本とし、また後生のためには内心に阿弥陀如来を一心一向にたのみたてまつりて、自余の雑行・雑善にこゝろをばとゞめずして、一念も疑心なく信じまいらせば、かならず真実の極楽浄土に往生すべし。このこゝろえのとほりをもて、すなはち弥陀如来の他力の信心をえたる念仏行者のすがたとはいふべし。

と述べ、『御文章』四帖目第一通に、(30)

しかればわが往生の一段にをひては、内心にふかく一念発起の信心をたくはえて、しかも他力仏恩の称名をたしなみ、そのうへにはなを王法をさきとし、仁義を本とすべし。また諸仏・菩薩等を疎略にせず、諸法・諸宗を軽賤せず、たゞ世間通途の儀に順じて外相に当流法義のすがたを他宗・他門のひとにみせざるをもて、当流聖人のおきてをまもる真宗念仏の行者といひつべし。

と述べる三文から次のことが考えられる。まず外に「王法為本（先）」・「仁義為先（本）」と説いて、諸神・諸仏・菩薩を軽しめず、諸宗・諸法を謗ぜず、世間通途の儀に順じること、そして内心にふかく阿弥陀如来を一心一向にたのむ信心（安心）をたくわえること、これが念仏行者のすがたである。蓮如は『御文章』二帖目第一〇通で[31]「これすなはち仏法・王法をむねとまもれる人となづくべきものなり」と、仏法と王法を並べて述べているが、外に王本を本（先）とし内心に仏法をたくわえるということは、必ずしも王法が主で仏法が従であるということではない。むしろ仏法が主で王法が従の文が見られる。[32]存覚は『破邪顕正抄』巻中[33]に、

一。仏法を破滅し王法を忽諸するよしの事。この条仏法・王法は一双の法なり、とりのふたつのつばさのごとし、くるまのふたつの輪のごとし、ひとつもかけては不可なり。かるがゆへに仏法をもて王法をまもり、王法をもて仏法をあがむ。

と、仏法と王法は鳥の両翼であり、車の両輪であって、ともに対等の関係にあると述べる。この『破邪顕正抄』の文は、天喜元年（一〇五三）七月『東大寺領美濃国茜部荘司住人等解[34]』の「方今王法仏法相双ぶこと、譬へば車の二輪、鳥の二翼の如し、若しその一闕かば敢て以て飛輪することを得ず、若し仏法無くは何ぞ王法有らんや、若し王法無くは豈に仏法有らんや、仍って〔仏〕法興るの故に王法最も盛なり」の文を承けている。王法と仏法の相依関係の理論は一二世紀には広く一般化する。『興福寺奏状[35]』はこのことを「仏法王法猶し身心のごとし、互にその安否を見、宜しくかの盛衰を知るべし」といい、『愚管抄[36]』に「王法仏法、牛ノ角ノ如シ」、『平家物語[37]』に「仏法

王法牛角《ごかく》なり」と表現されている。そして、これ以後中世を通じていたるところでこのような言葉が見られるのである。(38)

親鸞の王法仏法観は普賢晃壽氏が次の如く述べられている。(39)

親鸞は最澄撰『末法灯明記』を「化巻」にほとんど全引し、山徒に対し、王法仏法の正しい関係を表明したものといえるのである。即ち王法による仏法の統制を否定し、末法史観に立脚して、末法無戒の時機に相応した教法の樹立、即ち弘願真宗の立場を詮顕しているのである。更に神国思想を根底にした鎌倉旧仏教の王法仏法相依論を、神祇不拝を宣言することにより否定し、王法より独立した仏法為本の立場を確立しているのである。そして仏法為本を根底とした王仏の関係の樹立をめざしたのが、「化巻」における『末法灯明記』の引用であった。

すなわち親鸞は『教行信証』の「化巻」に『末法灯明記』を引用して、仏法為本の王法仏法相依関係を述べている。従って、蓮如の王法為本の王法仏法観は親鸞の仏法為本の王法仏法観とは明らかに異なっている。

むすび

以上、覚如・存覚・蓮如の神祇観を順次に窺ってきた。覚如は存覚を二回義絶しており、その理由の一つに法義上の相異があると見られるが、神祇説に関しては、覚如の資料は少ないけれども、ほとんど同じと見てよい。本地垂迹説、神国思想を取り入れて神祇不拝よりも神祇軽侮を誡めている。存覚は『諸神本懐集』で神祇を権社と実社に区別し、実社不拝を明確にし、諸神の本意は弥陀法を勧めるところにあるとした。諸神諸菩薩を弥陀の眷属として止揚し、すべてを弥陀一仏に帰趨せしめようとしたことは、通俗に妥協しながらもなお通俗を真宗的に高めようとした実践意欲が見られる。蓮如は『諸神本懐集』の立場を継承しつつも、覚如・存覚の神祇観と異なる。蓮如の時代には、存覚の排した実社を民衆の動向によって再び認めざるをえなかった。門徒農民は郷村社会において自立し、権門勢家や守護・地頭と対立した。従って蓮如は掟を作って、諸神・諸仏・諸法・諸宗の軽侮を誡めたのである。また「王法為本」・「仁義為先」を表に打ち出し、仏法は内心にたくわえるという消極的な姿勢が見られる。これは親鸞の「仏法為本」すなわち信心獲得を通しての神祇不拝と神祇護念の神祇観とは大きく異なっているのである。

註

（1） 拙稿「親鸞の神祇観」（九州龍谷短期大学紀要第三二号）参照。
（2） 永仁三年（一二九五）一〇月一二日、覚如二六歳、『真宗聖教全書』（以下『真聖全』と略す）三・六五〇頁。
（3） 『真聖全』三・六五一～六五二頁。
（4） 赤松俊秀氏監修『日本仏教史Ⅱ中世篇』三四七～三四八頁参照。「平安時代に日本の神祇と仏教の諸仏との関係を説明するために用意された理論が本地垂迹説であって、それはインドを本地とする仏菩薩が日本に権《かり》に現われた（迹《あと》を垂《た》れた）のが神祇であると説明する仏本神従の理論であった。元来、本門と迹門の区別を建てて実相を明らかにしようとするのは、法華経の教判であって、天台教学の特徴の一つでもあった。本地垂迹説は平安末期に仏教が民間に浸透するのと表裏して、いっそう普及した」と述べられている。
（5） 桐山六字氏「初期本願寺教団における神祇観」（伝道院紀要第三〇号、二四頁）参照。
（6） 『真聖全』三・七八八～七九〇頁、七九二～七九三頁。

(7) 信楽峻麿氏「覚如における信の思想」(龍谷大学論集第四二四号、六八頁) 参照。
(8) 正平元年 (一三二四) 三月一三日存覚三四歳、『真聖全』三・一〇〇～一〇一頁。
(9) 同年八月二二日、『真聖全』三・一七〇頁。
(10) 同年正月一二日、『真宗史料集成』一・六九七頁以下。『諸神本懐集』の成立については、岩橋小弥太氏「浄土教神道について」(国史学第二〇号、四一頁)、浅井了宗氏「浄土教における神仏交渉発達論――広疑瑞決集と諸神本懐集について――」(宗学院論輯第三六号、九三頁)、宮崎円遵氏「諸神本懐集の底本の問題」(真宗書誌学の研究二一五頁)、北西弘氏「諸神本懐集の成立」(真宗史の研究二〇一頁)、普賢晃壽氏「中世真宗の神祇思想―『諸神本懐集』を中心として―」(龍谷大学仏教文化研究所紀要第一七集、三一頁)、今堀太逸氏「中世の神祇思想と専修念仏―『神本地之事』『諸神本懐集』の成立を中心として―」(仏教史学研究第二一巻第二号、一頁) 等参照。
(11) 延文三年 (一三六〇) 八月一日、存覚七〇歳、『真聖全』二・四一七～四一八頁。
(12) 普賢晃壽氏「中世真宗の神祇思想―『諸神本懐集』を中心として―」(龍谷大学仏教文化研究所紀要第一七集、四八頁) 参照。
(13) 拙稿「親鸞の神祇観」(九州龍谷短期大学紀要第三二号、一一～一三頁) 参照。『興福寺奏状』第五、背霊神失 (日本思想大系一五、鎌倉旧仏教三五～三六頁)『停止一向専修記』(鎌倉遺文古文書篇第五巻三二三四号、二七一頁)
(14) 黒田俊雄氏「中世国家と神国思想」(日本中世の国家と宗教二七六頁) 参照。
(15) 黒田俊雄氏前掲書二七七～二七八頁。
(16) 拙稿「親鸞の神祇観」(九州龍谷短期大学紀要第三二号、一五～一六頁) 参照。
(17) 文明五年 (一四七三) 九月、蓮如五九歳、『真聖全』三・四一四～四一五頁。
(18) 文明五年 (一四七三) 九月一一日、『真聖全』三・四一七頁。
(19) 文明六年 (一四七四) 正月一一日、蓮如六〇歳、『真聖全』三・四二八～四三〇頁。
(20) 文明七年 (一四七五) 七月一五日、蓮如六一歳、『真聖全』三・四六六～四六七頁。
(21) 『摩訶止観』巻六下の意。和光同塵―仏が衆生を救済するために、その本地の智慧 (威光) を隠して (和げて)、人間界にすがたを変えて現われ、教化すること。八相成道—仏が衆生を救済するために、この世で現示される八つの相。降兜率天、託胎、出生、出家、降魔、成道、転法輪、入涅槃。

(22) 文明六年正月一一日、『真聖全』三・四三〇頁。

(23) 文明六年五月一三日、『真聖全』三・四四〇〜四四一頁。

(24) 柏原祐泉氏「真宗における神祇観の変遷」（大谷学報第三六巻第一号、一二頁）参照。

(25) 文明五年（一四七三）一一月、蓮如五九歳、『真聖全』五・三二四頁。

(26) 文明七年（一四七五）七月一五日、蓮如六一歳、『真聖全』三・四六六頁。

(27) 柏原祐泉氏「前掲論文」参照。

(28) 文明八年（一四七六）正月二七日、蓮如六二歳、『真聖全』三・四七二頁。

(29) 文明八年（一四七六）七月一八日、蓮如六二歳、『真聖全』三・四七二〜四七三頁。

(30) 文明九年（一四七七）正月八日、蓮如六三歳、『真聖全』三・四七四頁。

(31) 文明六年（一四七四）五月一三日、蓮如六〇歳、『真聖全』三・四四一頁。

(32) 『御一代記聞書』末第一五七条に「仏法をあるじとし、世間を客人とせよといへり。仏法のうへよりは、世間のことは時にしたがひ相はたらくべき事なり」（『真聖全』三・五七〇頁）とあり、また『蓮如上人御遺言』第三七条に「一流の中に於て仏法を面とすべき事勿論也。然りと雖も世間に順じて王法をまもる事は仏法を立てられんがためなり。而に仏法をば次にして王法を本意と心得る事、当時是れ多し。尤《もっと》も然るべからざる次第也」（『真宗史料集成』二・五九五〜五九六頁）とある。

(33) 『真聖全』三・一七三頁。

(34) 『東大寺文書』（平安遺文古文書篇第三巻七〇二号、八三五頁）

(35) 『興福寺奏状』第九、乱国土失（日本思想大系一五、鎌倉旧仏教四一頁）

(36) 『愚管抄』巻第五、安徳（日本古典文学大系八六、二五〇頁）

(37) 『平家物語』巻二、一行阿闍梨之沙汰（日本古典文学大系三二、一四八頁）『愚管抄』の「牛ノ角」や『平家物語』の「牛角」は「互角」のことで、牛の角が左右互いに長短・大小のないことから、王法と仏法は相互に優劣がない意を示す。『黒本本節用集』(一三七)には「牛角又互角に作るなり」とある。(中田祝夫著『古本節用集六種研究並びに総合索引』二四〇頁)

(38) 黒田俊雄氏「中世における顕密体制の展開」(日本中世の国家と宗教四六二~四六三頁)、同『王法と仏法』一四~一五頁、同「王法仏法相依論の軌跡」(大系仏教と日本人二、国家と天皇二一頁)、信楽峻麿氏「存覚における信の思想」(真宗学第七一号、七五~七七頁)参照。

(39) 普賢晃壽氏「親鸞聖人における王法と仏法」(真宗学第七五・七六合併号、九六頁)参照。

〔本論文は「真宗における神祇観」『真宗学』第七十八号、昭和六十三年(一九八八)三月刊より一部修正して転載しました〕

第二部　著作解説編

一、『浄土真要鈔』

【撰述年代・意図】

『真宗法要』所収の『真要鈔』跋文には、『浄土真要鈔』撰述の意図について次のように記されている。

元亨四歳甲子正月六日これをかきしるして、釈了源に授与しをはりぬ。そもそもこのふみをしるすおこりは日ごろ浄土文類集といふ書あり。これ当流の先達のかきのべられたるものなり。平生業成の義、不来迎のおもむき、ほぼかの書に見えたり。しかるにそのことば、くわしからざるあひだ、初心のともがら、こころをえがたきによりて、なお要文をそへかさねて料簡をくはへて、しるしあたふべきよし。了源所望のあひだ、浅才の身しきりに固辞をいたすといへども、連々懇望のむね、黙止かたきによりて、いささか領解するおもむきをしるしをはりぬ。かの書を地体として文言をくはふるものなり。またその名をあらたむるゆへは、聖人の御作のなかに、浄土文類聚鈔といへるふみあり。その題目あひまがひぬべし。これさだめて作者の題する名にあらじ。他人のちにこれを案ずる歟のあひだ、わたくしにいまこれを浄土真要鈔となづくるものなり。

ここにあるように、『浄土真要鈔』は、元亨四年（一三二四）、存覚上人（以下、存覚）三十五歳の時に、仏光寺了源（一二八四～一三三五）の乞いにより、『浄土文類集』の解説書のような形で製作されたものである。また、『浄土真要鈔』という題目は、『浄土文類集』が宗祖親鸞聖人の『浄土文類聚鈔』と題目が似ているから、存覚自身が改めたものだという。

『浄土文類集』については、僧樸の『真宗法要蔵外諸書管窺録』や泰巌の『蔵外法要菽麦私記』に記されているが、現在『浄土真要鈔』の底本となったものについては、二つの説が主張されている。一つは、橋川正氏の説で、龍大蔵の『四部国字抄』という書の中におさめられている『浄土文類集』が、『浄土真要鈔』の底本となったものとされる。もう一つは、岸辺武利氏の説で、『真宗法要蔵外諸書管窺録』『蔵外法要菽麦私記』の記事と『四部国字抄』中の『浄土文類集』の内容とは一致しないとし、一致するのは和歌山県真光寺蔵室町時代末期の写本『取意抄出』という書であり、この書が『浄土真要鈔』の底本となった『浄土文類集』に擬すものであるとするものである。『四部国字抄』中の『浄土文類集』は、『取意抄出』と比較すると、前半部分しかおさめられておらず、現在、多くは『取意抄出』に依って『浄土文類集』の内容を窺うのが、一般的となっているようである。

『浄土文類集』の著者については、先の『真宗法要』所収の『真要鈔』の跋文には「当流の先達のかきのべられたるものなり」とあるが、明確な著者名は不明である。一説には、関東荒木門徒の一人で、仏光寺第四世である了海とされるが、根拠は不十分とみなされている。成立年代も明確ではないが、一三〇〇年から一三二四年の間の成立と推定されている。

内容的には、存覚自ら「当流の先達のかきのべられたるものなり」とされる本書であるが、一部には、生仏一体論や仏体即行論といった西山系の思想表現がみられたり、知識帰命の異義などが展開されており、真宗義の立場から、充分な注意が必要な内容となっている。しかし、このような『浄土文類集』の内容は、草創期の真宗教学が、どのような問題を孕んでいたのかを知る重要な資料といえるのであって、当時の教学上の問題に存覚が、どのような立場でもって対応しているのかを示すものが『浄土真要鈔』の内容だといえる。

【古写本】

①浅野長量　（東京）　建武五（一三三八）年　末巻を欠く
②永福寺　（京都）　室町時代末期　本巻を欠く
③永福寺　（京都）　室町時代末期　末巻を欠く
④円照寺　（滋賀）　室町時代末期　端坊蔵印あり
⑤大谷大学　（京都）　室町時代末期　末巻を欠く
⑥岸部武利　（奈良）　室町時代末期　末巻を欠く
⑦光触寺　（兵庫）　室町時代末期
⑧毫摂寺　（兵庫）　南北朝時代　本巻を欠く
⑨光徳寺　（大阪）　室町時代初期
⑩光徳寺　（大阪）　室町時代末期　本巻を欠く
⑪慈光寺　（愛知）　室町時代末期
⑫上宮寺　（愛知）　室町時代末期　残欠本
⑬常楽寺　（京都）　室町時代中期　本巻のみ
⑭浄興寺　（新潟）　室町時代末期　本巻、末巻別筆あり
⑮常楽寺　（京都）　室町時代末期
⑯専修坊　（愛知）

⑰長命寺　（長野）　室町時代末期
⑱福田寺　（滋賀長沢）室町時代末期　本巻を欠く
⑲本派本願寺（京都）　永享十一（一四三九）年　蓮如筆
⑳本派本願寺（京都）　室町時代中期　蓮如筆
㉑本派本願寺（京都）　室町時代末期
㉒万福寺　（山梨栗林）室町時代末期
㉓龍谷大学（京都）　室町時代末期
㉔滝上寺　（奈良）　室町時代中期

※古写本を列記するに当たり、『真宗史料集成』を参考に作成した。

【本書内容】

『浄土真要鈔』の内容を窺うと、大きく二段に分けることができる。一つは、総説段といわれる部分で、一向専修の念仏を決定往生の肝心といい、その相承について論じている（『真聖全』三・一一九頁）。二つは、十四番の問答を展開している部分で、『浄土真要鈔』の大半を占めている。十四番の問答の内容をまとめると、次のようになる。

① 平生業成と不来迎について論じる。（『真聖全』三・一二二頁）
② 平生業成の文義として、第十八願文と成就文をあげて論じる。（『真聖全』三・一二五頁）

③　現生不退について論じる。（『真聖全』三・一三二頁）

④　『観経』下々品の臨終往生と平生業成の義とが矛盾しないことを論じる。（『真聖全』三・一三六頁）

⑤⑥　第十八願の十念と成就文の一念の説示の相違について論じる。（『真聖全』三・一三七頁）

⑦⑧⑨　臨終来迎は念仏の利益か諸行の利益かについて論じる。（『真聖全』三・一四一頁）

⑩　第十八願の念仏と第十九願の諸行との利益の相違について述べ、第十八願の念仏は真実報土に往生し、臨終の来迎をまつ必要はなく、第十九願の諸行は臨終に化仏の来迎を期し、胎生辺地の往生であることを論じる。（『真聖全』三・一四五頁）

⑪⑫⑬　胎生と化生、報土と化土について、その分別を論じる。（『真聖全』三・一四八頁）

⑭　善知識について論じる。（『真聖全』三・一五一頁）

この中、総説段といわれる部分と、⑤⑥とは、念仏について述べられたもので、特に⑤⑥は、十念と一念の問題を中心に存覚の念仏論が展開されている。また、①〜④までと⑦〜⑬までは、平生業成論と来迎論を中心とした証果論について述べられている。よって、『浄土真要鈔』の内容を全体的に窺うと、念仏論と証果論と善知識論の三点の問題点について論じられている。

◎念仏論〈総説段・⑤⑥〉

まず、総説段では、その冒頭で「それ一向専修の念仏は決定往生の肝心なり。……第十八の願に念仏の信心をすすめて諸行をとかず、乃至十念の行者かならず往生をうべしととけるゆへなり」と述べられ、「乃至十念」に重点を置き、第十八願を念仏往生の願と理解する、存覚の基本的立場を窺うことができる。そして、このような立場から、念仏の相承として善導・法然に注意して、この伝統を受けたのが親鸞聖人の一流であり、親鸞聖人の一流は、一向専修の念仏往生であると説示している。

十念と一念の理解について、第五問答では、因願の十念と成就文の一念の相違について論じられているが、因願の十念と成就文の一念を、共に称名で理解する立場を示し、十念と一念の相違については次のように述べている。

悪人のなかにまた長命・短命の二類あるべし。長命のためには十念をあたふ、至極短命の機のためには一念の利生を成就すとなり。これ他力のなかの他力、易行のなかの易行をあらはすなり。（『真聖全』三・一三八頁）

ここにあるように、十念と一念との相違は、命の長短に応じて説かれたものであると捉えており、十念の称名と一念の称名自体の間には、価値の差異を認めていないことが分かる。

しかし、注意したいのは親鸞聖人が成就文の一念を信の一念と捉えるのに対し、存覚は行の一念と捉える点である。これについて、第二問答には次のように述べられている。

この一念について隠顕の義あり。顕（ウヘニアラハシテハ）には十念に対するとき一念といふは称名の一念なり。隠（シタニカクシテハ）には、真因を決了する安心の一念なり。これすなはち相好光明等の功徳を観想する念にあらず、ただかの如来の名号をききえて機教の分限をおもひさだむるくらいをさすなり。されば親鸞聖人は、この一念を釈すとして「一念といふは信心を獲得する時節の極促をあらはす」と判じたまへり。

（『真聖全』三・一二八頁）

ここにあるように、経の文面に顕れた顕の面でいえば、称名の一念であり、経の文面の下に隠れた隠の面でいえば、浄土往生の真因が決定する信の一念であるとし、隠顕の両面で解釈している。さらに、この隠顕で解釈されている称名の一念と信の一念の関係について、第六問答には、次のように述べられている。

聖人の釈義のごとくは一念といへるについて行の一念と信の一念とをわけられたり。いはゆる行の一念をば、真実行（行巻）のなかにあらはして「行の一念といふは、いはく称名の遍数について選択易行の至極を顕開す」といひ、信の一念をば真実信（信巻）のなかにあらはして「信楽に一念あり。一念といふはこれ信楽開発の時剋の極促をあらはし、広大難思の慶心をあらはす」といへり。かみにいふところの十念一念は、みな行について論ずるところなり。信心についていはんときは、ただ一念開発の信心をはじめとして一念の疑心をまじへず、念々相続してかの願力の道に乗ずるがゆへに名号をもてまたくわが行体とさだむべからざれば、十念とも一念ともいふべからず。ただ他力の不思議をあふぎ、法爾往生の道理にまかすべきなり。

（『真聖全』三・一四〇頁）

ここにあるように、十念・一念の問題は、顕の面である称名について問題になるのであって、隠の面である信心については、そのきわまりは十念・一念の分別を絶したものであり、信の一念は、ただ他力の不思議をあおぎ、法爾往生の道理にまかすことに他ならないことを示している。つまり、存覚においては、念仏往生を前面に主張しつつも、その根底に信心の決定を捉えているのであって、往生の決定は信心決定の一念にあるとする親鸞聖人の立場を伝承しているということができる。

信行の不離一体の関係を、隠顕の釈義で示し、信心を根底にした念仏往生という存覚の念仏論の立場が、これらのことから窺える。

◎証果論（①〜④・⑦〜⑬）

まず、第一問答を窺うと、次のように述べられている。

親鸞聖人の一流にをいては平生業成の義にして臨終往生ののぞみを本とせず。不来迎の談にして来迎の義を執せず。ただし平生業成といふは平生に仏法にあふ機にとりてのことなり。もし臨終に法にあはば、その機は臨終に往生すべし。平生をいはず臨終をいはず、ただ信心をうるとき往生すなはちさだまるとなり。これを即得往生といふ。（『真聖全』三・一二三頁）

ここにあるように、存覚においても、平生業成・不来迎という親鸞聖人の教説を伝承する立場に立っていることが分かる。また、ここで「平生をいはず臨終をいはず、ただ信心をうるとき往生すなはちさだまるとなり」と、平生業成の義について、明確な定義をされている点も注目される。

第二問答においては、第十八願文と成就文の上に、平生業成・不来迎の論拠を求めている。

第十八の願のなかに臨終・平生の沙汰なし。聖衆来現の儀をあかさず。かるがゆへに十八の願に帰して念仏を修し往生をねがふとき、臨終をまたず来迎を期すべからずとなり。……この願文のなかに、またく臨終ととかず平生といはず、ただ至心信楽の機にをいて十念の往生をあかせり。しかれば臨終に信楽せば臨終に往生治定すべし、平生に至心せば平生に往生決得すべし。さらに平生と臨終とによるべからず、ただ仏法にあふ時節の分齊にあるべし。（『真聖全』三・一二七頁）

ここにあるように、第十八願文は、至心信楽の機において十念の往生を明かしたものであり、臨終に信楽すれば、臨終に往生治定するのであり、平生に至心すれば平生に往生決得するのであり、往生の決定は平生臨終をいはず

「仏法にあふ時節の分齊にある」ことを第十八願文の上から示している。また成就文についても次のようにある。

こころは一切の衆生無碍光如来のみなをききえて、生死出離の強縁ひとへに念仏往生の一道にあるべしとよろこびおもふこころの一念おこるとき往生はさだまるなり。これすなはち弥陀如来因位のむかし至心に廻向したまへりしゆへなり。

(『真聖全』三・一二八頁)

ここにあるように、聞其名号の信の一念に往生が定まることを、成就文の上から示していることが分かる。更に、成就文については、次の第三問答において、「即得往生住不退転」の文によって、現生不退論が展開されている。

しかれば即得往生住不退転といへるも浄土にしてうべき益なりとみえたり。いかでか穢土にしてたやすくこのくらいに住すといふべきや。……浄土は不退なり、穢土は有退なり。菩薩の位にをいて不退を論ず、凡夫はみな退位なり。しかるに薄地底下の凡夫なれども、弥陀の名号をたもちて金剛の信心をおこせば、よこさまに三界流転の報をはなるるゆへにその義不退をうるにあたれるなり。これすなはち菩薩のくらいにをいて論ずるところの位・行・念の三不退等にはあらず。いまいふところの不退といふはこれ心不退なり。されば善導和尚の『法事讃』(礼讃)には「蒙光触者心不退」と釈せり。こころは弥陀如来の摂取の光益にあづかりぬれば心不退をうとなり。……いま即得往生住不退転といへる本意は、証得往生現生不退の密益をときあらはすなり。これをもてわが流の極致とするなり。

(『真聖全』三・一三二頁)

ここにあるように、成就文の「即得往生住不退転」の意が、浄土の菩薩の位において論ずるところのものではなく、心不退を意味するものであることを『法事讃』に依りながら明らかにして、現生不退論を展開している。更に、この後には、「正信偈」の「憶念弥陀仏本願　自然即時入必定　唯能常称如来号　応報大悲弘誓恩」とある文や

「証巻」冒頭の「煩悩成就の凡夫生死罪濁の群萠、往相廻向の心行をうればすなはちのときに大乗正定聚のかずにいる。……」などの文を引証し、成就文の意が現生不退を意味することを明らかにして、平生業成・不来迎の義を明確にしている。

そして注目すべきは、これら第十八願文と成就文と並んで、現生不退の文証として『阿弥陀経』をあげている点である。第三問答には、次のようにある。

まさしくかの『阿弥陀経』の文には「欲生阿弥陀仏国者、是諸人等、皆得不退転於阿耨多羅三藐三菩提」といへり。願をおこして阿弥陀仏のくににむまれんとおもへば、このもろもろのひとら、みな不退転をうといへる。現生にをいて願生の信心をおこせばすなはち不退にかなふといふことその文ははなはだあきらかなり。またおなじき『経』のつぎかみの文に念仏の行者のうるところの益をとくとして「是諸善男子・善女人、皆為一切諸仏共所護念、皆得不退転於阿耨多羅三藐三菩提」といへり。こころはこのもろもろの善男子・善女人、みな一切諸仏のためにともに護念せられて、みな不退転を阿耨多羅三藐三菩提にうとなり。

(『真聖全』三・一三三頁)

ここにあるように、まず「欲生阿弥陀仏国者、是諸人等、皆得不退転於阿耨多羅三藐三菩提」という文により、現生において信心を獲る時、不退転の位を獲ることを明らかにし、「是諸善男子・善女人、皆為一切諸仏共所護念、皆得不退転於阿耨多羅三藐三菩提」という文により、それは諸仏に護念せられることによるものであることを明らかにしている。

親鸞聖人が現生不退の文証として、第十一願成就文や『如来会』の第十一願成就文に注目したのに対し、存覚はそれらには注目せず、第十八願文・第十八願成就文・『阿弥陀経』に注目していることが注意される。これは存覚の教学的特徴の一つといえるが、これに関して普賢晃壽氏は、対浄土異流を意識してのものであることを指摘している。(1) つまり、正定聚・不退転を浄土での処不退とする浄土異流に対しては、法然聖人や源信和尚の上にみられる『阿弥陀経』の不退転の文を文証として対応していったものと考えられる。

これまで平生業成・不来迎の義を明らかにしてきたが、以下の第七問答〜第十三問答までは、他の経釈の文の上に念仏来迎を肯定する文が多くみられることの問題を中心にして展開されている。第七問答には、次のようにある。

念仏の益に来迎あるべきやうにみえたる文証ひとすぢにこれなきにはあらず。しかれども聖教にをいて方便の説あり、真実の説あり、一往の義あり、再往の義あり。念仏にをいて来迎あるべしとみえたるはみな浅機を引せんがための一往方便の説なり。深理をあらはすときの再往真実の義にあらずとこころうべし。

(『真聖全』三・一四二頁)

ここにみられるように、経釈の上に多くみられる念仏来迎を肯定する文は、方便の説であるとするのが、存覚の基本的立場である。つまり、それら念仏来迎を肯定するのは、来迎を好む浅機を念仏に引入せしめんがための方便の説であり、真実の説には来迎は存しないとしている。また、第八・第九問答においても、善導大師の解釈に念仏来迎を肯定する文があることに対して、もし、来迎が第十八願の念仏の益であるなら、善導大師自身が第十八願を釈した加減の文に来迎の釈が存すべきはずであるといい、善導大師の第十八願の解釈に念仏来迎が説かれていないことから、来迎は念仏の益ではないということが主張されている。

更にその後の問答では、第十九願の臨終来迎も方便であるという主張がなされ、これも第十八願の念仏往生に引入せしめんがための教えであるとしている。また第十問答では、仏身論の上から来迎は化仏のみにいうところであって、報身如来には来迎はないことを主張して、念仏来迎を否定している。

以上、これら『浄土真要鈔』にみられる平生業成・不来迎の義の展開は、多くは第十九願に立脚し諸行往生・臨終来迎を主張する鎮西等の浄土異流を強く意識したものであると考えられる。それ故、『唯信鈔文意』等にみられる親鸞聖人独自の「来迎」の解釈は、全く依用されていない。

◎善知識論（⑭）

第十四問答では、善知識に関して論じられている。まず善知識の定義として『涅槃経』の「諸仏・菩薩名知識、善男子、譬如船師、善度人故名船師。諸仏・菩薩亦復如是、度諸衆生生死大海、以是義故名善知識」という文を挙げ、「されば真実の善知識は仏・菩薩なるべしとみえたり」と述べ、初めに真実の善知識とは仏・菩薩のことであるとしている。しかし、その後に「しからば仏・菩薩のほかには善知識はあるまじきかとおぼゆるに、それにはかぎるべからず」と述べ、その文証として、『大経』下巻の「如来興世難値難見、諸仏経道難得難聞、菩薩勝法諸波羅蜜得聞亦難、遇善知識聞法能行此亦為難」という文を挙げ、次のように述べている。

されば如来にもあひたてまつりがたしといひ、菩薩の勝法もききがたしといひて、そのほかに善知識にあひ法をきくこともかたしといへるは仏・菩薩のほかにも衆生のために法をきかしめんひとをば善知識といふべしときこへたり。またまさしくみづから法をときてきかするひとならねども、法をきかする縁となるひとをも善知

識となづく。（『真聖全』三・一五二頁）

ここにあるように、『大経』下巻の文を文証として、善知識とは仏・菩薩のみならず、衆生のために法を聞かせる人や法を聞かせる縁となる人も指すものであることが述べられている。更に、その後には「されば善知識は諸仏・菩薩なり。諸仏・菩薩の総体は阿弥陀如来なり。その智慧をつたへその法をうけて直にもあたへ、またしられんひとにみちびきて法をきかしめんは、みな善知識なるべし。しかれば仏法をききて生死をはなるべきみなもとはただ善知識なり」と、善知識を仏法を聞き生死を離れる源として重視している。

このように、最後に善知識の問題を取上げて論じているのは、当時の真宗教団において、知識帰命などの善知識に関することが問題となっていたことを推察させるが、存覚の場合は、覚如上人（以下、覚如）が仏光寺の名帳・絵系図を名指しで批判（『改邪鈔』第一条・第二条〈『真聖全』三・六四五頁〉）したり、蓮如が「このゆへにわれらにをひては、善知識ばかりをたのむべしと云云。これもうつくしく当流の信心をゑざる人なりときこえたり。そもそも善知識の能といふは、一心一向に弥陀に帰命したてまつるべしと、ひとをすゝむべきばかりなり」と、善知識の定義を「弥陀に帰命したてまつるべしと、ひとをすゝむべきばかりなり」（『御文章』二帖目第一一通〈『真聖全』三・四四二頁〉）と限定していくのではなく、真実の善知識は仏・菩薩とした上で、「それにはかぎるべからず」と、善知識の定義に幅をもたせるような釈をとっていることが特徴であろう。

註

（1）普賢晃壽著『中世真宗教学の展開』参照。

一、『浄土真要鈔』

二、『諸神本懐集』

【撰述年代・意図】

本書奥書に「元亨四歳甲子正月十二日釈了源の託に依て筆を染め訖んぬ。此書日来流布の本ありと雖も文言相違せしむるに似て義理不審なきに非ざるの間、大略添削を加え畢んぬ、是れ即ち願主の命たるに依るなり、定んで諸人の嘲を招かん歟」と記されている。このことから元亨四年（一三二四）存覚三十五歳の時、仏光寺了源の所望に応じて、当時流布していた本に添削を加えて著されたものと思われる。撰述意図としては仏は神明の本地であり、神明は仏の垂迹である。また諸仏の本地は阿弥陀仏であるとし、神明に帰依しようと思うのならば本地である阿弥陀仏に帰依すべきことを述べ、諸神の本懐が、念仏をすすめることにあることを示すものである。

【古写本】

①永福寺	（京都）	室町時代末期	
②大谷大学	（京都）	室町時代末期	末巻を欠く
③願照寺	（愛知）	寛正五（一四六四）年	本巻を欠く
④岸部武利	（奈良）	室町時代末期	末巻を欠く
⑤毫摂寺	（兵庫）	室町時代末期	

⑥光徳寺　（大阪）　室町時代中期
⑦慈光寺　（愛知）　室町時代末期　末巻を欠く
⑧上宮寺　（愛知）　室町時代末期
⑨浄興寺　（新潟）　応永三十二（一四二五）年
⑩神宮文庫　（三重）　室町時代末期
⑪真宗寺　（大阪）　室町時代末期
⑫専想寺　（大分）　室町時代中期
⑬天理大学図書館（奈良）　室町時代末期　末巻を欠く
⑭内閣文庫　（東京）　南北朝時代　本巻を欠く
⑮福田寺　（滋賀長沢）　室町時代中期　本巻を欠く
⑯本徳寺　（兵庫）　室町時代末期　本巻を欠く
⑰本派本願寺　（京都）　室町時代末期
⑱本派本願寺　（京都）　室町時代末期
⑲本福寺　（滋賀）　室町時代中期　末巻を欠く
⑳龍谷大学　（京都）　室町時代末期

【本書内容】

内容は、「第一ニハ権社ノ霊神ヲアカシテ本地ノ利生ヲタフトフヘキコトヲシヘ」、「第二ニハ実社ノ邪神ヲアカシテ承事ノオモヒヲヤムヘキムネヲススメ」、「第三ニハ諸神ノ本懐ヲアカシテ仏法ヲ行シ念仏ヲ修スヘキオモムキヲシラシメントオモフ」と三段に分けられている。

第一段

ここでは、日本が神国であるとしている。その日本の神々は垂迹であり、本地は仏であるとしてそれぞれの神と本地仏を示している。たとえば天照大神は観音の垂迹であり、素盞烏尊は勢至の垂迹である。この二菩薩は阿弥陀仏の悲智の二門であり、この両社は弥陀の分身であるから以下の諸社はまた弥陀の善巧方便であるとしている。また熊野は阿弥陀仏が化現したもので「日本第一の霊社」であるとしている。その他、釈迦如来・弥勒菩薩・普賢菩薩・文殊菩薩・薬師如来・地蔵菩薩等が本地仏として示されている。その結論として「ミナ弥陀仏ノ智慧ニオサマラストイウコトナシ」と述べ、阿弥陀仏に帰すれば、垂迹である神に別につかえなくても自然に帰することになるとしている。

第二段

実社の邪神とは、生霊・死霊等の神のことで仏の垂迹ではなく、人や畜生などがたたりをなすとして、これをなだめるために神とあがめたものである。これに帰するものは未来永劫まで悪道にしずむとしている。また弥陀一仏に帰すれば、神明がつきそいまもりたまうので、実社の神や悪鬼神は人々を恐れ悩ますことができないとしている。

第三段

はじめに念仏が時機相応の法であり、それを諸神がすすめているということをあらわす引文がある。その後に神明の本地である諸仏菩薩もまた弥陀を念ぜよとおしえ、西方の往生をすすめられているとして釈迦・弥陀・薬師・弥勒・観音・勢至・普賢・文殊・地蔵・龍樹を挙げて説明を加えている。神明の本地は諸仏であり、諸仏の本地は阿弥陀仏である。衆生が弥陀の名号を一向に称することが、諸神の本懐であるとしている。

三、『持名鈔』

【撰述年代・意図】

『持名抄』には、作者・製作年次・願主の名などが記されていない。しかし『浄典目録』には、『持名鈔』を自撰としているので、作者は存覚である。

製作年次については『高宮聖教目録』に「存覚三十五歳。元亨四年甲子正月六日述作」とあり、また『澁谷寶鑑』には「私曰、此鈔ハ正中二年ノ作ナリ。即チ跋文云右ノ書ハ、当流之秘書ナリ。正中二年六月日　存覚。又跋文ニ、任了源大徳望染筆。元亨四年六月九日　沙門存覚」とあるので、元亨四年（一三二四）、存覚三十五歳である。

願主は、『浄典目録』に「依㆓空性房了源ノ望㆒草㆑之」とあるので、了源である。

【古写本】

①大谷大学　（京都）　室町時代末期

②大谷大学　（京都）　室町時代末期　本巻を欠く

③願照寺　（愛知）　室町時代中期

④願念寺　（岐阜）　室町時代末期

⑤岸部武利　（奈良）　慶長頃
⑥岸部武利　（奈良）　室町時代末期　後筆で「存覚作」とあり。本巻を欠く
⑦岸部武利　（奈良）　室町時代末期　本巻を欠く
⑧毫摂寺　（兵庫）　室町時代末期
⑨光徳寺　（大阪）　室町時代末期
⑩慈光寺　（愛知）　室町時代末期
⑪上宮寺　（愛知）　室町時代中期　蓮如筆
⑫浄興寺　（新潟）　応永三十二（一四二五）年
⑬常楽寺　（京都）　室町時代末期
⑭専光寺　（石川）　永亨十一（一四三九）年　存如筆
⑮本派本願寺（京都）　康正三年　蓮如筆
⑯明性寺　（滋賀）　室町時代末期
⑰龍谷大学　（京都）　室町時代中期

【本書内容】

題号に「持名」とあるように、南無阿弥陀仏の名号をたもつこと（一向専修の念仏）を勧めることが根幹である。本鈔は数種の異本において、全鈔を一巻とするものと、本末の二巻とするものがある。しかし『浄典目録』には

『持名鈔　一巻』として本末の二字を細註にしていることから、これは一巻のものと見るべきである。

「本」では、仏道には様々な門があり、全て説のごとくに行じたならば、生死を離れることができるが、今は末法の時代であるから、末代相応の要法である念仏往生の一門を勧めている。その中で、この門内に専修と雑修があり、専修の行者は百即百生、雑修の者は万不一生であると二行の得失を論じ、一向専修の念仏を勧め、念仏が極善最上の法であることを明らかにしている。

「末」では、問答により真宗の要義を述べられる。

まず、神明につかえることについて、念仏の行者に限らず、仏弟子であればこれにつかえるべきではないとし、仏道を行ずることが神慮にかなうことであり、念仏の行者になれば、神明も喜び、擁護されると述べている。

次の問答では、真宗の現益・当益のことを問題にされる。三部経には当益ばかりを説いているが、余経を見ると阿弥陀仏には現益もあるとし、諸仏護念、冥衆護持、息災延命、鎮護国家等、現益を述べ、大切なのは往生の大益であり、現益は自ずから付いてくるものである旨を述べている。

最後の問答では、往生には信心が極要である旨を明らかにされた後、次第相承の恩について述べられる。

四、『破邪顕正抄』

【撰述年代・意図】

本書は『浄典目録』に、

　破邪顕正申状　三巻　依二空性了源所望一草レ之[1]

と記されている様に、存覚が仏光寺の空性房了源の請いに応じて著された書物である。本書の諸種の伝本の中には奥書の付されているものが存在するが、それによれば本書の著述年代は元亨四年（一三二四）、存覚三十五歳の時であったといわれている。[2]

また本書は冒頭に、

　専修念仏の行人某等、謹んで言上。はやく山寺聖道の諸僧、ならびに三臥・巫女・陰陽師等が無実非分の讒言濫妨を停止せられて、かつは帰仏信法の懇志に優せられ、かつは治国撫民の恩憐をたれられて、もとのごとく本宅に還住して念仏を勤行すべきよし、裁許をかうぶらんとおもふ子細の事。

と述べられている様に、上人在世当時における専修念仏非難・念仏停止の迫害に対し、それが無実非分なる讒言濫妨であるとして、朝廷に裁決を求める訴願状の形態構成をとって書かれていることがわかる。[3]『浄典目録』に「破邪顕正申状」と記されていた所以である。そして本書後書きに、

　一向専修の行人にかぎりて、なんぞあながちに種々の無実をかまへ、条々の悪名をあげて在所を追放せしめ、

念仏を停止せらるるや。……いよいよ憲政の無偏をあふいで、まさに真宗の巨益をしらんとおもふ。よてほぼ言上くだんのごとし。

と記載されている様に、専修念仏の行人が種々の無実・不当の誹謗により在所を追放されている事実に対し、専修念仏に対する非難十七条を列挙して、これを各条ごと詳細に議論釈明して反論し、称名念仏は外道邪見の法ではなく時機相応の教であると、専修念仏の勤行を朝廷に請うてその裁決を求められたのが本書の内容である。

【古写本】

①龍谷大学	（京都）	室町時代初期	存如筆
②光徳寺	（大阪）	室町時代初期	
③毫摂寺	（兵庫）	室町時代中期	乗専筆
④本派本願寺	（京都）	室町時代中期	実如筆
⑤顕証寺	（大阪）	室町時代中期	
⑥上宮寺	（愛知）	室町時代中期	
⑦願照寺	（愛知）	室町時代中期	
⑧長命寺	（長野）	室町時代中期	
⑨本派本願寺	（京都）	室町時代末期	
⑩龍谷大学	（京都）	室町時代末期	

⑪大谷大学　（京都）　室町時代末期
⑫願得寺　（大阪）　室町時代末期
⑬常楽寺　（京都）　享禄三（一五三〇）年
⑭岸部武利　（奈良）　慶長年間頃

【本書内容】

《『破邪顕正抄』における十七条の謗難と顕正》

本書は上・中・下の三巻で構成されており、上巻には上述の訴願文と前書き及び謗難五種とそれに対する顕正、中巻には六種の謗難とそれに対する顕正、下巻には六種の謗難とそれに対する顕正及び後書きが記されている。その各条の謗難と顕正の内容を挙げれば次の通りである。

「上巻」

第一条　一向専修念仏は仏法にあらずして外道の法なりとする謗難

この条は一向専修念仏が外道の法であるという論難であるが、存覚は「この条おそらくは経釈をうかがはざるひとのことば歟」と反論し、「一向」の語は『無量寿経』に説かれる釈尊の直説であり、その義を判じられた善導大師・法然聖人という先徳の明白な解釈の存することを述べられている。また「釈迦一仏の所説なれば、いづれを是し、いづれを非すべき」ではない、専修念仏の行者は弥陀有縁の機である故に、念仏を行じて往生を願うばかりであり、余行を謗じたり、他宗を謗ることはしない旨を記し、以下、謗難の徒の専修念仏者に対する言語に絶する「修羅」の如き悪行を列挙されている。

第二条　法華・真言等の大乗の行を雑行とするは不可とする謗難

この条は浄土宗の立場を充分理解されていないことより起こる論難であると考えられる。浄土宗において法華・真言等で説かれる大乗の行を雑行と称するのは、弥陀の本願に誓われた往生行ではなかったからに他ならない。存覚はこの主張は決して「教の浅深を論ずる」ものでも、「行の優劣を比する」ものでもなく、ただ教相の違いによる得証の仕方の相違の上で正雑を区別しているものであるということを、善導大師・源信僧都の説を根拠に挙げ論証されている。

第三条　八宗以外に浄土宗を立つること不可とする謗難

真言・天台・華厳・三論・法相・律宗・倶舎・成実の八宗は釈尊滅後の人師が、それぞれ志すところの経論についてその名を立てたものであり、浄土宗に限ってその名を立てることを排除されるいわれはない。また中国には四論・涅槃・地論・摂論宗等の諸宗が存在するが、それもそれぞれが経論に基づいて仏道を明かすものであり、宗の名を立てるものである。故に浄土宗も宗名を立てることに何ら問題はなく、現に善導・元暁・迦才・慈恩等の諸師方も念仏門において宗の名を立てられていることが述べられ、この謗難に対する反駁がなされている。なお、存覚はこの条で浄土宗は「無上菩提のために修行する教」であり、現在流布している八宗の様に公請・名利を求めることはしない為、その限りでは八宗の枠組みには入らないともいわれている。

第四条　念仏は小乗法にして、真実出離の行にあらずとする謗難

安養は大乗善根の妙土であり、その妙土へ入る為の因行である念仏は、当然、大乗無上の勝行でなければならない。存覚が「なんぞ小乗の修行をもてたやすく大乗の国土にいらんや」といわれる所以である。また『般舟経』や『阿弥陀経』に説かれる様に、「諸仏成道の要法」がどうして小乗の劣行であるということができるであろうかとも反駁されている。更に、天台・法相・律宗の祖師方も念仏をもって大乗法であることを釈されている旨を記し、四論宗の曇鸞、涅槃宗の道綽、天台宗の恵心、三論宗の永観といった明徳はそれぞれに学ばれた大乗の教学を差し置き、西方往生を志されているが、もし念仏の行が小乗であったならば、どうしてこの高僧方は自らの大乗の修行を捨てて、小乗の教えに入るであろうかといわれ、「誹謗のおもむきそのむねいさゝかことなれどもみなこれ謗法の大罪なり。その報奈落にあるべし、毀破のともがらはやく日ごろの先非をあらためて当来の罪苦を懺すべきものなり」と結ばれている。

第五条　念仏は不吉の法なりとする謗難

この条に対しては「この条また員外の次第歟」といわれ、問題外の論難であるとされている。たとえ念仏の法が世間の為に不吉な法であるといっても、念仏が往生の為の決定業であるならば、決してこれを禁ずべきではない。その故は「念仏の行は現当かねて利し、存没ともに益す」るものであるからである。存覚はこの念仏の現当二益の利益中、特に今生の災難をはらう利益を論証する為に、『金光明経』・伝教大師の七難消滅の誦文・『観念法門』の文を挙げ反論されている。

「中巻」

第六条　戒行をたもつのは仏法の修行にあらずと勧化する謗難

「戒はこれ仏法の大地、衆行の根本なり。これを受持せんは仏法の威儀なり、たれかこれを非せんや」といわれている様に、念仏者は戒行を受持することを謗るようなことは決してしないと存覚は反論されている。ただ在家愚鈍の道俗に念仏一行を教える時には、あながちに持戒を専念する様に勧めるようなことはしないといわれている。そもそも『大集経』や『像法決疑経』に示されている様に、持戒は正法・像法時の法であることは明らかである。今時は末法であって、もはや持戒を真実に保ち得ることは困難であり、殊に在家止住の者にとっての救済法はただ念仏一行以外に他はない。しかしもし今時に持戒の人がおられれば、念仏者は当然その人を尊敬すべきであって、どうしてその人に対して慢想を生じる様なことがあろうかと反論されている。

第七条　『小経』・『礼讃』は外道の教にして地獄の業なり、『和讃』は往生の業なりというとする謗難

この論難に対してはまず「この条不思議の虚誕なり」といわれ、『小経』・『礼讃』を外道の教、地獄の業であると論難するものこそ、外道のものであり、地獄を免れ難いものであると明言されている。『小経』は諸仏証誠の実語であり、『礼讃』は五部九巻の随一であって、この聖教を離れては念仏の功能を知ることはできない。ただ、誦経・礼讃等の行業は善導大師の正雑二行の分別によれば正行であって雑行ではなく、正助二業を選択するときは助業であって正業ではない故に、読誦・礼讃の行業に堪えない者に対して往生の正定業である念仏一行の専修を勧めていかれる。また『和讃』は経教の深理や釈義の奥旨を知らない人々に対して、その意を心得させる為に念仏に加えて誦することができるよう製作されたものであって、往生の正業ではなく助業にあたるものである。それは五正

行の中でいえば讃嘆にあたるものであり、誦経を行うことのできない一文不知の人々が法味を味わう為に示されたものに他ならない。従って、『和讃』を誦さなければ往生ができないということではなくして、「往生の正業は、ただ南無阿弥陀仏の一行」であることを結語に挙げられ、この謗難を破せれている。

第八条　神明をかろしめるとする謗難

この論難に関しても、存覚はまず「この条あとかたなき虚誕なり」といわれている。神明には権実の別があるが、その多くは諸仏・菩薩の変化身であって、衆生を利益する為にこの凡惑の土に化現されたものである。よって念仏の行者は深くその垂迹の本意を知って、専心に往生をもとめ、一向に念仏を修して釈迦・弥陀・諸仏・諸菩薩の本懐にかなうべきである。この仏・菩薩の本懐にかなってこそ、垂迹された神明は念仏の行者に随い影護したまうのであり、念仏者はその影護したもう神明を尊敬するのであって、どうして神明を軽んずることがあろうかと反論されている。

第九条　触穢をはばからず、日の吉凶をえらばざることは不法の至極なりとする謗難

この謗難には触穢と日の吉凶の二つの事柄に分けて反論されている。初めの触穢について、仏法では生死煩悩を穢とし、功徳善根を浄とし、世間の儀では死生等の禁忌を穢とし、これを去るものが浄としているが、これは神明が人々を戒める法であり、王法の制度を定める式であるものと論定されている。しかしながら世俗に生きる念仏者は、仏道における浄穢の差別なき道理を知っていたとしても、殊更に「世間の風俗をわすれて、みだりがはしく触穢」をなす様なことをすることはないといわれている。次の日月の吉凶については、『涅槃経』の経説の「如来の法のなかには良日・吉辰を選択することなし」(4)との意をより所に、念仏者が仏事を営む時、日の吉凶を選ばないこ

とは確かにその通りであるが、それは決して「公方にむけて不忠を存する」ものでも、「他人に対して不法をいたす」ものでもない。念仏者の心持ちとして、あながちに吉凶を心掛けることはしないが、世間の儀に違失するものではないと反論されている。

第十条　仏法を破滅し、王法を忽諸とするとする謗難

この論難に対し、存覚は「仏法・王法は一双の法なり、とりのふたつのつばさのごとし、くるまのふたつの輪のごとし、ひとつもかけて不可なり。かるがゆへに仏法をもて王法をまもり、王法をもて仏法をあがむ」と述べ、念仏者の立場を明らかにされている。念仏者は「たまたま南浮の人身をうけて、さいはいに西方の仏教」に遇えた事をよろこび、西方の往生を願う者であると共に、この身を支える国王・皇恩の恩を仰ぐ者であるのに、どうしてこの様な念仏者が仏法を破滅し、王法を軽んずる輩として非難されねばならないのであろうかと反論されている。そしてこの様な念仏者に対し、悪業の限りを尽くす山寺聖道の僧達こそ、「人民をわずらわすは王法をかろしむるなり。また念仏をさまたぐるは仏法を滅するなり」と厳しく論じられている。

第十一条　念仏の行者は、人の死後に道を教えざる邪見なりとする謗難

この謗難に対し、存覚は「念仏往生のひとにをいては、これををしふべきにあらず、六道の幽途にまよふべからず、西方の浄刹にいたるべきがゆへなり」と断言されている。亡者の死後に六道の方角を教えることは経論釈の正説の中には説かれていないことであり、後人の愚かな考え方に他ならない。一般に没後の追善において、経説では殊勝の功徳を廻向したとしても七分の一しか冥途には達しないといわれているが、念仏者は仏説にあらざる無利益な六道の辻案内の作法を用いることはしないといわれている。(5) そして『観仏三昧経』(6)の説をもって、念仏者は念仏

の教えこそ黒闇を照らす自身の灯燭とすべきことが述べられると共に、専修の行人は深く仏教の誠言を守り、愚人の意巧を用いるものではない旨が明示されている。

「下巻」

第十二条　仏前に畜類の不浄肉を供うとする謗難

この謗難に対しては「この條ほとほと言上にをよばず虚誕のいたり、しかしながら御推量にたりぬべきものをや」と断じられている。弥陀如来は安養浄刹の能人、勝過三界の教主であって、色・聲・香・味等の境界に執着されず、法喜禅悦の味わいをされるのであるから、不浄である三界穢土の供養を行う必要がないといっても、住持の三宝に対しては散華・焼香・燃灯・懸幢等の供養を凡夫を利する為に設け、行うのである。念仏者はこの他に「山禽・野獣のけがらはしき肉味をそなふ」ことはない旨を論じ、もしもこの様な非法を行う者がいれば、その者は仏法破滅の輩であり、放逸邪見の者であるから門徒を追放すべきであるといわれている。

第十三条　念仏勤行中、道場にて魚鳥を受用するという謗難

念仏者の多くは在家の者であり、妻子を持ち、主君に仕え、耕作や商いを行っている人達である。しかしその様な者であっても、弥陀如来は「廻心念仏すればこれをもらさず、至心信楽すればかならずこれを度したまふ」のであるから、破戒無慚・在家無智の輩は一心にこの教えをたのみ、一向にこの行を勤めるばかりである。またこの様な人達は、日々の生活において魚鳥を食することが差し障りとなる様な者ではないのにも関わらず、どうして月一度の念仏勤修の日に、あえて魚鳥に別名を付け、それを受用する必要があろうかと論じ、「さらに御信用のかぎり

にあらざるものなり」とこの謗難を破せられている。

第十四条　念仏勤行中、自他の妻を問わず仏前にて婬をゆるすとする謗難

この謗難に関しては、「この条子細またさきにおなじかるべし」と述べ、前条同様の誤った理解であるといわれている。在家生活を営む念仏の行者は昼夜妻子と共に生活をしているのであって、何故、念仏勤行の時に邪行を行う必要があるのであろうか。まして、愛欲の煩悩に絡め取られている凡夫が、どうして自妻との婬を他人に許すことができるであろうかと反論されている。そして念仏者は今日に至るまで曠劫より流転してきた愚かな身を嘆き悲しみ、この度の出離を願う身となったのであって、何の理由によって山野の鳥や獣と同じ様な行為をすることがあろうかと、この難を論破されている。

第十五条　念仏の行者、灯明料を沙汰とする謗難

この謗難に対しては、「この条仏教に帰依するやから、仏前の灯明料を沙汰せむ条、道理にそむくべからざる歟」と述べ、この謗難こそ、そもそもの誤りであると指摘されている。その理由は、仏法の修行というのは供仏・施僧を第一とし、不惜身命の思いを本とすべきであるからである。念仏者は師恩を報ずる為や、自身の冥加の為に仏前に灯明料を供えるのであり、また上分を師範に納めることも信心のもよおす行為であって、他人の非難することではないと反論されている。そして『観念法門』より『般舟三昧経』の説を挙げて、念仏者はでき得る限り、供養を師長にいたし、志にまかせて財宝を仏道に献ずべき旨を述べ、慳貪の思いの増す末代において、その様な行為を行う者がいれば、むしろ随喜すべきであって、謗るべきではないと論破されている。

第十六条　念仏の行には師資相承不要なりとする謗難

この論難に対し存覚はまず、「この条惣じて仏法修行の法をみるに、みな師資相承あり、なんぞ浄土の一家にをいて血脈なからんや」といわれている。それは「弥陀の本願をきくによりてすでに往生の信心をたくはふ、きくことをうるは知識の恩」であるからであって、浄土宗に血脈がないとはいえない。仏門に入り出離の道を知ることは、経巻の教え、知識の勧めによるものである。しかし一文不通の愚鈍の輩にとっては、経教によって自ら仏教の道理を見極めることはできず、ただ知識によって教経のこころに帰することができるのである。それなのにどうして念仏者が面授の恩徳を忘れ、口決の血脈を仰がないことがあろうかと述べられ、以下、法然聖人も師資相承に五祖を挙げられている事例を示され、(7) この謗難を破せられている。

第十七条　念仏は自己の往生を願うものであり、無智の身をもって化他すべきではないとする謗難

この謗難に対し、「この條上求菩提下化衆生は菩薩の行願なり。したがひて浄土門の行者このこゝろなきにあらず、いはゆる願作仏心、度衆生心これなり」と反論されている。念仏者は善知識の導きによって往生の信心を得れば、その歓喜の心より、他の在家無智の人々に対し念仏の教えを機縁に随って勧めていくのである。このことは仏法修行の意に背くものではない。無智の身をもって有智の人を教化することは、身の程を弁えない行為であるともいえるが、無智の身であるものが無智の人々に対して、念仏の教えを伝え、念仏せしめていくことは、如来の本懐に背くものではないであろう。以下、善導大師の『観経疏』・『往生礼讃』の釈を挙げ、この様な謗難は「難破のむねもとも存知しがたきものなり」と述べられている。

註

（1）『真宗全書』七四巻・三頁。
（2）『真宗史料集成』一・一一八頁、『真聖全』三・一五五頁。
（3）もっとも本書は訴訟状という形式を取ってはいるが、差出人や宛先、年月日の記載がない等、訴訟状として不審な点が指摘されている。また本書奥書に「仮惑材辦記此綱要」とあることより、過去の念仏弾圧の事実を基として後代に種々の難があることを予想し、仮に託して難を設け、一宗を守護せんが為に真宗の正意を述べられたのではないか、との意見も提出されている（名畑崇著『破邪顕正鈔序説』参照）。
（4）『涅槃経』の本文は「帰依於仏者　終不更帰依其餘諸天神」（『大正蔵』一二・六五〇頁、『真聖全』二・一七五頁）であり、上人はこの経文のこころを上述の様に理解されている。
（5）『随願往生十方浄土経』（『大正蔵』二一・五三〇頁参照）。
（6）『観仏三昧経』（『大正蔵』一五巻・六四五頁）。
（7）『真聖全』四・一〇五頁（『西方指南鈔』「法然聖人御説法事」）、『真聖全』四・四七一頁（『漢語灯録』八・「逆修説法」）、『真聖全』四・四七七頁以下（『漢語灯録』九・「類聚浄土五祖伝」）。

五、『女人往生聞書』

【撰述年代・意図】

元亨四年（一三二四）存覚三十五歳の時に著された。なお、『浄典目録』には「已上依空性了源望草之」とあるので、願主は了源であった。本書は、第十八願の他に第三十五願（女人往生の願、女人成仏の願、変成男子の願、聞名転女の願）が誓われた理由として、如来の大慈悲は一切衆生（女人を含む）に及ぶものであるが、「さわりおもくつみふかし」といわれる女人の救済を殊に願われる旨を明かす。

【古写本】

①加藤専慶（愛知）　文安六（一四四九）年　蓮如筆
②岸部武利（奈良）　室町時代末期　巻尾に「釈正順」とあり。
③岸部武利（奈良）　室町時代末期　巻首に「能州正力仏照寺」旧蔵の朱印あり。
④毫摂寺（兵庫）　室町時代末期
⑤光徳寺（大阪）　室町時代末期
⑥慈敬寺（滋賀）　室町時代末期
⑦常楽寺（京都）　室町時代末期
⑧真宗寺（京都）　室町時代末期

⑨専相寺　（大分）　文明三（一四七一）年カ
⑩福田寺　（滋賀長沢）　室町時代末期
⑪龍谷大学（京都）　南北朝時代　乗専筆
⑫龍谷大学（京都）　室町時代末期
⑬龍谷大学（京都）　室町時代末期

【本書内容】

全体としては、女人の往生について、第十八願と第三十五願の関係をもって、様々な経論釈、実例等を挙げながら「さはりおもくつみふかし」といわれる女人も往生できると述べていく書物である。

まず第三十五願を女人往生の願、転女成男の願、聞名転女の願と名付け、第十八の願の他に、この第三十五の願を誓われたいわれを尋ねる。それに対して、第十八願は男女を撰ばない願である。しかし女人は障りが重く、罪が深く、明らかに女人と誓わなければ疑いを起こすので、第三十五願が設けられた。これが如来の大慈大悲であると述べられる。

次に、女人が罪深いことを諸経論により引証し、比叡山や高野山等の実例を挙げながら、女人が救われ難い事を述べ、これらの文を聞いた女人は、卑下して往生の望みを持つことができないので女人往生の願を立てられ、この願によって第十八の願は、男女、善悪を嫌わないことが明らかになり、これを願う事を勧められる。

また如来の慈悲は、一切衆生に平等であるが女人を先とする旨を明かし、だからこの度、女身を改めて必ず仏道を成らんと思うものは、本願をたのみ念仏すべきであると述べられている。

六、『弁述名体鈔』

【撰述年代・意図】

本書は『浄典目録』に、

弁述名体鈔　一巻　依空性了源望草之(1)

と記されている様に、存覚が仏光寺の空性房了源の請いに応じて著された書物であるが、その撰述年代は記載されていない。

本書は冒頭に、

高祖親鸞聖人御在生ノトキ、末代ノ門弟等、安置ノタメニサタメオカルル本尊アマタアリ、イハユル六字ノ名号、不可思議光如来、無碍光仏等ナリ。梵漢コトナレトモ、ミナ弥陀一仏ノ尊号ナリ。コノホカ、アルヒハ天竺・晨旦ノ高祖、アルヒハ吾朝血脈ノ先徳等、ヲノオノ真影ヲアラハサレタリ。コレニヨリテ、面々ノ本尊、一々ノ真像等ヲ、一舗ノウチニ図絵シテ、コレヲ光明本トナツク。ケタシ、コレ当流ノ学者ノナカニ、タクミイタサレタルトコロナリ。(2)

と述べられている様に、六字、九字、十字の名号や、天竺・晨旦・和朝の高僧先徳の真像等を一幅の内に図画した光明本、所謂、光明本尊と呼ばれるものの解説書である。

【古写本】

①円照寺　（滋賀）　室町時代末期

②弘誓寺　（滋賀）　江戸時代初期　恵広筆

③常楽寺　（京都）　応永二十四（一四一七）年　光覚筆

④専精寺　（岐阜）　室町時代中期

⑤本派本願寺（京都）　室町時代末期

【本書内容】

本書は初期真宗教団における六字、九字、十字の名号や、天竺・晨旦・和朝の高僧先徳の真影等を一幅の内に図画した、光明本、俗に光明本尊と呼ばれるものの解説書である。

『弁述名体鈔』に示される光明本尊全体の構図は、「南無不可思議光如来」の九字名号を中尊として大書し、その右には「南無阿弥陀仏」の六字が、左には「帰命尽十方無碍光如来」の十字名号が書かれ、それぞれが光明を放っている。そして中尊の九字名号の前面左右に、釈迦・弥陀二尊の立像を安じ、中尊の右には勢至、龍樹、天親の三菩薩と、菩提流支、曇鸞、道綽、善導、懐感、少康、法照の高僧像を、左側には聖徳太子、恵心、源空、親鸞、信空、聖覚等の祖像が描かれていたことがわかる。

本書では名号本尊の意義、釈迦・弥陀二尊を安ずる理由、天竺・晨旦・和朝の菩薩、高僧、祖師方の各々の事績や浄土教における位置付け等が、順々に述べられている。

本書ではまず九字、六字、十字の次第より、三名号の意義と、その配置の理由が説明されている。『弁述名体鈔』によれば、光明本の中尊が九字名号であるのは、宗祖が「真仏土文類」において真仏の体をあらわされる際、「仏ハスナハチコレ不可思議光如来」と規定されているからであるといわれており、「南無不可思議光如来」という九字の尊号は、『無量寿経』（魏訳）、『無量寿如来会』（唐訳）、そして曇鸞大師の『讃阿弥陀仏偈』の経釈の文によって、宗祖が義をたてられ、名をあらわされた旨が述べられている。また、六字名号を中尊に安じない理由については、「阿弥陀仏」というのは天竺の言葉であって、その意味を十分に理解し難い。それ故に九字名号を中尊に据え、その九字名号を通して不可思議なる仏徳を知らせ、「南無阿弥陀仏」の六字が所帰の行体であることを知らせるためであるといわれている。そして六字名号を中尊の右に、その徳をあらわす十字名号を中尊の左に安ぜられたのは、右側が優位をあらわす為であると述べられている。

次に弥陀、釈迦二尊の形像を安ぜられた理由について、まず阿弥陀仏の形像を安ずるのは、「形像ヲ体シテ、ソノ阿弥陀仏ノ真実ノ体ハ不可思議光・無碍光ノ体ナリトサトラシメンカタメ」であるといわれ、釈迦の形像を安ずるのは「弥陀如来大悲ノチカヒヲタレタマウトモ、釈尊コレヲトキタマハスハ、衆生イカテカ信知スルコトヲエン、弥陀ヲ念セントヒト、コトニ釈尊ノ恩徳ヲ報スヘキナリ」といわれている様に、能説の教主の恩を報ずる為であることが示されている。

続いて中尊の右側に描かれている勢至、龍樹、天親の三菩薩、菩提流支、曇鸞、道綽、善導、懐感、少康、法照の天竺、晨旦の高僧方、そして中尊の左側に描かれる聖徳太子、恵心、源空、親鸞、信空、聖覚の和朝の祖師先徳方の名を挙げ、各々の事績や浄土教における位置づけが述べられている。

こうして本書では最後に、天竺、晨旦、和朝の高僧先徳の真影を掲げたのは、「カカルヤムコトナキヒトヒトノ、カノ門葉ニツラナレルコトヲアラワシテ、カツハ明師聖人ノトクヲシラシメンカタメ、カツハ安心一味ノ分ヲシメサンカタメニ、コレヲノセタマヘルナリ」と述べられ、本書は結ばれている。

註

（1）『真宗全書』七四巻・三頁。

（2）『真宗史料集成』一巻所収（八五六頁～八六四頁）。

七、『顕名鈔』

【撰述年代・意図】

本鈔は、文明年間の古写本の奥書に「本云、依㆓明光大徳誂㆒記㆑之畢時建武四歳丁巳（丁丑の誤り）八月日也、去春比令誂之間当年備州在国之間所㆓染筆㆒也」、また『浄典目録』に「依㆓了円明光所望㆒草㆑之」と記されるように、建武四年（一三三七）存覚四十八歳の時、明光の請いにより備後において著されたものである。[1]『顕名鈔』と示されるように、名号の深義を開顕することが本鈔の目的である。

【古写本】

①永福寺	（京都）	室町時代末期	本巻を欠く
②大谷大学	（京都）	室町時代末期	末巻を欠く
③岸部武利	（奈良）	室町時代末期	末巻を欠く
④毫摂寺	（兵庫）	室町時代末期	
⑤光徳寺	（大阪）	室町時代中期	
⑥慈光寺	（愛知）	室町時代末期	本巻を欠く
⑦常楽寺	（京都）	室町時代末期	

⑧浄興寺	（新潟）	応永三十二（一四二五）年	
⑨真宗寺	（大阪）	室町時代末期	
⑩万福寺	（山梨）	室町時代末期	
⑪本派本願寺	（京都）	室町時代末期	証如筆
⑫龍谷大学	（京都）	室町時代末期	本巻を欠く
⑬龍谷大学	（京都）	文明十（一四七八）年	明覚筆

【本書内容】

本書は、一巻の和語聖教で、初めに三界の苦相を説いて厭離穢土《えんりえど》、欣求浄土《ごんぐじょうど》の旨を示し、次に光寿二無量の徳を挙げて名号の功徳利益を讃じ、最後に問答形式を以て、浄土快楽、生仏一体、他力義、生即無生の理を明かす。以下、九項目に分けて説示する。

一、「おほよそ、三界やすきことなし、六道みな苦なり」～「なげきてもあまりあり、これいかがせん」

私たち人間の住む世界は、欲・色・無色の三界であり、迷いの境界である。その中で人間は世間のみに執着し、後生を知らず、四苦と三毒煩悩につき纏《まと》われ、妄心によりつい悪道におもむくというなげかわしい存在である。たといこの三毒を断ずることができなくても、速やかに生死の迷いから脱する道を求めなければならない。

「三界やすきことなし」＊『法華経』譬喩品第三：三界無安　猶如火宅　（『大正蔵』九・一四頁下）

「やまひはすなはち死の因」＊『摩訶止観』巻第五上：病患是死因名死魔。　（『大正蔵』四六・五〇頁中）

［寿・煥・識の三法］*『倶舎論』：壽煖及與識　三法捨身時　………（『大正蔵』二九・二六頁上）

二、「ただしもとより欲界の衆生の凡夫なれば」～「善知識にあひ仏法の道理をもきくは、ありがたき宿縁《しゅえん》なり」

もともと欲界の衆生は具縛の凡夫であり、生まれつき煩悩を身に具えていて、これはどうすることもできない。ましてや末世の人間は世間のすべてを捨てることなど、とてもできるものではない。だから三毒は断ずることができなくとも、速やかに生死の迷いから離れる道を求めなければならない。私たち人間の住む南州は仏が世に出られた所であり、仏の在世中は云うまでもなく、滅後においても仏法が広く世に広まり、善知識に遇って仏法を聞くことができるのは、滅多にない恵まれた宿縁である。

三、「仏法東漸のゆへに」～「若待娑婆証法忍、六道恒沙劫未期（『般舟讃』『真聖全』一・六八七頁）といへり」

仏法は天竺（印度）に起こり、東漸により、像法時代に中国に伝わり、末法時代にわが国に伝わった。今の時代は末法に入ったばかりで仏法も繁昌しているので、縁のある教門に入って生死出離を遂げることができるであろう。この仏教にはさまざまな道があるが、聖道門においては止悪修善の教をまもり、生死を離れ、菩提に至るものであるが、それを自力で行ずるには清浄な身でなければ勝れた利は得られない。だから末世に生まれた凡夫には到底叶うものではない。

四、「ただ弥陀の一教、浄土の一門のみ」～「一向に称するよりほかには、またしるべきところもなし」

この末世に相応し、凡夫が救われる仏教は、ただ弥陀の一教、浄土の一門だけである。釈尊は凡夫の往きやすい浄土を説き給い、龍樹は念仏を易往の道として示された。『経』には破戒の者も五逆の者も摂取すると証されている。自分の犯した罪に怯えるあまりに仏の智慧の深さを疑ってはいけない。ただ弥陀の本願を信じ名号を称えることが大切である。天親は『浄土論』において「無碍光如來の御名を称えることが仏の教えに相応することである」と説かれた。これを信じて一向に称名念仏するほかはないのである。

五、「しかりといへども、おなじくはかの名義の功徳をきかば」〜「あふいでこれを信ずべし」

阿弥陀仏の名義について『阿弥陀経』の経文を引いて、その光明が横（空間）であり、寿命が竪（時間）であり、いずれも十方・三世にわたって無量であることを説き、『大経』の十二願成就文の十二光仏を挙げ、それぞれの威徳を詳しく説いている。最後の超日月光仏については、日光も月光も及ばない勝れた徳のあることを説き、日光は観音の応化、月光は勢至の応化で、弥陀如来の悲智の二門であるという。

　これらの光明は、念仏の人を照摂《しょうしょう》して必ず往生を遂げさせてくださる。このように光明無量の威徳は、衆生に大きな利益をもたらすものであるという。

六、「問ていはく、楽といふは苦に対することばなり」〜「大楽と極楽と、その義これおなじ」

（問答一）三受と云われる苦受・楽受・捨受の中で、捨受は非苦、非楽で楽受より勝れているのに、浄土無為の境では極楽、大楽等ということについて問を発し、それに答えて、浄土涅槃の大楽は三界の勝劣を超えた無苦・無楽のさとりを開くものであることを明らかにしている。

七、「問ていはく、衆生も無量寿のなかよりいでて」〜「これすなはち他力の不思議なり」

（問答二）生仏一体、煩悩即菩提、生死即涅槃を説く聖道の教えは、無明煩悩に覆われている衆生には自己の力では行じ難く、往生を遂げることができないが、弥陀如来の廻施された名号に帰して仏智の不思議を信ずることによって往生を遂げることができる。

八、「問ていはく、衆生と仏ともとより一体なり」～「信行するものはすみやかに往生をうるなり」

（問答三）他力の信心における生仏一体について説き、凡夫は生死の泥に沈み仏性を汚しているとはいえ、弥陀本願の名号は、浄不浄・善悪を問わず、煩悩を断ぜず、罪障を滅せずとも凡夫往生を遂げさせるという不思議な徳のあることを説いている。更に他力の不思議をあらわす喩えとして聖教の中から次の五例を挙げている。

①千歳闇室の喩え（『論註』より）千年の間閉め切った室の闇も日光が入ったら直ちに消え去るように、念仏一称によって衆生無始以来の闇を除き往生を得しめるという喩え。

②滅除薬の喩え（『論註』より）滅除薬を塗った鼓の音を聞けば苦痛を忘れ毒箭《どくや》が除かれたように感じられるごとく、名号滅罪の声を聞けば罪毒が直ちに除かれるという喩え。

③童子断索の喩え（『安楽集』より）太さ十尋もある綱を千人寄って切ろうとしても切れないが、一人の童子が利剱を以て切れば直ちに切断されるように、断ち難い煩悩悪業も一念名号の利剱で直ちに切断されるという喩え。

④乗船の喩え（『安楽集』より）足なえの者でも乗船して行けば、船の力、風の縁によって健脚の者も到底及ばない長距離を行くことができるように、愚悪な凡夫でも大願の船に乗れば生死の大海を渡り、自力の人より早く菩提の岸に着けるという喩え。

⑤劣夫跨驢の喩え（『論註』より）劣夫は地を離れ歩む力はないが、転輪王の行幸に従えば、虚空を翔《めぐ》って自在であるように、常没底下の凡夫は六道の地を離れて真如法性の虚空を翔くことはできないが、弥陀の願力に引かれて浄土に至ることができるという喩え。

［明よく闇を破し、空よく有をふくみ、地よく載養し、水よく生潤《しょうにん》し、火よく成壊《じょうえ》するがごとし］

*『散善義』：如明能破闇、空能含有、地能載養、水能生潤、火能成壊。（『真聖全』一・五三九頁）
［一念名号の利劒］……*『般舟讃』：利劒即是弥陀名号　一声称念罪皆除（『真聖全』一・六八八頁）
［あしなへたるものも……］……『安楽集』七喩の第二
［いやしき劣夫……］……『論註』下終、『安楽集』七喩の第四
［獅子のすぢをもて琴《きむ》の絃《を》として］……『安楽集』上に引く『華厳経』の喩

九、「問ていはく、仏道を行じて菩提をもとむるは」～「これらの義、くはしくはかの釈にみえたり」（終末）

（問答四）仏道において菩提を求めることは生死を離れることであるが、往生することはそれに反するのではないかという問題を投げかけ、往生というのは迷界の輪廻を超えて涅槃において無生の生を得ることであると説いている。その例証として龍樹の易行道、天親の五念門等、三国の祖師の往生観が自然の無生の理に適っていることを挙げている。

註

（1）『真宗聖典講讃全集第七　存覚上人之部』六〇一頁参照。

参考資料

『易行品』『浄土論』『論註』『安楽集』（『真聖全』一）
『観経疏』『往生礼讃』『般舟讃』（『真聖全』一）
『法華経』（『大正蔵』九巻）
『涅槃経』（『大正蔵』一二巻）
『倶舎論』（『大正蔵』二九巻）

『摩訶止観』(『大正蔵』四六巻)
『大智度論』(『大正蔵』二五巻)
『述文賛』(『大正蔵』三七巻)
『梵網経』(『大正蔵』二四巻)
『歩船鈔』『持名鈔』『決智鈔』(『真聖全』三)
『請観世音菩薩消伏毒害陀羅尼咒経』(『大正蔵』二〇巻)
『讃阿弥陀仏偈和讃』(『真聖全』二)
『八十華厳』『四十華厳』(『大正蔵』一〇巻)
『仏名経』(『大正蔵』一四巻)
『大阿弥陀経』(『大正蔵』一二巻)
『文殊所説境界経』(『大正蔵』一二巻)

八、『歩船鈔』

【撰述年代・意図】

『浄典目録』に「歩船鈔　一巻　依山南慶元所望草之」と記されている。このことから暦応元年（一三三八）存覚四十九歳の時に備後の山南慶元の所望に応じて著されたものと思われる。『歩船鈔』の「歩船」とは、龍樹菩薩の『十住毘婆沙論』「易行品」の「仏法有無量門、如世間道有難有易、陸路歩行則苦、水道乗船則楽、菩薩道亦如是」という文より名付けられたものである。当時日本に流布していた十宗を難易の二道に分け、前九宗は難行であり、易行である浄土宗念仏門に入ることを勧めている。

【古写本】

①永福寺　（京都）　室町時代末期　本巻を欠く
②大谷大学　（京都）　永正十六（一五一九）年
③光徳寺　（大阪）　室町時代末期　天台宗「未登究竟ノ極意ニ分ニ法性ノ真」以下落丁
④岸部武利　（奈良）　室町時代末期　末巻を欠く
⑤毫摂寺　（兵庫）　南北朝時代　乗専筆
⑥上宮寺　（愛知）　寛正五・六（一四六四〜一四六五）年　兆従筆

⑦福田寺　（滋賀）　室町時代末期　末巻を欠く
⑧本派本願寺（京都）　室町時代末期
⑨本派本願寺（京都）　室町時代末期　証如筆　本巻を欠く

【本書内容】

序「是等ノ諸宗皆一仏ノ所説ヨリ出テ、悉ク無上菩提ニ可至門ナリ」とあるように存覚は、機によって教えもまた様々ではあるけれども、それらすべてが解脱を得ることができるという立場に立っている。

◎法相宗・三論宗・華厳宗

法相宗・三論宗・華厳宗については、それぞれの教判や修行について解説した後、その行が難行であるため法相宗では高祖天親菩薩並びに慈恩大師が、三論宗では高祖龍樹菩薩並びに嘉祥大師が、華厳宗では祖師元暁が、念仏易行の道を勧めているとしている。

◎天台宗

天台宗については、九宗の中でもっとも詳しく教判や修行が説明され、最後に問答が設けられている。

問い。たとえ天台の行ができなくても『法華経』を受持読誦して成仏できるならば、下根の機にもできるのではないか。

答え。天台の意に依ればただ文字を読誦しているのは遠因にはなるが直ちに成仏の因であるとは定めがたい。

問答の最後に法華と念仏は共に仏智一乗の法で体一であるが、聖のために法華と説き、凡のために念仏を説くとし、天台大師も弥陀の利生を勧めているとしている。

◎真言宗

真言宗については、受職灌頂の位に至らなければ深秘を伝えられることがない。また伝えられたとしてもそれを説いてはいけないので准知してわずか一端を示すものとして解説をしている。しかしこの宗の人は、みな清浄の人であり、下根のものには難しい。そこで密宗の大祖龍樹菩薩は『十二礼』・『十住毘婆沙論』において念仏を勧めているとしている。

◎律宗・倶舎宗・成実宗

律宗については、解説のあとに念仏を勧める文があるが、倶舎宗と成実宗にはなく、特に成実宗はそのころすでに習学するものがいなかったとしている。

◎仏心宗

仏心宗については、修行や達磨大師の逸話について説明された後、下根の凡夫には難しく弥陀に帰して証を得るのが相応であるとしている。

◎浄土宗

浄土宗については、難行・易行の二道を立てて、一代を分別する。前九宗は難行道であり、浄土宗のみが易行道であり、龍樹菩薩や曇鸞大師だけではなく、慈恩大師や天台大師なども念仏を勧めているとしている。そして、そのあと問答が設けられている。

問い。凡夫の為の出世とはどういうことか。

答え。聖道と浄土においては所見が違う。聖道の教益に漏れる障重根鈍の機を摂するのは、念仏一行であると見れば、浄土門が出世の本懐ということになる。

最後に浄土門において諸行と念仏と共に一往往生の益を説いているけれども、念仏をもって本願とし名号をもって正因とするとしている。

九、『決智鈔』

【撰述年代・意図】

暦応元年（一三三八）、存覚が四十九歳の時、備後国において、山南の慶空の所望に応じて著述された。当時、日蓮宗と真宗との間に争論があり、存覚は法華・念仏ともに一乗の法であるという立場を示しつつも、末世・凡夫の救われる法は念仏であると主張するために述べられたものである。

【古写本】

①毫摂寺　（兵庫）　応永二十六（一四一九）年
②浄興寺　（新潟）　応永三十二（一四二五）年
③常楽寺　（京都）　江戸時代初期
④本派本願寺（京都）　室町時代末期
⑤本福寺　（滋賀）　室町時代初期

【本書内容】

本書は、一代半満の教はみな衆生出離の門であることを示しながら、龍樹菩薩の難易二道判、道綽禅師の聖浄二門判によって、聖道門・浄土門を分配されている。そして前者を自力修入・衆生即仏・実相常住の理を明かすものであるとし、後者を他土の得生・極楽にて法性真如の理をさとるものであると定義されている。そして二門を設ける所以としては、釈迦仏在世の機と末世造悪の機根の相違により、聖道の修行の困難な機のために易行の一道を設け、他力往生を示されている。

以下、日蓮宗が主張する法華（聖道門）と真宗の念仏（浄土門）のどちらが凡夫の救われる教えであるか、という点を中心に二十二の問答を設定して、念仏こそがふさわしいものであるとする。

その基本姿勢としては、等・勝・劣という三論宗の教判、分別・開会という天台の教判を用いて表されている。

等・勝・劣の三義としては、

いま法華と浄土の教とを対せんにも、この三の義あるべし。聖のために即身頓悟を本とするときは法華は勝なり念仏は劣なり、凡夫のために順次往生を本とするときは念仏は勝なり、法華は劣なり。いづれも仏智一乗にして、ともに出離の因となるかたは、二法またく等同なり。(1)

と示し、分別・開会の二門とは、

法華と念仏とを相対するに、分別・開会の二門あるべし。分別門のときは異なり、かれは実相これは称名、かれは理教これは事教、かれは成仏これは往生、かれは為聖これは為凡、かれは難行これは易行、かれは自力これは他力、二教各別にして、機に応ずるときたがひに勝劣あり。開会門のときは同なり、ともに一実の仏智なるがゆへなり。実相と名号とあひはなれず、おなじく仏智一乗なり、理・事ついに別ならず、理事不二なり。成仏・往生は一旦の二益なり、剋するところは開悟にあり。為聖の教も凡夫をすてず、一切衆生皆成仏道の実説なるがゆへに。為凡の教も聖人をきらはず、五乗斉入の仏智なるがゆへなり。おほよそ如来の教法はもとより無二なり、ただ一乗の法のみあり、八万四千の法門をとけるは衆生の根性にしたがへるなり。されば実相円融の法と指方立相の教と、しばらくことなるがゆへに、文にあらはれて一法といはれざれども、実には仏智一乗のほかにさらに余法なし[2]。

と示されている。以上の分判を図示すれば、

開会門（無差別）　　分別門（差別）

等　　機　　法

為聖——法華（此土入聖）　一代帰法華

成仏為本　法華（勝）念仏（劣）

仏智一乗

（法華・念仏一体）

為凡——念仏（彼土得証）　一代帰念仏

往生為本　念仏（勝）法華（劣）

と示すことができる。以上のように、ともに仏智一乗という共通の立脚点に依りながら、機根各別の行方の提示によって、お互いの立場を一往認めて論じられている。

浄土宗の旨としては、下機においては聖道の法は成じがたく、弥陀仏智一乗頓教は、他力住持による聞名によって往生し、無為法性の身を証する頓教の極致なることを示し、頓教のなかの頓教として、念仏を示されている。そして末尾は、

濁世末代の衆生、在家愚鈍の凡夫、まめやかに生死をはなれんとおもはば、一心に西方をねがひ一向に念仏を行ずべきものなり。(3)

と締めくくられている。

註

（1）『真聖全』三・二〇七頁。

（2）『真聖全』三・二〇九頁。

（3）『真聖全』三・二二〇頁。

十、『報恩記』

【撰述年代・意図】

『報恩記』は、『浄典目録』に「依二同所願空望一草レ之」、『一期記』存覚四十九歳の条に、「其次作二決智抄一了。仮名報恩記・至道抄各一帖・選択註解抄五帖・等也」と示されるように、暦応元年（一三三八）、存覚四十九歳の時、備後山南の願空の請いにより著されたものである。しかしこの願空については、備後山南の教空の誤りではないかとも指摘されている。(1)『観無量寿経』の三福（世・戒・行）のなかの教養父母・奉事師長を詳述し、報恩追善の深義を示すことが主眼であるが、その追善をつとめるには念仏の功用、弥陀の利益が最上であることを示す。

【古写本】

①大谷大学	（京都）	江戸時代初期	恵空筆	
②弘誓寺	（滋賀）	江戸時代初期	恵広筆	末巻を欠く
③龍谷大学	（京都）	室町時代末期		

【本書内容】

釈尊は衆生を饒益するために『大方便仏報恩経』（『大正蔵』三・一五六頁）を説き、仏の重恩、父母・師長の重恩について説いている。また『心地観経』の「報恩品」には、父母の恩、衆生の恩、国土の恩、三宝の恩の四恩が説かれている。これらを拠り所にして本書の題号ができたのではないかと思われる。

『心地観経』：世出世恩有其四種。一父母恩。二衆生恩。三國王恩。四三寶恩。如是四恩。（『大正蔵』三・二九七頁上）本書は、『観経』の三福に説かれる孝養父母、奉事師長、慈心不殺が出されている。前半（本）は孝養父母の心を明かし、後半（末）は奉事師長について説いている。

内典外典に亘り世間出世間に通じて報恩を必要としないものはない、その恩の大なるものは父母の恩、師長の恩であると説く。

一、「孝養父母は百行の本なり」～「さだめて諸仏の大悲にかなふべきなり」

孝養父母はすべての行の根本であることを示し、外典では『孝経』『礼記』等を引き、内典では『観経』『梵網経』等を引いて説いている。

父母の恩の深いことについては、『心地観経』、『観経疏』（善導）、『父母恩難報経』、『四十二章経』、『倶舎論』、『盂蘭盆経疏』、『大方便仏報恩経』、『父母恩重経』、『五道受生経』等の例を挙げて説いている。

またそれに対して報恩の志を致すべきことについて、『六度集経』、『雑宝蔵経』、『阿含経』、『法華経』（薬王品）、『涅槃経』等の所説を根拠として説いている。

○孝養父母は百行の本…典拠に後漢書の文を引く。『梵網古迹』下本に孝為百行之本（『大正蔵』四〇・七〇二頁中）

○衆善のみなもと…大論四十九に知恩者是大悲之本開善業初門とあり（『大正蔵』二五・四一三頁下）

○『孝経』には「孝は人の高行《こうこう》」…『孝経』（孔安国序）孝者、人之高行
○孝は好なり…「劉熙釈名」四：孝好也、疏云、孝者、道常在レ心、尽二其色養一、中情悦好、承順無レ怠之義。
○孝は順なり…『論語』「為政」孟懿子《もういし》問レ孝、子曰無レ違、（違うなしとは、道にはずれぬの謂《いい》。）
『摩訶止観』四之一：戒名為《テ》レ孝、孝名為レ順。孝即《ハチ》止善《ナリ》、順即《ハチ》行善。（『大正蔵』四六・三七頁中）
○孝は蓄也…『弁正論』八：礼記云、孝畜也、乃至　畜者養也。………（『大正蔵』五二・五四二頁上）
○孝は和なり…『孝経』：民用二和睦一上下亡レ怨、礼記祭義云、孝子之有二深愛一者、必有二和気一、………
○『梵網経』に「孝順父母・師僧・三宝………」（『大正蔵』二四・一〇〇四頁上）
○『心地観経』に云く慈父恩高如山王………（『大正蔵』三・三〇一頁中）
○同経にいはく「若人………」『心地観経』三：當レ知二父母恩最深一　諸佛聖賢咸報レ徳　若人至レ心供二養佛一　復有
精勤《ニシテ》　修二孝養一　如《キ》レ是二人《ノ》福無《シ》レ異《コト》　三世受《ルコト》レ　報亦無レ窮《ラン》（『大正蔵』三・三〇二頁中）
○『観経義』の第二（序分義）に「父母者………」『序分義』：父母者世間福田之極也。………（『真聖全』一・四
九〇頁）
『大方便仏報恩経』三：父母者三界内最勝福田。（『大正蔵』三・一四一頁中）
○仏者即是出世福田之極　…『摩訶摩耶経』（『大正蔵』一二・一〇一三頁上）、『大智度論』（『大正蔵』二五・一二
三頁中）
○同経にいはく「若善男子………」『心地観経』二：若善男子善女人。為レ報《ニ》二母恩《ゼン》一經レ於二一劫一。毎日三時割《イテ》自身《ノ》
肉《ヲ》以養二父母一。而未レ能レ報《コト》二一日之恩一。（『大正蔵』三・二九七頁中）

○『父母恩難報経』にいはく「父母………」『父母恩難報経』：父母於レ子。有二大増益一。乳餔長養、随レ時將育、………然無レ有三怨心於二父母一。此子猶不（未）レ足レ報二父母《ノ》恩《ニ》一。（『大正蔵』一六・七七八頁下）

○『四十二章経』にいはく「凡人事………」同経：凡《ソ》人事二天地鬼神一。不《ズ》レ如《シカ》レ孝二其親一矣。（『大正蔵』一七・七二二頁下）

○『観経義』の第二にいはく「若無父者………」『序分義』：若無《ンバ》レ父者、能生之因即闕《チケナン》。若無レ母者所生之縁即乖《チキナン》。若二人倶無《ニンバ》、即失《ハン》二託生之地一。………不《ザレ》レ行《ゼ》二恩孝《ヲ》一者、即与二畜生一無《シ》レ異《ルコト》也。（『真聖全』一・四八九頁）

○水たたへざれば…『摩訶止観』四之一：根露條枯源乾流竭。若覆藏罪是不良人。迦葉頭陀令大衆中發露。方等令向一人發露。（『大正蔵』四六・四〇頁中）

○倶舎論』の中に六道を釈するに…「多思慮故名之為人」は『倶舎論』の中に文なし。

『順正理論』（衆賢造）：或多思慮。故名爲人。（『大正蔵』二九・四六一頁上）

○羊は乳をのむにまづ膝を屈して…『央掘摩羅経』：羔羊《こひつじ》於二母所一　猶尚知二孝養一（『大正蔵』二・五二〇頁上）

○鶴は母の肉をしりて…『六度集経』：昔者菩薩身爲二鶬鳥一。生子有三。時國大旱。無以食レ之。裂《キ》二腋《わき》下肉《ヲ》一以濟《フ》二其命一。三子疑《テ》曰《ク》。斯肉氣味與母身氣相似無レ異。得レ無吾母《ガ》以二身肉一餐二吾等一乎。三子愴然《トシテ》有二悲傷之情一。又曰。寧殞《テ》二吾命一不レ損《ゼ》二母體《ヲ》一也。於レ是閉《ジ》レ口不レ食《セ》。母睹《テ》不レ食而更索《ム》焉。（『大正蔵』三・一三頁上）

○『盂蘭盆経の疏』に…元照記（上）の文である。共に元照の記文であるのに初めを疏文とし、次は記文とあるのは暗記の失である。

○同疏に………『増一阿含経』を引ていはく「浄飯王………」…これも疏文でなく、元照記の文であり、『増一阿

含経』とあるが、本経にこの文はない。『浄飯王般涅槃経』の取意である。（『大正蔵』一四・七八二頁下）

○『観経義』の第二に … 『序分義』「顕行縁」：仏母摩耶生《ジテ》レ仏《ヲ》、経二七日一已《リテ》即死《チシテ》、生《ズ》二忉利天一。仏後《ニ》成道《シテ》、至《リテ》二四月十五日一即《ニ》向《ヒテ》二忉利天《ニ》一、一夏為レ母説法《シ下フ》。為《ナリ》レ報《ゼンガ》二十月懐胎之恩《ヲ》一。仏尚自収《ラムクイテ》レ恩《ニ》孝二養《シ下フ》父母《ニ》一、何況《ンヤ》凡夫《ニシテ》而不《ランヤ》二孝養《セ》一。故知《ニンヌ》、父母恩深《クシテ》 極《メテ》 重也《シ》。（『真聖全』一・四九一頁）

○釈尊十九にして出家し、… 『大般涅槃経』：須跋陀羅。我年二十有九。出家學道。三十有六。（『大正蔵』一・二四頁上）

『梵網経』母名摩耶父字白淨吾名悉達。七歳出家三十成道。號吾爲釋迦牟尼佛。（『大正蔵』二四・一〇〇三頁下）

『法華玄賛』（基）九：於此義中略有二説。一者有諸部説。十九出家三十成道。本起因果經説十九出家。思惟無相三昧經説三十成道。智度論説佛臨涅槃告須跋陀羅。我年十九出家已求佛道。（『大正蔵』三四・八二七頁中）

○「胎内にして五位をふる………」…『俱舎論』巻第九：謂《ク》母胎中《ノ》分《ノ》位《ニ》有レ五。一羯刺藍《からん》位。二頞部曇《あぶどん》位。三閉尸《へいし》位。四鍵南《けんなん》位。五鉢羅奢佉《ばらしゃこ》位。（『大正蔵』二九・四七頁下）

［羯刺藍《からん》］　羯邏藍。kalalam　雑染、和合、凝滑。托胎以後初七日間をいう。［頞部曇《あぶどん》］　arbudam　皰（ほう、ひさご）。第二の七日間。［閉尸《へいし》］　peśī　血肉。第三の七日間。［鍵南《けんなん》］　ghananam　堅肉。第四の七日間。［鉢羅奢佉《ばらしゃこ》］　praśākhā　支節。第五の七日以後出産に至る三十四の七日の間。

○「腹には金剛の山を呑むが如く………」…『心地観経』：若二産難時如百千刃競來屠割一（『大正蔵』三・九七頁上）

○乾《かわけ》るを譲りて … 『大方便仏報恩経』：父母者十月懐抱。推レ乾去レ濕。（『大正蔵』三・一四一頁中）

○東西南北に走りて …『心地観経』: 若正誕二其胎藏子一 ……… 迷二惑東西一不レ能レ辯（『大正蔵』三・三〇一頁下）

○昔雪山に一の鸚鵡あり …『雑宝蔵経』の説。『法苑珠林』巻第四十九、『翻訳名義集』三にこれを引く。

『雑宝蔵経』巻第一: 非二但今日一。於二過去世一。雪山之中。有二一鸚鵡一。父母都盲。常取二好花果一。先奉二父母一。爾時有二一田主一。初種穀時。而作レ願言。………佛言。鸚鵡樂二多果種一。田者亦然。爾時鸚鵡、我身是也。爾時田主、舎利弗是。爾時盲父、浄飯王是。爾時盲母、摩耶是也。（『大正蔵』四・四四九頁上）

○三州の義士といふ事あり …「『阿含経』の説より出《いで》たり」とあるが、四阿含経の中に文なし。『輔行《ほこう》』に類似文あり。但し、『輔行』は二子とあり、この文では三子とある。

○親にあらざれども親として …『智度論』巻第八: 一切衆生《ハ》無量世中《ノニ》、無下非二父母兄弟姉妹親親一者上。復次實法相《ノ》中《ニハ》無二父母兄弟一。………非《レドモ》レ父事《つかエテ》レ之《ニ》爲レ父。非レ母事レ之爲レ母。兄弟兒《に》子《し》亦復如レ是。（『大正蔵』二五・一二〇頁中）

○慈は与楽の義、悲は抜苦の義なり。…『智度論』巻第二十七: 大慈與《ハヘ》二一切衆生樂《ニヲ》一、大悲抜《ク》二一切衆生苦一。大慈以《ハ》二喜樂《ノ》因縁一與二衆生一、大悲以二離苦因縁一與二衆生一。（『大正蔵』二五・二五六頁中）

『論註』下: 抜《ヲ》レ苦曰《ヲイフ》二慈《ト》一、与レ楽曰二悲一。依レ慈故抜二一切衆生苦一、依レ悲故遠二離《ス》無安衆生心《ヲ》一也。（『真聖全』一・三四〇頁）

○「仏教の中には子に於て………」…『優婆塞戒経』: 是五逆罪殺父則輕殺母則重。（『大正蔵』二四・一〇七〇頁中）

○『法華』の薬王品に … 経の巻第六（薬王品）に十喩を説きおわって歎与薬用十二事を説く文の一。
○文殊をば三世の覚母といひ、… 『心地観経』巻第八：三世覺母妙吉祥（『大正蔵』三・三二七頁下）
○般若をば諸仏の智母 … 『六波羅蜜多経』巻第九：皆以般若波羅蜜而爲其母。（『大正蔵』八・九〇八頁下）
『智度論』巻第四：實般若波羅蜜名三世諸佛母。（『大正蔵』二五・九三頁上）
○［車は二輪をもて………］…『涅槃経』：猶如《シ》車有《バ》㆓二輪㆒則《チ》能載用《さいゆう》。鳥有㆓二翼㆒堪㆓任飛行《ス》㆒。《スルガ》（『大正蔵』一二（北本）・四五〇頁上、一二（南本）・六九一頁下）
○『涅槃経』の中に、「仏の衆生を念じたまふこと………」…『涅槃経』：佛具《ハス》㆓一味大《ノ》慈心《ヲ》㆒悲㆓念《スルコト》衆生《ヲ》㆒如《シ》㆓子《し》想《そう》㆒衆生不㆑知《ハ》㆓佛能救《ノク下フヲ》㆒故謗《ス》㆓如來及法僧《ヲ》㆒（『大正蔵』一二（北本）・五九〇頁中、一二（南本）・八三八頁中）
↓『法苑珠林』：愍念衆生如一子。衆生不知佛能救。毀謗如來及法僧（『大正蔵』五三・六五四頁下）
二、「奉事師長はこれも三福の随一として」～「つとめてもつとむべし、信じても信ずべし。」
奉事師長も「三福随一」として、師恩の深重なることについて、外典、内典の例を引いて説いている。特に内典では、『梵網経』をはじめ、『大経』、『観経』、『小経』、『心地観経』、『千手経』、『如意輪経』、『随願往生経』、『観経疏』（序分義）、『般舟讃』、『往生礼讃』、『法事讃』、『観念法門』等の例を挙げて根拠としている。また、高野大師（空海）の遺誡を引いて、親子の愛は一生だけのものだが、師資の愛はそれを超えたものであるから、聞法の徳としては師資の方が重いことも明かしている。
○奉事師長は三福の随一 …『序分義』：奉事師長者、此明下教《レス》㆓示礼節《シヲ》㆒、学識成《ジ》㆑徳《ヲ》、因行無《ク》㆑虧《かくルコト》、乃至成仏《マデ》此猶《レ》師之善友力也、此之大恩最須《モキコトヲ》中敬重《ス》上。然《ルニ》父母及師長者、名為《テス》㆓敬上《ノ》行《ト》㆒也。（『真聖全』一・四九一頁）

○『梵網経』の文にも…孝二順《スベシ》父母師僧三寶《ニ》一、孝順《ハ》至道之法、孝《ヲ》名《テ》為レ戒《ト》亦名二制止一。（『大正蔵』二四・一〇〇四頁上）
○君父師の三尊…『四十二章経』：既生菩薩家以心信三尊値佛世難（『大正蔵』一七・七二三頁下）
○高野大師の解釈…大師の『法鏡録』（和州多武峯所蔵）に出ている。
○『心地観経』の説をみるに…『心地観経』（巻三）：世間凡夫無慧眼 迷於恩處失妙果 五濁惡世諸衆生 不悟深恩恒背徳（『大正蔵』三・三〇一頁中）
○観音は………宝冠に弥陀をいただき…『八大菩薩曼陀羅経』：聖觀自在赤色身。左手持蓮華右手施願。頭冠中有無量壽如來。（『大正蔵』二〇・六七五頁中）
○『千手経』にも…『千手千眼観世音菩薩大悲心陀羅尼』：發二是願一已。至心稱二念我之名字一。亦應三專念二我本師阿彌陀如來一。（『大正蔵』二〇・一一五頁下）
○『如意輪経』にも…『如意輪陀羅尼経』（『大正蔵』二〇・一〇八〇頁）があるが、該当文なし。
○太子二歳にして東方の向ひ…『智度論』：東方爲始。日初出故。次第南方西方北方。（『大正蔵』二五・七八頁上）
『華厳探玄記』：何故先辨東方。………如祇洹寺菩提寺皆面向東。如來説法亦多分面向東。（『大正蔵』三五・一五二頁上）
○南無仏と名へ給し。…称南無仏とは天王寺の義は総じて称一切諸仏、橘寺の説には称阿弥陀仏、法隆寺の義は称釈迦仏とそれぞれの義があるが、ここでの仏は阿弥陀仏のことである。

○七日七夜称名念仏 … 『壒嚢鈔《あいのうしょう》』（『大日本仏教全書』一五〇）
『壒嚢鈔《あいのうしょう》』十七：聖徳太子欽明用明並に守屋与力の逆罪を済んが為に八人の大臣と共に時衆と成て清涼殿にして常行三昧の念仏七日七夜称名ありて、功徳の有無を此善光寺の如来に尋申されける、御消息云、……八月十五日勝鬘上る、本師善光寺如来御前へとあそばして、三度礼して小野の臣好子の大臣を御使として遣はさる等。

○小野大臣を御使として … 後に「妹子の大臣」とあり、小野妹子のこと。『壒嚢鈔』には臣好子とあるが、「好」の字は「妹」の誤りか。

○黒駒を給て … 太子歳の時、甲斐の国より貢がれた馬。

○待《まち》賀《か》爾《ね》天恨土《てうらみと》告与《つげよ》 … この歌は風雅集釈教部に出ていて「待カ子テナケクトツケヨ」とある。『壒嚢鈔』にも載っている。

○「伊《い》曽《そ》計《げ》人、弥陀之御船《みふね》能《の》通《かよふ》世《よ》耳《に》乗《のり》後《おくれ》奈《な》半《ば》誰閑《か》渡《わた》佐《さ》無《む》」 … この歌も風雅集に載っているが、後半が「ノリオクレナハイツカワタラン」となっている。

○かの寺の縁起に見えたり … 『善光寺縁起四』：太子御手跡、如来御書筆硯于レ今有レ是云々

○『大経』の下巻に「………各遇強健時………」…現流の経に「各曼強健時」とある。「曼」は「及」の意。「各遇」となっているのは明本によるもの。

『大経』下巻：何不《ゾル》レ棄《テ》二衆事《ヲ》一、各曼《ビテ》二強健時《ノニ》一、努力《シテ》勤二修善《シヲ》一、精進《シテ》願《ハバ》二度世《ヲ》一、可レ得《シ》二極《メテ》長生《ヲ》一。如何不《イカンゾル》レ求《メ》レ道《ヲ》。安《イズクンゾ》所《アルベキ》レ須レ待、欲《スル》二何樂《ノヲカ》一哉。（『真聖全』一・三二頁）

○『礼讃』の懺悔にも…『往生礼讃』：師僧・父母及善知識、法界衆生《ノ》断《ト》二除《シテ》三障《ヲ》一同《ジク》得二往生《スルコトヲ》一（『真聖全』

一・六五六頁）

○『法事讃』の七礼敬にも…該当する言葉なし。

○『序分義』に仏弟子の…『序分義』：迦葉等意《ノこころ》、自《ラ》唯曠劫《ヨリ》久《シク》沈《テ》生死《ニ》、循還《シ》六道《ニ》、苦《ミ》不可言。愚痴悪見《ニシテ》封執邪風、不値《シテ》明師、永流《クル》於苦海《ニ》。但以《テ》宿縁有《ヲ》遇得《々》会慈尊。法沢無私我曹蒙潤。尋思《テフニ》仏之恩徳、砕《ク》身《ヲ》之極悃然《タリ》。致使親《シク》事《ヘテ》霊儀《ニ》無由《カラ》暫《クモ》替《ルニ》。（『真聖全』一・四六七頁）

○昆明池といふ池…『韻府』七：昆明池、昔ある人がそこで魚を釣っていた。釣り糸が切れたのでそこを去った。その後、漢武帝の夢に通じ、魚が釣り針を取り去ってほしいと頼んだ。帝は翌日その池で遊び楽しんでいる時、大魚が糸に絡まれているのを見て、これを取りはずしてやった。三日経ってから、その池のほとりで一双の明珠を得た。帝は「これは魚の報いに違いない。」と言った。

○隋侯といひし人…『捜神記《そうしんき》』二十：隋侯は背中に傷を負った蛇を見て薬を以て手当てしてやった。その報いに純白の珠を得た。その珠を隋侯珠というが、夜月の照るような光明があるので明月珠とも名づけている。また霊蛇珠ともいう。『准南子《えなんし》』（准南王劉安が編集したもので、当時の諸種の思想・学説が載せてある。）六、『韻府』等にも出ている。

○名利の為に仏法を…『正法念処経』巻第三十一：不以悲心利益衆生而取財物。是名下品之法施也。是下法施。不以善心為人説法。唯為財利。不能自身如説修行。是名下施。若以説法而得財物。………是則名曰下法施也。云何名為中法施耶。為名聞故。為勝他故。為欲勝餘大法師故。為人説法。（『大正蔵』一七・一七八頁上）

↓『法苑珠林』：又正法念經云。若有衆生正行善業。………若為財物故與人説法。不以悲心利益衆生。

而取上二財物一。……是則名曰二下品法施一也。云何名爲二中品法施一耶。爲二名聞一故。爲二勝他一故。爲レ勝二餘大法師一故。爲レ人説法。或以二妬心一爲レ人説法。如レ是法施得レ報亦少。生レ於二天中一受二中果報一。或生二人中一。是則名曰二中品法施一也。（『大正蔵』五三・一七八頁上）

○了因の仏性 … もと涅槃の説であって『大乗義章』十八に委しく説く。

『大乗義章』：法佛之性。但是了因。非二是生因一。云何得レ知レ非二是生因一。如二涅槃説一。涅槃因者。所謂佛性。佛性之性。不レ生二涅槃一。故非二生因一。是義云何。………是義云何諸佛之性。是眞識心體有。從レ本已來。有二可顯了成果之義一。故名二了因一。………涅槃説云。佛性雖レ有不レ同二虚空一。虚空雖レ以二無量方便一。不レ可レ得レ見。佛性可レ見。可見猶是可了義矣。以二可了一故。名爲二了因一。（『大正蔵』四四・四七七頁上）

○『隋願往生経』の説に … 『潅頂隋願往生十方浄土経』：『仏説潅頂経』（『大正蔵』二一・一三三一頁）の巻第十一。『安楽集』所引の文（取意）：（随願往生経云）若有《シ》三臨終及死堕二地獄一、家内眷属為二其亡者一念レ仏及転誦斎福《セバ》、亡者則出《テ》二地獄《ヨリ》一往二生《ス》浄土一。況《ヤ》其《ノ》現在《ニ》自《ラ》能修《セバ》念《ヲ》何以《テカ》不《ル》レ得二往生一者也。（『真聖全』一・四二三頁）

○『法事讃』の釈に「存亡利益難思議」といへる …

『法事讃』：般舟三昧楽　願往生　慈悲平等《ニシテ》　度《シ下フ》二衆生《ヲ》一　無量楽　証二明《シ》功徳《ヲ》一除《キ下ヘ》二罪障《ヲ》一　願往生　存亡《ノ》利益難《シ》二思議《シ》一　無量楽（『真聖全』一・六一四頁）

○『般舟経』に「若人専………」…『般舟三昧経』→『観念法門』「護念増上縁」の中に所引の文（取意）。

『観念法門』：若人専行二此念弥陀仏三昧一者、常得二一切諸天及四天大王竜神八部随逐影護愛楽相見一永無諸悪鬼神、災障厄難横加二悩乱一。（『真聖全』一・六二九頁）

○『観仏経』に念仏三昧は………『観仏三昧海経』：佛告阿難。此観佛三昧。是一切衆生犯罪者藥。破戒者護。失道者導。盲冥者眼。愚癡者慧。黒闇者燈。煩惱賊中是勇健將。（『大正蔵』一五・六八九頁下）

○『大経』に三途の勤苦にありても………『無量寿経』：若在二三塗勤苦之處一見二此光明一皆得二休息一無二復苦惱一。壽終之後皆蒙解脱。（『真聖全』一・一六頁）

註

（1）『真宗聖典講讃全集』七巻「存覚上人之部」・五一六頁。

参考資料

『真宗全書』四八巻
『真宗聖典講讃全集』七巻
『報恩記講述』香山院龍温述（『真宗大系』二八）
『易行品』『浄土論』『論註』『安楽集』（『真聖全』一）
『観経疏』『往生礼讃』『般舟讃』『観念法門』（『真聖全』一）
『法華経』（『大正蔵』九）
『涅槃経』『摩訶摩耶経』（『大正蔵』一二）
『倶舎論』（『大正蔵』二九）
『摩訶止観』（『大正蔵』四六）
『弁正論』（『大正蔵』五二）
『漢語燈録』（『真聖全』四）
『心地観経』『大方便仏報恩経』『六度集経』『過去現在因果経』『仏本行集経』（『大正蔵』三）
『父母恩難報経』（『大正蔵』一六）

『四十二章経』『正法念処経』(『大正蔵』一七)
『順正理論』(『大正蔵』二九)
『央掘摩羅経』(『大正蔵』二)
『浄飯王般涅槃経』(『大正蔵』一四)
『大般涅槃経』(『大正蔵』一)
『法華玄賛』(『大正蔵』三四)
『梵網経』(『大正蔵』二四)
『八大菩薩曼陀羅経』『不空絹索陀羅尼自在王咒経』(『大正蔵』二〇)
『千手千眼観世音菩薩大悲心陀羅尼』『如意輪陀羅尼経』(『大正蔵』二〇)
『華厳探玄記』(『大正蔵』三五)
『大乗義章』(『大正蔵』四四)
『般舟三昧経』(『大正蔵』一三)

十一、『選択註解鈔』

【撰述年代・意図】

『選択註解鈔』（以下、『註解鈔』）とは題号に示されるように、浄土宗の祖師法然聖人が著された『選択本願念仏集』（以下、『選択集』）に対して、存覚が註解をほどこされたものであり、真宗教団における『選択集』の注釈書としては最古のものである。撰述年代は暦応元年（一三三八）存覚四十九歳のとき（『常楽臺主老衲一期記』）とされており、備後において日蓮宗徒と対論に及ばれたころである。

願主については『浄典目録』には「依二同所光照寺住持慶願（明尊）望一草レ之」とあり、『鑑古録』には所望者願空とする。しかし、備後山南に願空という僧の名は見えず、教空か教願の誤りではないかと指摘されている（『真宗法要典拠』）。『一期記』では暦応元年備後において『註解鈔』の他、『決智鈔』『仮名報恩記』『至道鈔』『顕名鈔』が著されたことが記されている。

『註解鈔』撰述意図については、備後における日蓮宗徒との関係が挙げられる。日蓮の『守護国家論』冒頭の文「予歎二此事一間造二一巻書一顕二選択集謗法縁起一名号二守護国家論一」（『守護国家論』日蓮上人遺文　八九頁）に基づき、日蓮宗徒は『選択集』を「選択集謗法縁起」と位置づけ、浄土宗に対して激しい論難を加えられた。日蓮宗徒の教線が拡大する一方、専修念仏の行者の代表として存覚は、備後において日蓮宗徒と対論に及ばれ、その対論に際して浄土宗（専修念仏）の祖師、法然聖人の『選択集』を深く領解（『註解』）されたものと考える。『註解鈔』

著述の背景として、当時浄土宗の二大勢力であった鎮西、西山に対し、法然—親鸞の正統性を示す意図があるという説もあるが、註解そのものに重きがおかれている感が見受けられる。

【古写本】

①龍谷大学　（京都）　室町時代初期
②龍谷大学　（京都）　室町時代末期
③光徳寺　（大阪）　室町時代
④光徳寺　（大阪）　室町時代初期
⑤常楽寺　（京都）　室町時代末期
⑥福田寺　（滋賀）　室町時代末期

※鷲尾教導氏の「『選択註解鈔』の撰者と其古寫本とに就て」（『六条学報』一四二）において、本派本願寺所蔵古写本は跋等を験する二種の零本と一種の完本と合わせて九冊ありと示され、

イ　イソシマ本　第一第四第五　三冊（イソシマの名は鷲尾氏の附された名）
ロ　顕恵（常楽寺第九世）本　第四　一冊
ハ　応永本　第一より第五　五冊

と示される。現在では、これらの本派本願寺蔵本はおそらく龍大の所蔵となっているものであろう。

【本書内容】

本書は五巻から成り、各巻にわたり細かく『選択集』を註解されている。本書の構成としては、

第一巻　題号・第一、教相章（二門章）・第二、正雑二行章（二行章）

第二巻　第三、本願章・第四、三輩章・第五、利益章・第六、特留念仏章・第七、摂取章

第三巻　第八、三心章

第四巻　第九、四修章・第十、化讃章・第十一、讃嘆章・第十二、念仏付属章

第五巻　第十三、多善根章・第十四、証誠章・第十五、護念章・第十六、名号付属章・総結・後序

と成っている。『選択集』はその著名に示されるように、「選択本願の念仏」を説くことが主眼である。その「選択」とは、具体的には「慇懃付属章」で明かされる「八選択」である。「八選択」とは、『無量寿経』の三選択、『観無量寿経』の三選択、『阿弥陀経』の一選択、『般舟三昧経』の一選択であり、釈迦・弥陀・十方諸仏が皆同心に、余行ではなく念仏一行を選択されている旨を明かされている。存覚は『選択集』の八選択を承けて、

私の釈には八種の選択をあげられたり、一々の義みな文にありてみつべし。八種の義、しかしながら諸行をえらびすてて念仏をえらびとるになづけたり。さればこの書のこころは、ただ専修の義をあらはすなり。

（『真聖全』五・二二九頁）

と釈し、『選択集』解釈の所詮は専修念仏であること示されている。

さらに『註解鈔』後序には、

念仏誹謗の輩は、そのつみ深重にして、大地微塵劫を超過すとも、三塗の身をはなるることをうべからざる事

をあかすがゆへに、破法のつみをいましめらるるなり。いはゆるこの書は経釈の肝要をぬきて念仏の深義をのべたり、これを謗ぜば謗法の重罪をまねきて地獄の苦報をうくべきがゆへに、後見をはばかりたまふなり。～中略～　この書には念仏の正義をあかすがゆへに、これを謗ぜば念仏を謗ずるにあたるべきがゆへなり。されば実に後見をさふるにはあらず、誹謗正法のつみをつつしましめんがためなり。ふかく信順の心をぬきんでて修習のつとめをいたさば、ことに弘通の根本としてかの素意にかなふべきなり。

（『真聖全』五・二三四頁）

と示し、『選択集』は念仏の深義を明かすとともに、念仏謗法の罪重きことを顕し、誡められる著作であることを明かされている。また念仏の正義を顕かにされたのが『選択集』に他ならないから、『選択集』を謗ずることは、念仏謗法の重罪に当たることになると示されている。これは日蓮亡き後もなお続く日蓮宗徒からの論難を斟酌した釈であると考えられる。

十二、『至道鈔』

【撰述年代・意図】

暦応年間（一三三八〜四二）存覚四十九歳頃、荒木万福寺の空暹の所望によって著された。『存覚一期記』には、四十九歳の条に『真宗至道鈔』とその名がみえる。本書刊本について、僧樸は『真宗法要蔵外諸書管窺録』に、

此亦真撰に非ず、始末文詞はつたなからず、もしや真撰にもやと眩せらるるようなれども、熟読すれば偽造なること明けし。・・・十王裁断の長談義、いよいよ合点ゆかず、其上始終追修をもはらにすすむるのみにて、弥陀願力の強縁を談ずること甚だすくなし、通浄土門の談義坊などの編録せるにや、決して真撰にあらず。

と評し、偽撰とされている。また泰巌は本書写伝本について『蔵外法要菽麦私記』に、

至道鈔。存覚上人の撰なるべし。追福、孝養、道場、仏閣等のことを明せり、一宗安心の書にあらず、然れども存覚上人の御筆格なり。別に世板に至道鈔というあり、初より九丁迄は報恩記を妄りにぬき出せしものなり。九丁已下寂意等の化益ある文は報恩の記に非ず、然れば後の人の妄作というべし。

と評し、写伝本については存覚真撰とされ、流布本については後人の作と選定されている。以上より本書の真偽が問われるが、本書の記述は『報恩記』『浄土見聞集』との類似点も認められ、また文末では念仏行を懇ろに勧められている旨より、今本では真撰として取り扱うことにする。

【古写本】

①大谷大学　（京都）　江戸時代初期　恵空筆

②大谷大学　（京都）　江戸時代

【本書内容】

一、「父母の菩提のために仏事を修する功徳のすぐれたる事」と二、「道場をかまへて念仏を勤行すべきこと」との二事について述べられる。

前者について、まず「一切の恩のなかには父母の恩最大なり」と述べ、『大経』の「五悪段」の文に依って不孝の咎の重きことを示し、『観経』に依り、孝養父母が「三世の諸仏の浄業の正因なり」と示す。そのことを『梵網経』『華厳経』『増阿含経』『心地観経』に依って証し、また玄奘の『抖擻の記』の一つの因縁を引き、「釈迦如来の因行も孝養のつとめをもはらにし、弥陀如来の大悲も孝養のこころざしを感じたまふ」と述べ、和国の教主である聖徳太子も孝養を大事にされたことを示している。そして次に、父母に孝養することは生前だけではなく「ひとすぢに滅後の孝養をいたして、その報謝にそのふべきなり」と述べ、中有のあいだの十王の裁断を示し、「善根を修し、ねんごろに功徳を行じて追福をいたすべし。追善の分際によりて善悪の生を定むべきがゆへなり」と、追善・追福をすすめているが、最後に「念仏の行者は、信心をうるとき横に四流を超断し、この穢身をすつるとき、まさしく法性の常楽を証すれば、十王の前にいたるべきにあらず」と述べて念仏をすすめ「真実念仏の行者なりとも報恩のつとめをおろそかにすることはあるまじきことなり」と結んでいる。

後者について、まず「おほよそ仏法修行のところはみな道場といふ」と述べ、「念仏の行者、うちに信心をたくはへて心を浄土の如来にかくといふとも、道場をかまへて功を安置の本尊につむべし。自行化他の利益これにあるべきなり」とすすめ、『法事讃』『観念法門』の文に依って証し「穢土をもて浄土に准じ、私宅をもて道場に擬して、本尊を安ずる浄場とし、念仏をつとむる会座とするなり」と示している。続いて、道場という言葉を様々な角度から説明し、道場を構えて念仏を勤行すべきことをすすめている。

十三、『法華問答』

【撰述年代・意図】

『浄典目録』に「法華問答　一帖　是所望之仁不存知。若決智鈔所望之仁歟」と記されている。このことから暦応元年（一三三八）、存覚四十九歳の時に備後の山南慶空の所望に応じて著されたものと思われる。本書は浄土宗に対する法華宗からの論難に答えた書である。十二の問答を用いて論難を破し、浄土教こそが出世の本懐であることをあきらかにされている。

【古写本】

①岸部武利　室町時代末期　上巻欠
②弘誓寺　元禄四（一六九一）年
③大谷大学　寛永七（一六三〇）年　漢文本
④浄興寺　応永三十二（一四二五）年　表終裏に「存如上人御筆」とある。漢文本
⑤真光寺　室町時代末期　上巻欠
⑥本派本願寺　室町時代末期　『決智鈔』と同冊。漢文本
⑦龍谷大学　室町時代末期　上下二冊。上巻は『決智鈔』

【本書内容】

『法華問答』は、本末二巻から成る。まず法華宗からの論難に対して答え、次いで十一の問答を設けて詳しく謗難に反論している。

内容は三段に分けてみることができる。第一段は、法華宗の三つの論難に答えている。第二段は、『観経』と『法華経』が同時であるということを明かしている。第三段は、浄土教が出世本懐であると明かしている。

第一段は、存覚は法華宗の三つの論難を示して、それに答えている。第一の論難は、『無量義経』の「四十余年いまだ真実をあらわさず」の文により法華爾前の教は方便であり、得益がないとする難。『観経』には、「中三品の機、かの土に生して四諦の法をききて小果を証す」とあり、それゆえかの土は、方便の土であり、大乗ではないとする難。念仏の行者が法華を毀謗するので能修の機に約して、所修の念仏を無間の業となづけ、また法華を信じないものは謗法であり、一闡提であるとする難という法華宗の三つの論難に対して答えている。

第二段は、『観経』は法華と同時であるとする説に対して問答が設けられている。法華の同聞衆である阿闍世が、法華の深法を聞いて後に逆罪を犯すわけがないので『観経』は法華以前であるとする難に対して、阿闍世は法華の序分に同聞衆につらなっていたけれども、いまだ正説を説かず、そのゆえに逆罪をつくり、逆罪以後仏所に詣でなかったとする。それを『涅槃経』の「過三月已吾当涅槃」の文、法華の結経である『普賢経』の「告阿難却後三月吾当涅槃」の文により『涅槃経』で阿闍世が仏所に詣でるのが、涅槃の当代であるということを示す。そして『善見論』の「阿闍世王位にのほりて八年、仏涅槃とす」の文を引いて『観経』・『涅槃経』等の三経の説が符号することを明かし、『観経』が説かれたのが法華の序分のすえにあたり、『法華経』と同時の説ということになると、論難を破している。

第三段は、出世本懐についての問答が設けられている。法華以前の教はすべて方便であり、どのような教も法華一乗の方便である。その『法華経』こそが出世本懐であるとするのに対し「大悲の本懐、元より重苦の衆生をさきとす」と示され、『華厳経』は厚殖善根の上機を化して本懐とし、『法華経』は二乗を化するを本懐とする。浄土の教にいたりて重苦をすくう本懐であるとし、浄土の教えこそが出世の本懐であることを明らかにされている。

十四、『存覚法語』

【撰述年代・意図】

奥書に、

右就二浄教大綱一、書二与法語一句一哉之由、依レ得二契縁禅尼之請一書レ之。本来無智之上、近曾廃学之間、屢雖レ令二固辞一、偏難レ避二懇望一之故也。不レ及二深思一、不レ能二再案一、只任レ浮レ心即記、苟以レ遂レ志為レ詮、叵レ謂二肝要之文言一。亦耻二臂折之書役一。堅可レ禁二外見一、旁為レ顧二後謗一而已。

文和五歳（丙申）三月四日　釈存覚（六十七歳）

と示されるように文和五年（一三五六）三月四日、存覚六十七歳の時、契縁禅尼の所望によって浄土教の大綱について、法語という体裁で著されたものである（なお契縁禅尼には、出雲路乗専の母または妻という説と、存覚の夫人という説がある）。

【古写本】

①歓喜寺（岐阜）　室町時代中期　明心筆

②光徳寺（大阪）　室町時代末期

③毫摂寺（兵庫）　室町時代末期

④慈敬寺（滋賀）　室町時代末期　証智筆
⑤真光寺（和歌山）　永正十六（一五一九）年
⑥常楽寺（京都）　室町時代末期
⑦専精寺（岐阜）　室町時代初期　善如筆
⑧専想寺（大分）　室町時代末期
⑨龍谷大学（京都）　室町時代末期
⑩龍谷大学（京都）　室町時代末期
⑪龍谷大学（京都）　室町時代末期　顕恵筆

【本書内容】

まず冒頭で『教行信証』「総序」の「難思の弘誓は難度海を度する大船、無礙の光明は無明の闇を破する慧日なり」の文を挙げ、弥陀不共の利生、凡夫出離の用心を顕す一文として掲げられている。「難思の弘誓」「難度海」「無礙の光明」「無明の闇を破する慧日」の語句に注目し、それぞれ註釈をなされている。

次に、阿弥陀如来が本願を発し浄土を設けられた理由は、衆生に三輪（無常輪・不浄輪・苦輪）を離れさせるためであるとし、三輪の註釈をなされ、三輪を離れることは、阿弥陀如来の荘厳功徳が成就したからであるとする。

特に、初めの無常輪において、後鳥羽上皇の『無常講式』と貞慶の『愚迷発心集』の文を引いて、無常観を述べている。そしてこの無常観は後に蓮如の『御文章』（白骨の章）に大きな影響を及ぼしている。

最後に、女人の出離について述べられ、阿弥陀如来の本願は女人も悪人も関係なく救うということを、『観経』韋提希夫人、正治二年羅城門跡より掘り出された碑文にまつわる例を挙げている。

十五、『浄土見聞集』

【撰述年代・意図】

『浄土見聞集』は、延文元年（一三五六）、存覚六十七歳の時の撰述だと伝えられている。本書末尾には、著述の背景と性格について、次のように述べられている。

をよそこのふみ、はじめは『十輪経』・『十王経』等のこころをとりてこれを鈔す、をはりには『教行証』等の文類を見聞するゆへに、『浄土見聞集』と題す。さらにわたくしなしといへども、これ自見のためにして弘通のためにあらず。文言つたなしといへども、愚者のみやすからんことを要す。……はじめの十王讃嘆なんどはすでに厭離をさきにする義なり。当流にはしかるべからざることなれども、浅智愚闇のともがらを誘引せんがためにとて、願主の所望によりてわたくしの見聞をしるしわたすなり。（『真聖全』三・三八二頁）

ここにあるように、『浄土見聞集』は、「浅智愚闇のともがらを誘引せんがためにとて、願主の所望によりて」撰述されたものであるが、その願主が、誰なのかは不明である。しかし、「愚者のみやすからんことを要す」や「浅智愚闇のともがらを誘引せんがためにとて」といった文からすると、本書は、他の書にみられるような浄土異流や日蓮衆徒を特に意識したものではなく、伝道上の立場から、願主の所望によりて、親鸞聖人の教えを、比較的学のない者でも理解しやすいようにまとめられたものであることが窺える。このような、『浄土見聞集』の性格について、『浄土見聞集玩索記』には、次のように述べられている。

初メノ十王段ヲハリテ一タビ転ジテ實ニ入リ後ニ宗義ヲ示シ給フトコロニ至テハ他ノ御製作ヨリモイヨイヨ深切ニ他力真宗ノ要義ヲスベククリ。所謂解門行門ノ中ニヲイテハ最モ行門ノ旨趣ヲ本トシ文義ヲ述テ而モ文義ヲハナレ自行化他ノ要路ヲ示シ給フ。……コレヲ以テ他ヲ教化スルノ則ヲ垂レ自ラカヘリミテ往生ノ得否ヲ験知セシメタマフ。ソノ至切他ノ御撰述ノ中ニモ倫ヲ絶スルニ似タリ實ニ甚深巧妙ナル御體勢ナリ。

（『真宗大系』二九・一六三頁）

ここにあるように、『浄土見聞集玩索記』でも、『浄土見聞集』を他の存覚の著作と比較して、非常に伝道的な色彩が強いものとして位置づけている。

また『浄土見聞集』という題号は、「『教行信証』等の文類を見聞する」というところからつけられたとある。

【古写本】

①岸部武利　（奈良）　大永五（一五二五）年

②岸部武利　（奈良）　室町時代中期

③毫摂寺　（兵庫）　室町時代末期

④光徳寺　（大阪）　室町時代初期

⑤慈敬慈　（滋賀）　室町時代中期　蓮悟筆

⑥慈敬慈　（滋賀）　室町時代末期

⑦浄興寺　（新潟）　応永三十二（一四二五）年　空覚筆

⑧深光慈　（滋賀）　室町時代末期
⑨本徳寺　（兵庫）　室町時代末期
⑩本派本願寺　（京都）　室町時代初期
⑪龍谷大学　（京都）　室町時代末期

【本書内容】

『浄土見聞集』は、本書末尾にも「をよそこのふみ、はじめは『十輪経』・『十王経』等のこころをとりてこれを鈔す、をはりには『教行証』等の文類を見聞するゆへに、『浄土見聞集』と題す」とあるように、大きく『十輪経』『十王経』等によって死後地獄におち、中陰の間に罪悪の裁断をうけることを明かす前半部分と、『教行信証』等から要文を引き「聞其名号信心歓喜」の一念に往生を得て不退転に住するという他力真宗の実義を述べ、ひとえに聞信をすすめる後半部分とに分けられる。

前半部分の意義について、『浄土見聞集玩索記』には、次のように述べられている。

初メニ列ネ給フ十王ノ因縁モ世間ニ流布スルニ任セテタダソノ事実ヲツラネタマフバカリニハアラズ。ツヅマルトコロハ輪廻因果ノ道理ヲ示シ生死流転ノ苦相ヲシラシメンガ為ナリ。豈コレ仏法柱礎ニアラズヤ。流転ノ迷惑ヲ知ラズシテ何ニヨリテカ出離ノ道心ヲ生ゼンヤ。……ワレラガ後生ノ一大事ノ思ヒトイフモコノ生死流転ノ道理サヘモ心ニオモヒシラレタラバ必ズオコラネバナラヌナリ。
（『真宗大系』二九・一六三頁）

サテコレヲ聞テ両段トシテ大意ヲ弁ズルトキハ一ニハ当来ノ苦相ヲ示シテ懃ンデ出離ヲ勧ム。二ニハ真宗ノ實義ヲ述ベテ正シク聞信ヲ勧ムトカクノ如クワカツナリ。出離ヲ勧ムトイフモスデニ御コトバノ上ニナニニヨリテカ出離ヲワキマヘン。又出離生死ノ要法ヲモトメンコトコノトキニアタレリトノタマフ。十王裁断ノ説明ヲ述べ給フモ何ノ為ゾタダ出離ヲ求メシメンガタメノミナリ。故ニ二段ニワカテバカクノ如ク弁ズベキコトト窺ハルル。コレヲ合スレバ一部ノ帰スルトコロハタダ聞信ヲススムルニアリ。（『真宗大系』二九・一七一頁）

これらの釈からも窺えるように、前半部分において、『十輪経』『十王経』等によって死後地獄におち中陰の間に罪悪の裁断をうけることを明かしているのは、生死出離の苦相を示し出離を勧め、生死出離の要法を求めさせるためであり、それは、結局のところ聞信を勧めるところに存覚の意図があるといえる。

また存覚自身も、この前半部分の説示形態について、本書末尾に次のように説明されている。

そもそも楞嚴の先徳の『要集』、禅林の永観の『十因』等は、厭離穢土欣求浄土とかかれたり。しかるに鸞聖人の御相伝には、欣求をさきにし、厭離をのちにせよとのたまへり。そのゆへは、まづ穢土をいとへとすすむとも、凡夫はいとふこころあるべからず。これをいとはせんとすすめんいとまに、まづ欣求浄土のゆへをきかせぬれば、をしへざれども信心を獲得しぬれば穢土はいとはるるなりとおほせありけり。されば『教行証』・『浄土文類聚鈔』・『愚禿鈔』等の御作にも、また『浄土和讃』・『正像末和讃』等にも、かつて穢土をいとへとも、無常を観ぜよとも、あそばされたる一文なし。つらつらこのことを案ずるに、まことに信心ひとたび発起せしめたまひぬれば、をしへざれども穢土はいとひぬべし。またたとひいとふこころかつてなくとも、信をえば往生うたがひなし。一言なりとも、他力発起の法門もとも大切なり。はじめの十王讃嘆なんどはすでに厭離をさきにする義なり。当流にはしかるべからざることなれども、浅智愚闇のともがらを誘引せんがためにとて、願主の所望によりてわたくしの見聞をしるしわたすなり。（『真聖全』三・三八二頁）

ここにあるように存覚自身、親鸞聖人の上での厭離穢土欣求浄土の見解を示し、この『浄土見聞集』の説示形態が、親鸞聖人の御相伝とは異なることを認めた上で、「浅智愚闇のともがらを誘引せんがために」このような形態をとっていることを述べている。

ここで特に注目すべきは、親鸞聖人における厭離穢土欣求浄土についての見解を示している点である。ここには、「鸞聖人の御相伝には、欣求をさきにし、厭離をのちにせよとのたまへり。……をしへざれども信心を獲得しぬれば穢土はいとはるるなりとおほせありけり」とあるが、実際、親鸞聖人の著作の上で、直接このような見解を示している文はない。これに関して、『浄土見聞集玩索記』には「コレハ必ズ如信上人ヨリ覚如上人ソレヨリ存師トロ授相伝ノ御示ナルベシ。御撰述ノアラハナル文ノ上ニ斯様ニ仰セラレタル御物語リハナキコトナリ。故ニ御相伝トノタマフトコロナリ」（『真宗大系』二九・二六七頁）と、この義は、如信・覚如と口授相伝されてきた義であるとしている。また、この見解自体を次のように解釈している。

今一文ナシトノタマヘドモスデニ広略二本ノ序ニ捨穢欣浄トノタマヒ捨穢トアルハ即欣浄ニ対スレバ厭穢ナルベシ。若然ラバ厭離為本トモ謂ヒツベシ如何。答云。此義ニツイテ有一義ニハ今ココニ厭離ヲ後ニシ欣求ヲ前ニスベシトノタマフハ一相ノ判釈。実ハ弘願門中ニアリテ厭欣ヲ妨ゲヌ。捨此往彼ノ願生ノ人厭離ノ心ナキ筈ハナシ。タダ自力ノ策励ヲ以テ厭捨スルヲキラヒ給フナリ。仏力内薫シテ厭欣セシメ給フハ他力ノ厭欣ナリトニフウテソノ証ニコノ広略文類ノ序ヲ引イテアル。……総ジテ浄土門ニ入リテスデニ捨穢欣浄ノ人トナル人ヲススメテ弘願ニ入ラシメ給フ。……大体ハコノタビ願往生ノ人ナレバ捨穢欣浄ハ大体ナリ。然ルニオロカナルモノヲススメ給ハンガ為ニソノ次第ヲフリカヘテススメ給フ活手段ナリトココロウベシ。

（『真宗体系』二九・三七七頁）

ここにあるように、厭離を後にし欣求を前にするというのも、自力の厭捨を否定する意味のものであり、親鸞聖人の上においても、仏力内薫する他力の厭離穢土欣求浄土の見解は、『教行信証』や『浄土文類聚鈔』の序にみられるとしている。また、浄土門に入っている人などは、すでに捨穢欣浄の人であり、その捨穢欣浄の人をすすめて弘願に入れしめるところに、これら『教行信証』や『浄土文類聚鈔』の序の文の意味があるとしている。そして、このような説示形態をとっているのは、存覚自身も述べているように、「浅智愚闇のともがらを誘引せんがため」の手段であるとしている。

これらの解釈からすれば、存覚が「浅智愚闇のともがら」としているのは、まだ自力の厭捨もしえていない、全く仏法に無関心な人々をも含んでいるといえるだろう。このような人々に対して、仏法に目を向けさせ、ひとえに聞信をすすめるというのが、『浄土見聞集』全体を通じての姿勢だといえる。

また、このような『浄土見聞集』の説示は、蓮如の無常観の説示と親鸞聖人の教義との間を埋める重要な説示として注目されてよいだろう。

後半部分は、前半部分を受けて他力真宗の実義を述べて聞信を勧めているが、まず、そこでは善知識の重要性について述べられ、続いて次のように示されている。

この法を信ぜずばこれ無宿善の人なり。……おぼろげの縁にては、たやすくききうべからず。もしききえてよろこぶこころあらば、これ宿善のひとなり。善知識にあひて本願相応のことわりをきくとき、一念もうたがふこころのなきは、これすなはち摂取の心光行者の心中を照護してすてたまはざるゆへなり。光明は智慧なり、この光明智相より信心を開発したまふゆへに信心は仏智なり、仏智よりすすめられたてまつりてくちに名号はとなへらるるなり。これさらに行者の心よりおこりてまうす念仏にはあらず、仏智より信心はおこり、信心より名号をとなふるなり。

（『真聖全』三・三七八頁）

ここには、この法を聞き得てよろこぶこころあらば、宿善の人であることが述べられ、それに続いて善知識にあひて本願相応のことわりを聞く時、摂取の心光行者の心中を照護してすてたまはざること、そして、光明より信心が開発され、その信心より名号が称えられることが示されている。

このような説示は、明らかに蓮如の五重の義の拠り所となった文とみてよいだろう。それについて、『浄土見聞集玩索記』には、次のように述べられている。

時ニコノ下ニ明シタマフトコロ正シクコレ五重ノ義ナリ。然ルニコレヲ五重ノ義成就セズバ往生ハカナフベカラズト決判シ給フハ蓮師ノ御手柄ナルベシ。コノ集ヨリ外ニ五重ノ義ト名目ヲ立テタマフ御ヨリドコロ更ニナシ。蓮師コノ集ニ眼ヲ開キ給ヒテ五重ノ義ト名ケ給フトコロナリ。蓮師ノコノ集ヲ依用シ給フ事知ルベシ。……時ニコノ五重ノ義トイヘルハイカナルイハレノ法門ゾトイヘバタダ他力信心ヲ獲得スルノ因縁ヲ具サニ明シ給フ五重ノ義ナリ。

（『真宗大系』二九・二五〇頁）

ここにあるように『浄土見聞集玩索記』でも、ここの説示を蓮如の五重の義の拠り所となったものとみている。

以下に、五重の義が示される『御文章』二帖目第一一通を示しておく。

このゆへにわれらにをひては、善知識ばかりをたのむべしと云々。これもうつくしく当流の信心をゑざる人なりときこえたり。そも〳〵善知識の能といふは、一心一向に弥陀に帰命したてまつるべしと、ひとをすゝむべきばかりなり。これによりて五重の義をたてたり。一には宿善、二には善知識、三には光明、四には信心、五には名号、この五重の義成就せずば往生はかなふべからずとみえたり。されは善知識といふは、阿弥陀仏に帰命せよといへるつかひなり。宿善開発して善知識にあはずば往生はかなふべからざるなり。しかれども帰するところの弥陀をすてゝ、たゞ善知識ばかりを本とすべきこと、おほきなるあやまりなりとこゝろうべきものなり。

（『真聖全』三・四四二頁）

ここにあるように、蓮如において五重の義とは、知識帰命の異義に対して、往生の成就に不可欠な五つの因縁を示したものである。『浄土見聞集』においては、特に知識帰命の異義を意識する中で、これらの説示がなされているとは言えないが、たまたま善知識に遇い得たよろこびを説くに続いて、これらの説示がなされるのであり、蓮如が知識帰命の異義に対して、これら『浄土見聞集』の説示に注目したとしても不思議ではない。

また、特に後半部分で注目したいのは、信心正因・称名報恩の説示がみられる点である。それを以下に示す。

善知識にあひたてまつり、法をききて領解するとき、往生はさだまるなり。そののち名号のとなへらるるは大悲弘誓の恩を報じたてまつるなり。それも行者のかたよりとなへて仏恩を報ずるにはあらず。他力よりもよほされたてまつりて、となふればをのづから仏恩報謝となるなり。

（『真聖全』三・三七九頁）

信心正因・称名報恩の説示は、特に覚如と蓮如の上において顕著であるが、それは、他の浄土異流に対して、親鸞一流の教義の特徴を明確にしていく意図からのものと言われている。しかし存覚の場合は、親鸞聖人の信心正因義を受容しながらも、法然聖人の念仏往生の立場を前面に出し、称名正定業の側面を強調することが多い。それ故、『浄土見聞集』にみられる信心正因・称名報恩の説示というのは、存覚教学の中で注目されるべきものといえるだろう。

また『浄土見聞集』では、称名報恩義だけではなく、「往生のさだまるしるし」として、報恩謝徳のおもひに特に注目している。例えば、「往生のさだまるしるしには慶喜の心おこるなり、慶喜心のおこるしるしには報恩謝徳のおもひあり」（『真聖全』三・三八一頁）や「こころのうちをかへりみて、慶喜報恩のこころあらば往生すでにさだまりぬとしるべし」（『真聖全』三・三八二頁）などがそれである。「往生のさだまるしるし」や「信心のさだまった姿」として、報恩謝徳のおもいを終始一貫して強調するのは、蓮如教学の特徴の一つであるが、先の五重の義の文やその前の厭穢の解釈、そして『浄土見聞集』がもつ伝道的な色彩などから考えると、この『浄土見聞集』は、『歎異抄』や『安心決定鈔』と共に蓮如教学に強く影響を与えた書物の一つといえる。

十六、『嘆徳文』

【撰述年代・意図】

本書は『浄典目録』に、

報恩講　嘆徳文　依二俊玄律師所望一草レ之[1]

と記されている様に、『報恩講嘆徳文』と題する書であり、存覚が俊玄律師（本願寺第四世・善如上人）の請いに応じて著されたものである。また願泉寺本の奥書によれば、本書は延文四年（一三五九）十一月十六日、存覚が七十歳の時に、宗祖親鸞聖人の報恩講に朗読する為、俊玄律師の請いよって草稿本が書かれ、七年後の貞治五年（一三六六）五月十三日、更に添削を加えて完成されたものであったことがわかる。[2]

【古写本】

①願泉寺　（大阪）　室町時代末期
②本派本願寺（京都）　室町時代中期　蓮如筆
③本派本願寺（京都）　室町時代中期　蓮如筆　（本・末の両巻）
④本派本願寺（京都）　室町時代中期　実如筆
⑤本派本願寺（京都）　室町時代末期　（『報恩講私記』と『嘆徳文』の両軸を共に収む）

【本書内容】

本書は大きく四段に分けられ、その内容が述べられている。

まず第一段には、宗祖の出家・学道と浄土門への帰入が記される。本書は、「それ親鸞聖人は浄教西方の先達、真宗末代の明師なり。博覧内外に渉り、修練顕密を兼ぬ」という言葉でもって、宗祖の行蹟とその高徳が讃嘆されていくが、この第一段中、宗祖の叡山での修学苦悩の有り様をたたえて、

ここにつらつら出要を窺ひて、この思惟をなさく、「定水を凝らすといへども識浪しきりに動き、心月を観ずといへども妄雲なほ覆ふ。しかるに一息追がざれば千載に長く往く、なんぞ浮生の交衆を貪りて、いたづらに仮名の修学に疲れん。すべからく勢利を抛ちてただちに出離を悕ふべし」と。

といわれた言葉には、宗祖の叡山時代の心の葛藤が鮮明に表されている。

続く第二段には、『教行信証』と『愚禿鈔』の両典をあげ、宗祖の教えの特色と、その人徳が讃嘆されている。ここでは叡山を出て、源空聖人の門下となられた宗祖が『教行信証』を著し、浄土真宗の教義体系を確立していかれたことが讃嘆されると共に、凡夫の自力諸善によっては浄土往生の遂げざることが示され、煩悩具足の凡夫が浄土に往生していく正因は、ただ如来より回向された真実信心によってのみであることが示されている。そして二双四重という教判を立て、横超といわれる一切の衆生が本願力によって速やかに救われていく真実の教法を顕示していかれた方こそ、宗祖であったことが讃えられている。ついで『愚禿鈔』の文をあげ、宗祖は高徳深智でありながらも、常に自身を「愚禿」と名のり、卑謙されたことの意味が明かされる。それは、

内に宏智の徳を備ふといへども、名を碩才道人の聞きに衒はんことを痛み、外にただ至愚の相を現じて、身を

田夫野叟の類に俟しくせんと欲す。これすなはちひそかに末世凡夫の行状を示し、もつぱら下根往生の実機を表するものか。

といわれる様に、自身を内愚外賢の愚禿と名のられた宗祖こそ、実は内賢外愚なる尊崇すべき方であり、まさに我々末世の凡夫の救われていく道を、身をもって示された方であったことを讃仰されるものであった。

また第三段では、承元の法難による流罪より、関東・京都と行化された宗祖の足跡が讃えられ、滅後は大谷の地を中心に、遺弟達による報恩の営みが盛んに行われていることが記されている。

そして最後の第四段では、まず師徳を讃嘆する為に本書を著されたことが述べられるのであるが、当時の本願寺には既に覚如の著された『報恩講私記（式）』が存在していた。存覚は善如上人の請いによって、『嘆徳文』といわれる宗祖嘆徳の諷誦文を著されたわけであるが、本書制作の意図を次の様に語られている。

おほよそ三段の『式文』、称揚足りぬといへども、二世の益物讃嘆いまだ倦まず。このゆゑに一千言の褒誉を加へて、重ねて百万端の報謝に擬す。

覚如によって著された『報恩講式文』の三段の称揚により、宗祖の恩徳は讃嘆尽くされているけれども、現当二益にわたって、衆生を利益し続けていく宗祖の恩徳はいくら讃嘆しても尽きることはない。故に今、さらに一千言の讃辞を加えてその徳を讃え、重ねてすべてにわたる御恩を報謝せんが為に、本書を制作されたといわれている。こうして仏祖の加護によって、この仏閣がはるかに弥勒三会の暁までも栄え、一切の生きとし生きるものを利益していかんことを願いつつ、本書は終えられている。

註

（1）『真宗全書』七四巻・三頁。
（2）『真宗史料集成』一巻・一〇九五頁。

十七、『六要鈔』

【撰述年代・意図】

『六要鈔』（十巻）は、『教行信証』（六巻）の文を註釈した書である。延文五年（一三六〇）、存覚七十一歳の撰述であり、『教行信証』の註釈書としては最初のものであり、後世における研究家の指南とする所である。

その作者奥書を見ると、「教行信証は列祖相承の要須、聖人領解の己証なり」に続いて、「所引の本文広博」「所立の教旨幽玄」「甚深の義趣」等と讃えると共に、内容が難解なため、これまでに了知した者が誰もいないことを示し、「予が如き浅智たやすく以てあに敢えてせんや。しかりと雖も祖徳報謝のため、仏法弘通のため、試みに小量の註釈を加え、かりそめに宏智の取捨を仰ぐ。一部十巻六要鈔と号す」と述べられている。このことから、本書の造由を大凡窺い知ることができる。

【古写本】

①錦織寺（滋賀）　貞治二（一三六三）年　三月二十五日に錦織寺第五世慈観（存覚の子、綱厳僧都）が錦織寺に安置せんがために書写したものであるが、現存しない。

②本派本願寺（京都）　明徳三（一三九二）年　五月十六日、慈観が本願寺に奉授与したもの。

③本派本願寺（京都）　文安四（一四四七）年　空覺筆
④興正寺（京都）　室町時代中期
⑤慧光寺（京都）　室町時代末期
⑥本派本願寺（京都）　寛永十三（一六三六）年　『教行信証』と合冊でだされたもの（初めての刻印）。
⑦光西寺（大分）　宝暦十（一七六〇）年　円爾が『六要鈔会本』を編集

【本書内容】

『教行信証』六巻の各巻について、初めに、題目、標挙、撰号等の解釈、次いで本文の字句を順次註釈する。

『六要鈔』と『教行信証』の構成上の対照

『六要鈔』は『教行信証』の最初の註釈書と言われている。確かに、題目、総序から「化身土巻」末尾に至るまで『教行信証』本文に即して粗密の差はあるものの懇切丁寧な註釈が加えられ、その一字一句に尊崇讃仰の念がこめられている。そこで『六要鈔』を読むに当たっては、常に『教行信証』の本文を照らし合わせて読み進めることが必須要件となるのではなかろうか。この要件を満たすために、まず両者の全体構成を対比してみると、次のようである。

（六　要　鈔）　　　（教　行　信　証）

六要鈔　第一 ―――――― 総序（題目・撰号を含む）
　　　　　　　　　　　└ 教巻
六要鈔　第二　新本 ―― 行巻「謹按往相回向」（『真聖全』二・五頁）～「至彼還同法性身」（同二六頁）
六要鈔　第二　新末 ―― 行巻「憬興師云」（『真聖全』二・二六頁）～　行巻終わり（同四六頁）
六要鈔　第三　旧本 ―― 信巻　本
六要鈔　第三　旧末 ―― 信巻　末
六要鈔　第四 ―――――― 証巻
六要鈔　第五 ―――――― 真仏土巻
六要鈔　第六　旧本・新本 ―― 化身土巻　本「謹顕化身土」（『真聖全』二・一四三頁）～「廻向発願心也」（同一五一頁）
六要鈔　第六　旧本・新末 ―― 化身土巻　本「又云定善」（『真聖全』二・一五一頁）～　化身土巻本終わり（同一七五頁）
六要鈔　第六　旧末 ―― 化身土巻　末

こうして見ると、「新」は存覚独自の判断に基づき、「旧」は『教行信証』の分け方に随っていることがわかる。また、総序と「教巻」を一つにまとめて「第一」としているのも存覚独自の判断に基づくものと考えられる。

『本典研鑽集記』（是山和上研鑽指導・宗学院同人集記）上巻　に「憬興師云の右傍に『寛永』『正保』『明暦』

『寛文』の四本、第二末の三字を小書きす。これは『六要鈔』の巻数を示せるものにして後人の記入せるを合刻せるものと思はる」（一九〇頁）とある。このことは、『六要鈔』がその後の『教行信証』伝写本に逆影響を及ぼした例として興味深いことである。それだけ『教行信証』の研究に欠くことのできない重要な聖教であったことを物語っているように思われる。

更に各巻における科目について対比してみると、存覚が『教行信証』の註釈に当たって、どこに重点を置き、付帯説明を加えているかの概要をつかむことができる。

次に『六要鈔』と『教行信証』を上下二段に分けて両書の巻・科目を『真宗聖教全書』二から抜き出してみる。

『六　要　鈔』	『教　行　信　証』
六要鈔　第一	顕浄土真実教行証文類序（総序）
総序釈（題目・撰号・清浄業義・別選所求・金剛釈義）	標挙・標列
教巻釈（標列・題目・題目開合・標挙・宗名義趣・總標教旨・二種廻向・大経飜訳・大経宗体・徴問・五徳瑞現・出世本懐・五眼釈義・總結）	顕浄土真実教文類　一 真宗大綱・大経大意・出世本懐・六句嘆釈

六要鈔	顕浄土真実教行証文類
六要鈔　第二　新本 行巻釈（標挙・十七願体・行体願名・真如釈義・大悲義趣六方開合・本願義趣・十力釈義・称名破満・難易二道・引文・不退現当・一行三昧・平等是一・光明名号・専雑得失・称我名号・大願業力義・六字釈・念仏三昧） 六要鈔　第二　新末 行巻釈（憬興釈『大経疏』等引文・同一念仏・行信利益・信心得益・行一念釈・他力釈・他力義趣・一乗海釈・二教二機対・正信偈）	顕浄土真実行文類　二 標挙 大行釈（出体出願・称名破満・六字釈・行信利益・両重因縁・行一念釈・結嘆・他力釈） 一乗海釈（二教二機対・一乗嘆釈） 偈讃序説・正信偈
六要鈔　第三　旧本 信巻釈（別序・標挙・信相願名・讃嘆義趣・	顕浄土真実信文類序 標挙

実相為物・三不三信・三信釈・三一問答・至心釈・三覚三想・信楽釈・三信出体・信心仏性・二河譬釈・三信結釈・大信嘆徳・必具名号・二双四重釈・菩提心釈難信之法）

六要鈔　第三　旧末

信巻釈（信一念釈・現生十益・横超釈・真仏弟子釈・触光柔輭・聞名得忍・摂取心光・分陀利華・便同弥勒・仮偽弁釈・逆謗摂取釈）

六要鈔　第四

証巻釈（標挙・總標大意・引文・正定滅度・三定聚義・還相廻向釈・菩薩階位・真如釈義・二種法身・一心五念・華蔵界義・總結）

顕浄土真実信文類　三（信巻　本）

大信釈（嘆徳出願・『大経』等引文）

三一問答（字訓釈・法義釈・至心釈・信楽釈・欲生釈・三信結釈）

大信嘆徳・菩提心釈

（信巻　末）

信一念釈・現生十益・一念転釈・三信總結・横超釈・断四流釈真仏弟子釈・便同弥勒釈・仮偽弁釈・逆謗摂取釈

顕浄土真実証文類　四

標挙

大証釈（果体出願・証果徳相・『大経』等引文・四法結釈・還相廻向釈・往還結釈・）

六要鈔　第五

真仏土巻釈（題目・標挙・略標身土・光寿二無量・涅槃釈義引文・三身義相・称我名号・唯報非化・總結・真仮二土）

六要鈔　第六　旧本・新本

化身土巻釈（題目・標挙・三願三機三往生・標願大旨・報化二土・要門釈・菩提心釈・来迎不来迎・胎生辺地専雑得失）・三経隠顕・観経隠顕・十三文例釈・念観両宗

六要鈔　第六　旧本・新末

化身土巻釈（三経隠顕・小経隠顕・真門釈・三生果遂・唯信之法・聞信具不・三願転入・聖道釈・仏滅年代・二諦相依・無戒名字）

顕浄土真仏土文類　五

標挙

真仏土釈（仏土出願・『大経』等引文・真仏土結釈・真仮対弁）

顕浄土方便化身土文類　六（化身土巻　本）

標挙

總釈・要門釈（説意出願・引文・勧誡）・三経隠顕・真門釈（説意出願・引文・結示）・三願転入・聖道釈（二門通塞・三時開遮）

六要鈔　第六　旧末

化身土巻釈（外教釈・神明帰不・天仙護持・弁正論）

後序

（化身土巻　末）

外教釈（真偽勧誡・引文）

後序

＊（傍線部分は前の項目に包含されている）

参考資料

『六要鈔』『教行信証』（『真聖全』二）

『佛教大學論叢』二四二号

『真宗大辞典』三（岡村周薩編纂）

『真宗新辞典』（法藏館）

十八、『纔解記《さんげき》』

【撰述年代・意図】

康安二年（一三六二）七月二十八日、存覚七十三歳の時、乗智房の所望によって撰述された。また『浄典目録』には「一巻　出雲所望」とある。本書は、「纔（わずか）解」といわれるように、分量としては小部なものであるが、（一）法蔵菩薩の因行について、（二）九十五種、九十六種の外道について、（三）浄土宗のこころ、聖道諸宗の要点について簡潔にまとめられている。

【古写本】

①大谷大学（京都）　室町時代末期
②大谷大学（京都）　江戸時代初期　恵空筆
③岸部武利（奈良）　江戸時代中期
④光徳寺　（大阪）　室町時代末期

【本書内容】

本書の構成は大きく三段に分かれる。その三段とは、

一、法蔵菩薩の因行について
二、九十五種、九十六種の外道について
三、浄土宗のこころ、聖道諸宗の要点について

である。

まず第一に『大経』の釈であるが、「五劫」についての二義を挙げられる。一義には浄影師・憬興師等の説によって、五劫とは思惟のみならず修行の時節も含めるものであるとする。二義には義寂師の説によって、五劫とはただ願を思惟し成就する時節とする。存覚は二義挙げるなか、後者を経の説相に順ずるものとし、五劫とは願の思惟であって、兆載永劫がのちに修行された時分であることを示す。

第二には『涅槃経』に基づいて、九十五種または九十六種外道について釈す。まず六師外道を挙げ、この六師におのおの十五人の弟子があり、六師と弟子の数を合わせて九十六種の外道と示し、仏道の外の諸道はみな外道であるとする。そしてその外道に、神道・仙術・醫方・陰陽・天・卜筮の諸道が含まれることを示されている。

第三には、『観経』の「弥陀を見たてまつれば、十方一切の諸仏をみる」の意より、浄土宗において一心に弥陀を念ずることは、また一切諸仏を念ずる意であることを示し、一切諸仏は皆、弥陀の仏智の出生である旨を示す。そして、聖道諸宗（真言・天台・華厳・三論・法相・律宗・禅宗）において、たてるところの諸仏・教説を概説されている。

まず真言宗は、一切諸仏のなか大日如来を本とし、諸仏は大日の等深身である。したがって陀羅尼は法身の功徳であるから、三密の功力によって、成仏する意である。

天台宗は、釈迦をもって本とする。『普賢経』には「釈迦牟尼毘盧遮那」に説かれるから、大日も釈迦の異名である。この仏の出世の本意であるから法華は諸教の王であるという。

華厳宗は、釈迦を本とするけれども、普通の応身ではなく毘盧遮那を教主とする。そのかたちを現じて説かれる『華厳経』は頓大の教であるから、これ最頂であるという。

三論宗は、諸仏はみな平安である。諸経みな一理であるという。観門には八不の正観（不生・不滅・不去・不来・不一・不異・不断・不常）をたてる。

法相宗は、唯識の観門をもって至極とし、この理を説く経は『華厳』であり、論では『唯識論』である。唯識とは心の一法のほかはみな虚妄であり、心性の一理のみ真実であると観ずる。

律宗は、一切の功徳善根のなかには戒を本とし、戒は仏法の大地である。すなわち草木の種があっても、地に植えなければ生長せず、一切の功徳戒をたもたなければ、生長することなしという。

禅宗では、一切の仏法は教・禅とを出ず、諸宗に談ずる分斉はみな教である。月をさす指のようなものである。禅の一法は教によらず、みずから知る道である。たとえば、教える人の指に目をかけないで、直ちに空なる月をみるべきものである。教に拘わらず、われと心性を顕かにするというものである。

十九、『存覚袖日記』

【撰述年代・意図】

建武元年(一三三四)存覚四十五歳から応安四年(一三七一)存覚八十二歳に至る三十七年間にわたって記された存覚における一種のメモ書きであり、外見用ではないため判読困難な箇所も多い。その内容は、当時の真宗教団における各種本尊(名号本尊・光明本・先徳像)における銘文や願主名・画工名や体裁を非常に詳しく記載し、真宗草創期における各種本尊のあり方を知るうえでも貴重な資料である。(1)

【古写本】

①常楽寺(京都)　南北朝時代　存覚筆　各々落丁がはげしく、調巻されていない。

※大正十二年に鷲尾教導氏が本日記を解読して、『存覚上人袖日記』と題して刊行された。『新編真宗大系』第十八巻は鷲尾本に修正を加え、わかりやすく配列を変更して編集されている。

【本書内容】

鷲尾本によれば、内容を大略八十一項目に分けて目次に挙げ、A年記明らかなる本尊(五十一)、B年記不明の本尊(十九)、C聖教の料紙等の事(八)、D雑(五)に分類されている(重複する項目あり)。

現存するものは、「一　光明本」以下六十八項目からなる。記事の年序を見ると、存覚が六十歳から六十七歳に至るまでと七十二歳から八十二歳までの分は整然としているが、その他は綴り糸が切れて紙片がばらばらになったためであろうか、前後が錯雑としている。六十歳以前のもので年記のあきらかなものは、四十五歳と五十歳の記事の二項だけであり、年記の判明しないものは二十項目ほどある。

「光明本」とは、光明本尊のことであり、阿弥陀如来の光明の中に浄土教の祖師先徳等の像を描き、師資相承を示した一種の曼陀羅式絵図をいう。また絵系図ともいう。

○同じ銘文を有する項目

・源空「当知生死……」(一、五、六、八、十八、二十三、二十四、二十五、三十六)
・大経「如来所以……」(一、五、六、十一、二十四、三十九)
・源信「我亦在彼……」(一、五、六、八、十一、二十四)
・聖徳太子「吾為利生……」(一、五、八、十六、二十四)
・曇鸞伝「魏末高斉……」(一、五、六、二十四)
・道綽「当今末法……」(一、五、六、二十四)
・善導「言南無者……」(一、五、六、八、九、十七、十八、二十四、四十五)
・天親「世尊我一心……」(一、五、六、七、八、十一、十三、二十四、三十九、四十七)
・勢至首楞厳経「我本因地」(一、五、六、七、八、二十四)
・龍樹「人能念是……」(一、五、六、七、八、二十四)

・大経「必得超絶去……」（一、十一、三十九）
・大経「観仏本願力……」（一、三十九、四十七）
・大経「如来以無蓋大悲……」（一、六）
・大経「光明無量・寿命無量の願」（一、十一）
・大経「至心信樂の願」（一、十、十一、三十一、三十九、四十四、四十五）
・大経「必至滅度の願」（一、十一）
・大経「其仏本願力……」（一、六、十一、十九、三十九、四十三）
・親鸞（正信偈）「如来所以……」（五、六、十一、二十四、三十八、三十九）
・親鸞（二門偈）「観彼如来本願力……」（七、八、十七、十八、十九、二十三、二十五）
・善導（観念法門）「言摂生増上縁……」（八、四十八）
・善導（往生礼讃）「然弥陀世尊……」（十、十八、四十八）
・観経「光明偏照……」（十、三十一）
・善導（玄義分）「一切善悪……」（二十三）
○絵系図に描かれている仏・菩薩・僧とその項目
・釈迦・弥陀（二、六）
・観音（六十三）・勢至（六、二十四、六十三）
・源空・親鸞（二、四、六、九、二十三、二十四）＋源信（内、二、六、二十四）・源空のみ（三十七）

・善導・道綽・曇鸞（二、五、六、二十四）＋世親・龍樹（内、二、六、二十四）・善導のみ（九、二十二、二十三）
・法照・懐感・少康等（二、二十四）
・聖徳太子眷属（二、三、六、二十四）
・聖覚・信空等（二、四、二十四）
・性信…願性…願明…愚咄（十三、十八、四十六、四十七、五十二）性信のみ（三十九、五十）
・真仏・専海（二十五）・専海のみ（三十九）
・如信・覚如（二十三）
○その他の内容
・門徒の系譜　・聖教の料紙

存覚がここに記載している内容を大別すると、①銘文、②絵系図・門徒の系譜、③聖教の料紙に分けられる。中でも光明本尊に付記された銘文については、真宗教義流布の上に重要な意味を持つものであり、当時わが国各地の寺院等に所蔵されていたものを長年に亘って広範囲な収集に勢力を傾注されたという意図は十分理解できる。ところで、絵系図や門徒の系譜についても、同様の苦労があったものと思われるが、それがそんなにまで重要な意味を持つものであるかについては、疑問が残されている。特に、覚如が『改邪鈔』「二、絵系図と号して、おなじく自義をたつる条、謂《いわれ》なき事」において絵系図を厳しく批判していることに鑑みるならば、むしろ真宗教義に背くものとも受けとめられ、徒労の行為であったとも考えられるのではないか。少なくとも、この点において存覚は父覚如と意見を異にしていたといえるであろう。

この点に関わる『改邪鈔』第二の文を次に抜粋して参考に資することにする。

> 祖師聖人の御遺訓として、たとひ念仏修行の号ありといふとも、道俗男女の形体《ぎょうたい》を面々各々図絵して所持せよといふ御おきて、いまだきかざるところなり。しかるにいま祖師先徳のおしへにあらざる自義をもて諸人の形体を安置の条、これ渇仰のため歟、これ恋慕のためか不審なきにあらざるものなり。本尊なをもて『観経』所説の十三定善の第八の像観よりいでたる丈六八尺随機現の形像《ぎょうぞう》をば、祖師あながち御庶幾《そき》御依用《えよう》にあらず、天親論主の礼拝門の論文（浄土論）すなはち「帰命尽十方無碍光如来」をもて真宗の御本尊とあがめましましき。いはんやその余の人形においてあにかきあがめましますべきや。
>
> （『真聖全』三・六六頁）

註

（1）　『存覚上人一期記　存覚上人袖日記』（『龍谷大学善本叢書』三）ならびに『講座　親鸞の思想九』参照。

参考資料

『真宗史料集成』一巻
『新編真宗大系』一八巻
『続真宗大系』一五巻
『存覚上人之研究』（『仏教大学論叢』）
『真聖全』三
『真聖全』四
『浄土真宗聖典（註釈版）』

『浄土真宗聖典七祖篇（註釈版）』
『日本の仏教を知る事典』奈良康明編著　東京書籍
『中国仏教史』鎌田茂雄著　岩波書店
『講座　親鸞の思想九』「存覚撰述の文献についての解説」中津　功著　教育新潮社

十九、『存覚袖日記』

二十、『常楽臺主老衲一期記』

【撰述年代・意図】

一般には『存覚上人一期記』（以下、『一期記』）の名で知られているが、『一期記』は内題を『常楽臺主老衲一期記』とし、京都常楽寺の開基存覚の行状を叙述せられたものである。『一期記』跋文に「右此一期記者存覚上人御在世之時。綱厳僧都。於二御前一口筆之旨。被レ載二端書一畢。但七十二歳以後者。綱厳所二書加給一歟」と記されてあり、誕生より七十二歳までは存覚自ら実子綱厳僧都（慈観）に口授されたものであり、七十二歳以後は綱厳僧都によって書き加えられたものである。(1)

『一期記』原本は、その跋文により享禄年間（一五二八〜三二）の世上の擾乱による常楽台炎上にともない焼失し、残念ながら現存していない。(2) この原本焼失という点に関して、天明の頃の本願寺の学者玄智師が『真宗教典志』に真偽未決部とされていることより、真偽の程が問われるものであるが、単に存覚の自叙伝に留まらず当時の本願寺内外の趨勢を窺い知ることのできる重要な資料であることに変わりはない。

原本焼失ということにより、現在伝えられている『一期記』は大永年間（一五二一〜二八）（焼失前）に抄録されたものである。抄録者については、常楽台の歴代の人々と懇意であった、光教寺顕誓(3)であり、その顕誓が上洛の際に常楽寺の兼忠法印に面謁し、その折に『一期記』のことを聞き原本を拝借しこれを抄録されたものとされている。したがって今日に至る『一期記』はこの抄録本より撰述されたものである。この抄録本は『一期記』跋文に

「干時天文二十年睦月五日記」と示されているように、一五五一年の撰述であることが窺い知れる。

【古写本】

①大谷大学　（京都）　江戸時代初期　恵空筆　大谷派の学頭近江金森善立寺恵空師の写伝本。

②光徳寺　（大阪）　江戸時代初期　一悟筆

③龍谷大学　（京都）　室町時代末期　もと本願寺の写字台文庫にあり、往年秃氏祐祥教授の発見にかかるもの。現在は移して龍谷大学図書館に収められる。大正三年八月発行の『真宗全書』は本書を底本としたもの。

※以上三本の異本が存在するが、そのなかでも写字台本が一番原型に近い様相を呈しているといわれている。(4)

【本書内容】

本書内容の詳細は、以下の存覚行状記に略示する。

註

（1）存覚七十二歳の文にも「予先年所レ草」とあることより七十二歳の文もそれ以前と同様に口授された内容であることが窺える。

（2）『一期記』跋文に「然處亨禄晩年依二世上擾乱一。常楽寺炎上之後。彼上人之御作文・御真筆・等。若干篋。令二焼失一云云」と記されている。

（3）加賀市山田町光教寺とは賀州三ヶ寺のひとつで、山田坊主とも呼ばれた。蓮如が越前吉崎におられた文明六（一四七四）年頃に作られた「山田坊」に、蓮如の四男・蓮誓が入寺し、光教寺と号した。顕誓はその蓮誓の子。

（4）谷下一夢著『存覚一期記の研究並解説』参照。

存覚上人行状記（『存覚一期記』より）

一歳　正応三（一二九〇）年

六月四日存覚誕生。父覚如二十歳、母は教佛の娘、播磨局二十五歳。

六歳　永仁三（一二九五）年

弟慈俊（従覚）誕生。

七歳　永仁四（一二九六）年

七月十九日、禅日房良海より大谷の南に敷地を購入。この地は長楽寺隆寛律師の孫弟子、慈信房澄海の地であり、彼が真弟禅日房良海に譲渡したもの。

大谷の留守職の覚恵の異父弟の唯善は、もと山伏であり、仁和寺の相応坊の守助僧正の弟子となり「大納言阿闍梨弘雅」と号した。しかし後に常陸の河和田にて結婚し、子供を儲けた。しかし財政的に困窮していたので、覚恵は唯善を大谷に呼び同居させた。その際、同宿するには北の土地は狭いので、南に新たに土地を購入することになった。唯善は門弟と相談し、夏頃上洛した。良海は土地売却に当たって、宛名を誰にするのかということが問題となった。

唯善宛にという声もあったが、覚恵は、親鸞聖人の敷地を拡張するものであるから、「門弟中」とすることが覚信尼の御意にかなうものであろうと主張し、結局「門弟中」宛となった。唯善はこの件で非常に立腹した。

当時大谷に参詣する門弟は、まず宗祖（親鸞聖人）の御廟を礼し、その後、北殿の覚恵、南殿の唯善を尋ねるのが通例であった。

※この状は『一期記』には、正安元年の記述として示されている。しかし谷下一夢『存覚一期記の研究並解説』には、良海の売券記載の年号が「永仁四年」ということであるため、存覚の記憶違いであろうと指摘されている。それを受け、今は永仁四年の条に記載する。

八歳　永仁五（一二九七）年

従五位下親綱と名乗る。この年、前伯耆守日野親顕の猶子となる。親顕亡き後、その父親業の猶子となる。出家に際し、名を親恵と改める。

十二歳　正安三（一三〇一）年

唯善坊が父小野宮禅念の譲状（謀書）により、宛名が門弟中にあるべき大谷の敷地に関し、唯善坊宛てに院宣を掠められたと聞く。この件に関し祖父覚恵は六条有房卿（六条内大臣）に大谷の敷地の由来（覚信尼公の寄進状により大谷の土地は門弟中にある旨）を述べた。

十三歳　乾元元（一三〇二）年

前年の大谷の敷地の件に関して、宗祖門弟中宛に院宣が下ることになったで、費用捻出のため、覚如は覚恵の使者として東国へ下向し、門弟中に勧進し、まもなく帰洛した。存覚は十月、大和中川の成身院の子院、東北院（東大寺系）圓月上人慶海と同宿した。

十四歳　嘉元元（一三〇三）年

興福寺の院家発心院の講席において問者として勤仕する。慶海の指導を受け、伯法印實伊の助力を受ける。日野経業の子息三位法印良寛（慶海の祖師兼寶律師の弟子）と西南院にて同宿する。時に良寛は経寶と号し、興福寺の交衆となる。

十月十日、出家し、東大寺において受戒する。実名興親、仮名中納言と号する。十一月二十八日、十八道加行から金剛界法まで伝授する。関東において専修念仏停止の禁制が出る。この禁制を聞き、唯善は鎌倉に下り、幕府に費用（横曽根門徒より三百貫）を払い安堵状をもらいうける。その安堵状には宗祖の門弟は、時宗のように遊行念仏者（住所不定）ではなく、在家止住の念仏者であるから、支障はないということである。

十五歳　嘉元二（一三〇四）年

祖父（覚恵）、父（覚如）に面謁のため中川より上洛。存覚は幼少時、しばしば邪気を煩ったが、心性院の経恵僧正はその邪気をはらうため、慈恵大師の影像を安置して加持を行った。その効によって、病気平癒したので五月五日心性院僧正経恵の坊、磯島の引接坊に入室する。その時名を興親から親恵と改める。入室の際、弘法大師筆の如意輪大呪を頂戴し、経恵と同宿以後、『法華経』一部八巻を一日伝授され、又十八道加行を同じく伝授される。存覚の望みにより尊勝院僧正（玄智）の室に入る。以後、密宗の受法等を学び、十一月比叡山で受戒する。

十六歳　嘉元三（一三〇五）年

正月二十日尊勝院僧正（光恵）と同宿する。光恵の父、日野俊光の猶子となる。光恵の舎兄となり、名を光玄と改める（義父俊光の光と顕宗の師匠玄智の玄より）。二月十楽院に参仕し、有職に補せられ、中納言新阿闍梨と号した。

十七歳　徳治元（一三〇六）年

唯善房の騒乱が又おこる。十一月覚恵が重病を受ける。この病の最中、唯善房が御影堂の鎰の譲渡を求めたため、しばらく覚恵は二条朱雀衣服寺に転居した。

十八歳　徳治二（一三〇七）年

四月十二日覚恵示寂す。それ故比叡山の四季講のうち、夏季の交衆の件、秋季の講師の件を辞退する。十楽院を離坊する。四月十一日夜（示寂前夜）、覚恵の仰せにより尊覚と号する。しかし尊覚という名は同名（梶井円融坊の中山宮）の人がいるので、その後存覚と改める。十月から十二月まで樋口の安養寺に赴き、西山証入の弟子、阿日上人彰空より『観経疏』「玄義分」から「定善義」までを聞法する。

十九歳　延慶元（一三〇八）年

四月覚如は奥州より帰洛して、二条京極の法興院の辻子に居住した。そして、この処にて今出川上臈と小野宮中将入道師具の娘と通じていた。師具の娘とは、覚如が宇治の三室戸に籠居することとなったため、離別した。そして彼女は明年十二月に死去した。

宗祖の外孫に当たる源伊と唯善のそれぞれと大谷の地に関して問題が起こる。

九月頃、母播磨局の推挙により証聞院観高僧正と俊覚僧都を訪れ、尊勝陀羅尼供養勤仕の僧に補せられる。

二十歳

延慶二（一三〇九）年

正月より証聞院（東寺系）に居住し、受法等を受ける。唯善との大谷の地に関する問題の決裁が、青蓮院にて下り、覚如側の申し分を受けるものであった。唯善は大谷から鎌倉に遁走したが、その際御影堂の御影と御骨を持去り、これを鎌倉の小坂郷常葉に安置した。田舎の人々はしばしば参詣した。

唯善の乱暴も青蓮院の安堵の下知状によって落着したため、覚如は大谷の地に住むべき旨を三方の門弟（鹿島・高田・和田）に伺ったが、可否が決せず、大谷へ住めなかった。大谷の留守は下間性善であった。

二十一歳

延慶三（一三一〇）年

覚如は関東へ下向した。大谷の留守職の件が叶わなければ、別に一所を建立するつもりであったので、その資金のための勧進状を存覚が草す（存覚最初の執筆）。大谷御影堂の相続のこと、岩代の安積門徒、常陸の鹿島門徒の了承を得て、覚如は従来通り大谷に住することになった。覚信尼の文書（留守識の書類）は、門弟に付与した。また覚如は門弟中へ懇望状を書いた。十月、証聞院の尊勝法供僧を辞退し、寺を離れた。これは覚如の大谷帰住に際して、将来この地を相続すべき弟子であるからには、大谷に同居すべきという命による。その後も観高僧正、俊覚僧正とは、一生懇意であった。

二十二歳　応長元（一三一一）年

五月、覚如の越前下向に随い、大町如道の許に滞在。覚如の命により、如道に御本典（『教行証文類』）の講義をする。存覚のはからいにより弟慈俊は毘沙門谷の忠恵法印の坊へ入った。閏六月二十五日生母卒去する。その訃報により慈俊は大谷に帰る。十月覚如は今出川上臈と同宿し、その後離別する。そして御領殿（法名相如）を娶られる。

二十三歳　正和元（一三一二）年

青蓮院の門跡管領について、良助・尊圓・慈道の三親王のうちで御諍論が起こる。存覚その調停役となり、功を挙げる。この時、名を光顕と改める。法智の発起により御影堂に専修寺の号を掲げるが、比叡山からの非難にあい額を下げる。後その額は法智が持参し以後それを寺号として掲げる。

この頃、下間仙芸が存覚に随った。

二十五歳　正和三（一三一三）年

春ごろ、覚如の尾張下向に伴う。二十余日滞在する。覚如より（自らの病気のため）存覚が大谷の管領職を受け継ぐべき旨を申される。固く辞退したが後、十二月二十五日これを引き受ける。

二十六歳　正和四（一三一五）年
覚如は一条大宮の窪寺付近に住した。

二十七歳　正和五（一三一六）年
存覚、覚如の御計らいにより、十二月奈有を娶る。

二十八歳　文保元（一三一七）年
八月下旬、覚如夫婦、存覚夫婦は内々に四天王寺・住吉神社等に参詣。覚如、御領殿と離別する。

二十九歳　文保二（一三一八）年
二月頃、覚如は善照房（十九歳）を娶る。

三十歳　元応元（一三一九）年
二月二十八日、存覚第一女、光女誕生。五月頃、覚如に伴い三河に下向。存覚帰洛の際、瘧病を患う。善教が師匠である飯田の寂円との師弟を断って、覚如・存覚の弟子となる。寂円は覚如の勘気を受けた。

三十一歳　元応二（一三二〇）年
仏光寺の空性（了源）初めて参る。了源の請いにより、（覚如の命により）存覚が法門を指導する。了源の請いにより多くの書写した聖教、また存覚執筆の著作を与えた。九月頃、存覚の第一男光星丸（後に柏庭）が誕生。

三十三歳　元亨二（一三二二）年
後醍醐天皇即位後最初の最勝講に際し、尊勝院玄智の表白文を夜を徹し存覚作成する。昨年よりの覚如との口舌のことが続き、遂に覚如から勘気（義絶）を被った。したがって存覚は六月二十五日、大谷を去り、下河原の牛王辻子に寄宿し、七月二十日には京を出て、近江瓜生津の門弟愚咄房の許に赴く。その後奥州に下向し、年を越した。これは東国の門弟に覚如との間を仲介してもらうためであった。

※『最勝講式文』を草す。

三十四歳　元亨三（一三二三）年

三月晦日。奥州より近江瓜生津に到着。五月に了源の建立による山科の寺に帰洛す。東国門弟は存覚の潔白の旨を連署状を以って覚如に示す。その後四十数名の名が加えられた連署状が世上擾乱の時焼失する。

三十五歳　正中元（一三二四）年

七月二十四日。存覚第二女愛光誕生（仏光寺において）。八月彼岸の中日、了源が建立し覚如上人が命名した興正寺において存覚供養を勤める。

※『浄土真要鈔』・『諸神本懐集』・『破邪顕正抄』・『女人往生聞書』・『持名鈔』・『弁述名体鈔』を著す。

三十六歳　正中二（一三二五）年

八月晦日、存覚第二男光徳丸誕生。

三十八歳　嘉暦二（一三二七）年

秋頃、存覚一族の住坊を建てる。了源の助力、また覚如上人第四次の内室であった今出川上臈の尽力によった。

四十一歳　元徳二（一三三〇）年

仏光寺において二月の彼岸の中日供養を勤める（もと仏光寺は興正寺と号し、山科にあったが、洛東汁谷（渋谷）に移り、一両年前存覚が寺号を仏光寺と改めた）。聖道の儀式で執り行った。

四十二歳　元弘元（一三三一）年

正月二十二日、生活困窮（渋谷仏光寺炎上のため）のため関東に出発する。まず近江瓜生津に到り、ここに同行した奈有・光女・光徳丸は預け、単身存覚は関東へ赴く。光星丸（柏庭）は仁和寺の無住思賢の許に在った。二月十一日鎌倉の願念の許に到着。近江瓜生津の奈有、第三女瑠璃光女を産む。従覚は梅（十三才）を娶る。

※谷本一夢『存覚一期記の研究並解説』には、『一期記』記載の仁和寺の無住を、『沙石集』の著者の無住と示されているが、その無住は、一三一二年に亡くなっているため、この記載と齟齬する。したがってこの無住とは南北朝期の臨済の僧で、興国寺（和歌山県）、京都妙光寺の住持となった無住思賢であろう。

四十三歳　正慶元（一三三二）年

去年如信三十三回忌を勤修するため東国へ下向した覚如は、真俗両面に関して東国を経廻した。旧知の仲である無住思賢の縁により、第一女光女が長楽寺禅尼の養子となる。

四十四歳　正慶二（一三三三）年

一昨年存覚は関東へ下向して後、一族は鎌倉に居住した。光徳丸を静昭法印の許へ預け、奈有・念性を同伴し上洛した。しかし念性は道中において病没した。存覚は始めて、二女愛光が去年十一月十五日に死去（九歳）したことを知った。

四十五歳　建武元（一三三四）年
仏光寺の開眼供養が夜間内密に勤修された。春頃、光女上洛する。その月七日仏光寺において第三男光威丸（綱厳）が誕生する。

四十六歳　建武二（一三三五）年
光徳丸上洛する。二月の彼岸の中日、光女は出家し、永禅房と号す。

四十七歳　建武三（一三三六）年
夏頃覚如は摂津へ下向。足利尊氏の挙兵等により京都は物騒を極めたので覚如は大谷を去り近江瓜生津に到り、年を越した。この擾乱により大谷御影堂は焼失。存覚・光徳丸は塩小路烏丸の興国寺に居住した。

四十八歳　建武四（一三三七）年
春頃、覚如は近江より上洛し、西山久遠寺に居住した。覚如の娘安居護の縁により、覚如は次いで壬生雅康邸に移住した。
※『顕名鈔』を著す。

四十九歳　暦応元（一三三八）年
三月存覚備後国府中において法華宗徒との対論に及ぶ（名を悟一と変名）。対論の末論破し、真宗愈々繁盛する。七月帰京し、九月瓜生津愚咄坊の口入により覚如よりの勘当が解かれる。その時雅康邸に居されていた覚如の許を九月十八日愚咄房と供に参った。覚如の命により雅康邸に居住することとした。唯善は御廟の御影と御骨とを奪い、鎌倉に逃走したが、その御影等を返却する件において高田の専空等は御迎えのため、鎌倉へ下向した。覚如も参るということで存覚も同行したが、専空が返却されるに至らずということを尾張にて知る。空しく帰京した。

※『決智鈔』・『報恩記』・『至道鈔』・『選択註解鈔』・『歩船鈔』・『法華問答』を著す。

五十歳　暦応二（一三三九）年

三月の頃、光徳丸は洛東今熊野瀧尻の智連光院教空の門に入る。四月十二日覚恵の三十三回忌を修す。存覚、奈有ともに病を患う。

五十一歳　暦応三（一三四〇）年

※『愚禿鈔』巻下を書写す（十二月二十九日）。

五十二歳　暦応四（一三四一）年

正月に光威丸は粟津より上洛した。存覚は手の治療のため八月二十八日に温泉に参った。九月三日大谷に帰京した。

※『選択集延書』を作る（五月十四日）。

五十三歳　康永元（一三四二）年

存覚湯治のため五条坊門室町の旅所に参った。その最中、再び覚如よりの義絶の旨を知らされたので、大谷には帰らず、塩小路に参った。油小路顕性の宿所にて年を越した。

※『愚禿鈔』巻上を書写す（九月十一日）。

五十四歳　康永二（一三四三）年
五月、光威丸毘沙門堂に向い証聞院に住す。九月頃随心院経厳の命により、光威丸は随心院門跡に居住する。光威丸、広橋兼綱の猶子となる。光威丸の法名、綱厳と号する（兼綱の綱と経厳の厳より）。綱厳十月十七日出家する。
※『教行証文類』延書本を作る（五月十七日、乗智のため）。

五十五歳　康永三（一三四四）年
二月、大和へ下向し居住する。十二月頃上洛し六条大宮に居住した。

五十七歳　貞和二（一三四六）年
六月二十七日、ひそかに六条より綾小路町の道性のともに寄宿した。目の病を患い数日休む。願西の勧めで七月二十五日帰住した。願西は存覚に覚如と和解するよう申したが、これを許容しなかった。教願の申し入れにより大和に滞在した。
※『無量寿経』を書写す（六月十一日）。

五十八歳　貞和三（一三四七）年
二月上旬に、随心院の経厳僧正は、綱厳に存覚のもとへ帰るようにいったが、これを辞退して随心院に同宿した。錦織寺慈空が本願寺においての修学を望んだため、存覚は安養寺（浄土宗西山派）を推挙し、引導のため圓福寺に寄宿した。十二月頃、存覚一族は大和に下向し年を越した。
※『観無量寿経』を書写す（六月十日）。
『観無量寿経』に加点する（九月三日）。

五十九歳　貞和四（一三四八）年

夏頃、慈空の口添えにより信貴山寺の学頭叡憲律師より『信貴山鎮守講式』の作成を依頼され、これを草す。

※『信貴山鎮守講式』を草す。

『無量寿経』巻下に加点する（十月五日）。

六十歳　貞和五（一三四九）年

五月二十一日善照尼示寂する。覚如に義絶の和解を申し入れるが、和解に至らず。善照尼の菩提を弔うため、慈空と寂静が上洛し、覚如に申し入れたが、慈空は存覚の縁者であるという理由により、見参を許さず、寂静のみ許すといった。したがって、慈空は空しく下向した。九月七日義絶和解のため大和より上洛し、六条大宮に居す。日野時光と和田門徒に助力を頼む。

六十一歳　観応元（一三五〇）年

教願を使者として日野時光に遣わし、義絶和解の件を懇願す。和田門徒等の斡旋等も功を奏し、機縁熟して勘当を解かれる。七月五日覚如は義絶免許の書状を書く。樋口大宮日野仲光邸において『法事讃』が修され、存覚・綱厳父子は参向した。

六十二歳　観応二（一三五一）年

大枝の妙光の宿所で年を越した。大谷の房舎困窮を知り法心を使者として覚如のもとへ金銭を送る。一月十九日使者により覚如の病気の旨を知り、翌二十日上洛したが、前日すでに入寂されていた。二十三日葬礼の儀あり。七月七日、綱厳浄華院に入る。同日錦織寺慈空入滅する。初七日の十三日に奈有が錦織寺へ下向する。同十五日帰京する。八月十八日存覚、証心禅尼（慈空の妻）の許を訪れ愚咄房と同宿する。この際、証心禅尼と愚咄房は存覚が錦織寺を管領し、法統を継ぐべき旨を知らせたが、存覚は自らの齢を理由に辞退し、綱厳が錦織寺の住持となる。十一月二十一日夜より大谷の報恩講に列す。報恩講の結願（二十八日）より安居護照如房は病の身となり十二月十二日入滅。

存覚十二月二十日錦織寺へ下向する。

※『阿弥陀経』を書写す（十一月二十八日）。『観無量寿経』に加点する（同月）。『無量寿経』巻上に加点する（十二月十五日）『無量寿経』巻下に朱点を加える（十二月十七日）

六十三歳　文和元（一三五二）年

正月十八日上洛し覚如の一周忌に参し、錦織寺に下向。十一月大谷の報恩講に参し、また木部に下向する。

六十四歳　文和二（一三五三）年

正月十七日上洛し、覚如三回忌に参した。一月二十三日奈有と共に六条大宮から大和へ錦織寺慈空第三回忌のため参った。八月十八日上洛し今小路の地所を買い、坊を建てる（六条大宮の堂の一部を移す）。十一月二十七日報恩講に列す。

六十五歳　文和三（一三五四）年

今小路の新居において春を迎える。元旦に御廟に参り、二日従覚を招待する。

六十六歳　文和四（一三五五）年

十一月報恩講へ前の如く参る。

六十七歳　延文元（一三五六）年

正月一日御廟へ参詣する。十四日綱厳は権律師に任ぜられ、三月十八日青蓮院参仕の返事を得る（青蓮院祐助法親王より）。八月十七日存覚末子とされる光誦丸が誕生する。十二月二十五日光助は権律師に任ぜられる。

※『存覚法語』・『浄土見聞集』を著す。

六十八歳　延文二（一三五七）年

三月七日武蔵の空暹上洛する。存覚に源海の一期行状を講式に書してもらうためであった（『謝徳講式』）。存覚これを草し、綱厳が清書した。四月二十二日光星丸示寂する。

●谷下一夢著『一期記の研究並解説』（一七一頁）には光星丸が光徳丸となっているが、文脈より光星丸（柏庭）か。

※『源海講式』を著す。

六十九歳　延文三（一三五八）年

十二月十八日綱厳が権少僧都に任ぜられた。

※『末法灯明記』（圓福寺本）を書写する（七月一日）。

七十歳　延文四（一三五九）年

正月十四日光助権少僧都に転任する。四月十九日青蓮院の祐助法親王が薨ず。二十日夜葬儀があり、二十二日拾骨の際、存覚は老齢のため綱厳だけ参列した。十一月の報恩講は参した。

※『嘆徳文』を著す。

七十一歳　延文五（一三六〇）年

六月二十日従覚示寂する。従覚の子俊玄は従覚の影像の讃を存覚に求め、これを草し青蓮院の尊道親王が清書した。

※『六要鈔』を著す。

七十二歳　康安元（一三六一）年

元旦に御廟に参した。例年夜に参していたが、俊玄の望みにより朝参した。空暹が上洛し前の『謝徳講式』の一部改訂を請い、存覚が添削する。このたびの訂本は俊玄が清書した。

七十三歳　貞治元（一三六二）年

※『浄典目録』・『纔解記』を著す。

七十四歳　貞治二（一三六三）年

※『看病用心鈔』を書写す。

八十二歳　応安四（一三七一）年

存覚十二月錦織寺に下向した。

八十三歳　応安五（一三七二）年

六月、存覚の御影を図す。筆者良圓法印であった。

八十四歳　応安六（一三七三）年

二月二十八日存覚往生す。

存覚上人略年表

年号	西暦	存覚年齢	事項
正応　三	一二九〇	一	六月四日、存覚誕生。
永仁　三	一二九五	六	弟、従覚誕生。
永仁　五	一二九七	八	従五位下親綱と名乗る。名を親恵と改める。
嘉元　元	一三〇三	十四	興福寺の院家、発心院の講席において問者として勤仕する。十月十日、出家。 東大寺において受戒。実名、興親、仮名、中納言と号す。 十一月二十八日、十八道加行から金剛界法まで伝授。 関東において念仏停止の禁制が出る。
嘉元　二	一三〇四	十五	名を興親から親恵と改める。『法華経』一部八巻を一日、伝授。また十八道加行を同じく伝授。密宗の受法等を学ぶ。 十一月、延暦寺にて受戒。
嘉元　三	一三〇五	十六	名を光玄と改める。 二月、十楽院に参仕し、有職に補せられる。中納言新阿闍梨と号す。
徳治　二	一三〇七	十八	尊覚と号す。後に存覚と改める。 十月から十二月まで、樋口の安養寺にて、西山証入の弟子、阿日房彰空より、『観経疏』「玄義分」から「定善義」まで聞法。

延慶 元	一三〇八	十九	九月頃、尊勝陀羅尼供養勤仕の僧に補せられる。
延慶 二	一三〇九	二〇	証聞院に居住し、受法等を受ける。唯善、宗祖の御影像等を奪い関東に逃亡。
応長 元	一三一一	二二	五月、覚如の越前下向に随い、大町の如道の許に滞在。覚如の命により、如道に『教行信証』の講義をする。
正和 元	一三一二	二三	法智の発起により御影堂に専修寺の号を掲げるが、比叡山からの非難により下ろす。
正和 三	一三一四	二五	春頃、覚如の尾張下向に伴う。 十二月二十五日、覚如の請いにより、大谷の管領職を継ぐ。
正和 五	一三一六	二七	十二月、奈有を娶る。
元応 元	一三一九	三〇	第一女、光女誕生。
元応 二	一三二〇	三一	仏光寺、空性（了源）が初参し、了源に法門を指導する。 九月頃、第一男、光星丸が誕生。
元亨 二	一三二二	三三	『最勝講式文』を草す。 覚如より義絶される。
正中 元	一三二四	三五	七月二十四日、第二女愛光誕生。 一月六日、了源のために『浄土真要鈔』を著す（仮名聖教本奥書）。 一月十二日、了源のために『諸神本懐集』を著す（法要本奥書）。 八月二十二日、『破邪顕正抄』を著す（仮名聖教本奥書）。 『女人往生聞書』を著す（奥書）。 『持名鈔』を著す（執筆日について『高宮聖教目録』によれば一月六日、『渋谷宝鑑』によれば六月九日である）。

			『弁述名体鈔』を著す。※『弁述名体鈔』は撰述年代が未定であるが、了源所望ということにより仮にこの段に付す。
正中　二	一三二五	三六	八月、第二男、光徳丸誕生。
嘉暦　三	一三二八	三九	十一月、了源のために『破邪顕正抄』を漢文化（本山蔵奥書）。
元弘　元	一三三一	四二	第三女、瑠璃光女誕生。
建武　元	一三三四	四五	第三男、光威丸（綱厳）誕生。
建武　三	一三三六	四七	足利尊氏の挙兵等による擾乱により、大谷御影堂焼失。
建武　四	一三三七	四八	備後で『顕名鈔』を著す（新潟県浄興寺蔵奥書・一期記）。
暦応　元	一三三八	四九	三月、備後国府中において日蓮宗徒と対論に及び、論破する。その功により義絶を解かれる。 備後在国中、『歩船鈔』『決智鈔』『報恩記』『選択註解鈔』『至道鈔』『法華問答』等を著す（『浄典目録』『一期記』）。
暦応　三	一三四〇	五一	十二月、『愚禿鈔』巻下を書写する。
暦応　四	一三四一	五二	五月十四日、『選択集延書』を作る。
康永　元	一三四二	五三	再び覚如より義絶される。 九月十一日、『愚禿鈔』巻上を書写する。
康永　二	一三四三	五四	五月十七日、乗智のため『教行信証』延書本を作る。
貞和　二	一三四六	五七	六月十一日、『無量寿経』を書写す。
貞和　三	一三四七	五八	六月十日、『観無量寿経』を書写す。九月三日、『観無量寿経』に加点する。
貞和　四	一三四八	五九	夏頃、『信貴山鎮守講式』を草す。

観応　元	一三五〇	六一	十月五日、『無量寿経』巻下に加点する。 和田門徒等の斡旋が功を奏し、義絶が解かれる。
観応　二	一三五一	六二	綱厳、錦織寺の住持となる。 十一月二十八日、『阿弥陀経』を書写する。同日、『観無量寿経』に加点する。 十二月十五日、『無量寿経』巻上に加点する。十二月十七日、『無量寿経』巻下に朱点を加える。
延文　元 文和　五	一三五六	六七	三月四日、契縁禅尼の所望によって『存覚法語』を著す。 『浄土見聞集』を著す。 八月十七日、末子、光誦丸誕生。
延文　二	一三五七	六八	『源海講式』（『謝徳講式』）を著す。
延文　三	一三五八	六九	七月一日、『末法灯明記』（圓福寺本）を書写す。
延文　四	一三五九	七〇	『嘆徳文』を著す。
延文　五	一三六〇	七一	『六要鈔』を著す。
康安　元	一三六一	七二	『謝徳講式』の添削をする。
貞治　元	一三六二	七三	五月二十六日、『浄典目録』を著す（奥書）。 七月二十八日、『纔解記』を著す（恵空写伝本奥書）。
貞治　二	一三六三	七四	『看病用心鈔』を書写する。
応安　五	一三七二	八三	六月、良圓により存覚の御影を図す。
応安　六	一三七三	八四	二月二十八日、往生す。

※本年表を作成するに当たり、『浄土真宗聖典』（註釈版第二版付録）の年表を参照。
※表中における傍線部分は、著作編において解説。

存覚上人関係講録・著述・論文目録

【講録目録】

浄土真要鈔己卯録	三巻	宝景	『真宗大系』	二六巻	真宗典籍刊行会	一九一九・八
諸神本懐集講義	一巻	義順	同	二七巻		一九二五・十一
弁諸神本懐集	一巻	了祥	同	同		
破邪顕正鈔戊辰記	三巻	義導	同	同		
顕名鈔講義	一巻	霊暀	同	同		
決智鈔丁亥記	二巻（前一巻）	智現	同	同		
決智鈔丁亥記	（後一巻）		同	二八巻		一九一九・九
存覚法語聞書	一巻	義導	同	同		
持名鈔講義	一巻	霊暀	同	同		
持名鈔私記	二巻	慶秀	同	同		
女人往生聞書壬辰記	一巻	琢成	同	同		
歩船鈔甲辰記	二巻	義譲	同	同		

報恩記講述　一巻　竜温　『真宗大系』二八巻
法華問答壬辰記　三巻　宣成　同　二九巻　一九二一・四
浄土見聞集玩索記　二巻　竜温　同　同

教行信証文類六要鈔補　九巻　慧琳　『真宗全書』三七巻　蔵経書院　一九一四・十二
諸神本懐集講義　三巻　義譲　同　四四巻　一九一四・十
浄土真要鈔随聞記　一巻　霊晊　同　四六巻　一九一五・八

【著述目録】

顕名鈔略述　吉谷覺壽　西村護法館刊　一九〇七
存覺法語略述　吉谷覺壽　西村護法館刊　一九〇七
教行信証六要鈔講讃　吉谷覺壽　法藏館　一九一二
高僧名著全集　山本勇夫編　平凡社　一九三〇—一九三一
恵空本存覺一期記　大谷大學國史研究會　東林書房　一九三四・十二
存覚上人之部［聖典講讃全集　第六巻］　宇野圓空編　小山書店　一九三五
聖典講讃全集第二巻　諸神本懐集　龜川教信　小山書店　一九三五
聖典講讃全集第三巻　持名鈔　東福義雄　小山書店　一九三五

聖典講讃全集第三巻	女人往生聞書	鷹谷俊之	小山書店	一九三五
聖典講讃全集第三巻	淨土眞要鈔	神子上惠龍	小山書店	一九三五
聖典講讃全集第四巻	嘆徳文	三重野知々子	小山書店	一九三五
聖典講讃全集第九巻	決智鈔	篠田龍雄	小山書店	一九三五
聖典講讃全集第九巻	顯名鈔	鷹野香象	小山書店	一九三五
聖典講讃全集第十巻	歩船鈔	山崎精華	小山書店	一九三五
聖典講讃全集第十巻	法華問答	日下大癡	小山書店	一九三五
聖典講讃全集第十二巻	六要鈔	脇谷撝謙	小山書店	一九三五
聖典講讃全集第十二巻	浄土見聞集	後藤環爾	小山書店	一九三五
聖典講讃全集第十三巻	破邪顯正抄	高雄義賢	小山書店	一九三五
聖典講讃全集第十三巻	報恩記	足利浄圓	小山書店	一九三五
聖典講讃全集第十三巻	存覺法語	和泉得成	小山書店	一九三五
諸神本懐集講義及研究		西光義遵	文化時報社	一九三五
辨述名體鈔とその解説		梅原眞隆	顯真学苑出版部	一九三五・十
續眞宗大系　第十五巻		眞宗典籍刊行會編	眞宗典籍刊行會	一九三八・四
存覺一期記の研究並解説		谷下一夢	真宗学研究所	一九四三・二
文化史論叢		奈良国立文化財研究所編		

定本親鸞聖人全集　和讃・漢文篇　親鸞聖人全集刊行会編　第二巻　吉川弘文館　一九六〇・二
定本親鸞聖人全集　言行篇　親鸞聖人全集刊行会編　第四巻　法蔵館　一九六九・十一
大日本佛教全書　通宗部　第二十九巻　鈴木学術財団編　法蔵館　一九六九・九
真宗史料集成　巻一　石田充之　千葉乗隆編　鈴木学術財団　一九七一・二
定本親鸞聖人全集　和讃・漢文篇　親鸞聖人全集刊行会編　同朋舎
講座親鸞の思想九［親鸞思想の文献解説］　細川行信［ほか］著　第二巻　法蔵館　一九七八・十二
定本親鸞聖人全集　言行篇　親鸞聖人全集刊行会編　教育新潮社　一九七九・十二
存覚上人一期記・存覚上人袖日記　千葉乗隆責任編集　第四巻　法蔵館　一九七九・五
存覚上人と光伝寺　吉岡五郎男　同朋舎　一九八二・四
蓮如［2］覚如と存覚の巻　丹羽文雄　内外印刷　一九八三・五
眞宗伝承の歩み　第十七—二十二巻　浄土真宗現代法話大系　中央公論社　一九八五・九
『破邪顕正抄』『顕名鈔』　普賢晃壽責任編集　同朋舎　一九八七・四—一九八七・九
同朋舎　一九八七・八

和訳教行信証六要鈔	柳瀬彰弘	国書刊行会	一九八八・十一
真宗教学史の研究　口伝鈔・浄土真要鈔	細川行信	法蔵館	一九九〇・三
La vie de Zonkaku, religieux bouddhiste japonais du XIVe siècle : avec une traduction de ses mèmoires (Ichigoki 一期記) et une introduction à son oeuvre	Jerome Ducor	Maisonneuve & Larose	一九九三
中世真宗教学の研究	普賢晃壽	永田文昌堂	一九九四・三
親鸞教学の諸研究	龍谷大学真宗学会編	永田文昌堂	一九九五・六
存覚	坂爪逸子	青弓社	一九九六・十二
破邪顕正鈔序説	名畑崇	真宗大谷派宗務所出版部	一九九七・五
蓮如［2］覚如と存覚の巻　改版	丹羽文雄	中央公論社	一九九八・一
存覚上人書写本末法燈明記講読	淺田正博	永田文昌堂	一九九九・七
存覚法語を読む	藤岡正英	探究社	二〇〇一・十二
六要鈔ノート	深川倫雄・山口聖典研究会	永田文昌堂	二〇〇三・三
存覚上人の歩船鈔訳註と校異	松本巧晴編	自照社出版	二〇〇七・一
定本親鸞聖人全集　研究ノート　ワイド版	親鸞聖人全集刊行会編　別冊	法蔵館	二〇〇八・一

定本親鸞聖人全集　和讃・漢文篇ワイド版　親鸞聖人全集刊行会編　第二巻　法蔵館　二〇〇八・一
祖師親鸞讃嘆―報恩講式と嘆徳文―　常盤井慈裕　山喜房仏書林　二〇一二・三
真宗は一日にして成らず―親鸞と覚如・存覚―　柴浦雅爾　講談社　二〇一二・六
中世文化と浄土真宗　今井雅晴先生古稀記念論文集編集委員会編　思文閣出版　二〇一二・八
親鸞の信仰と呪術　小山聡子　吉川弘文館　二〇一三・八

【論文目録】

歩船鈔講義　行貞　澤善會雑誌三一・三二
日蓮上人と存覚上人　柘植秋畝　仏教一八―五
存覚上人一期記の刊本に就て　禿氏祐祥　六条学報八七　一九〇九
覚如存覚両師の教義　杉　紫朗　六条学報一一四　一九一一
存覚上人入滅巳後中期に至る時代概況　西谷順誓　六条学報一一四
真宗初期の教会の状況―親鸞聖人の入滅より存覚師の入滅に至る―　鷲尾教導　六条学報一一四

『存覚一期記』天文の筆者に就て	三哲生	六条学報一四二	一九一三
『選択注解鈔』の撰者と其古写本とに就て	鷲尾教導	六条学報一四二	
『辦述名體鈔』の選者に就て	鷲尾教導	六条学報一四三	一九一三
存覚上人父子義絶に就て	山田文昭	無尽灯十九—二	一九一四
教行信証と存覚上人	長谷法薫	無尽灯十九—四	
『存覚一期記』は果して疑ふべきの書なりや	鷲尾教導	六条学報一六一	一九一五
覚如上人と存覚上人との教理関係	中島覚亮	無尽灯二二—四・五	一九一七
覚如存覚両上人義絶の真相	高雄義堅	六条学報一八六	一九一七
持名鈔（研究）	藤永清徹	六条学報二〇〇	一九一八
女人往生聞書（研究）	黒瀬知圓	六条学報二〇〇	
浄土真要鈔（研究）	横井信空	六条学報二〇〇	
諸神本懐集（研究）	玉置韜晃	六条学報二〇〇	
破邪顕正鈔（研究）	小山法城	六条学報二〇〇	
決智鈔（研究）	清原秀恵	六条学報二〇〇	
歩船鈔（研究）	湯次了榮	六条学報二〇〇	
報恩記（研究）	山名哲朗	六条学報二〇〇	
法華問答（研究）	宇野恵空	六条学報二〇〇	

顕名鈔（研究）	石原堅正	六条学報二〇〇	
存覚法語（研究）	富井隆信	六条学報二〇〇	
浄土見聞集（研究）	亀井教信	六条学報二〇〇	
六要鈔の研究	小山法城	六条学報二一二	一九一九
無常講式並存覚法語と御文	南条文雄	無尽灯二四―二	一九一七―一九一九
存覚上人之研究	三浦周行　禿氏祐祥		
	梅原眞隆　杉　紫朗		
	中井玄道　妻木直良		
	鷲尾教導	仏教大学論叢二四二	一九二三
六要鈔と了慧の無量寿経抄との交渉	小山法城	仏教大学論叢二四三	一九二三
覚如存覚不和の原因についての一考察	長岡仙岳	史学雑誌三三―七	一九二三
長者宣及存覚一期記に就て	松野遵崇	歴史と地理一四―二	一九二四
存覚上人の六要鈔	脇谷撝謙	大乗四―八～五―十	一九二五―一九二六
存覚上人の教義と日蓮上人	内田舜圓	龍谷大学論叢二六七・二七一	一九二六
存覚蓮如両上人の行信論に就て	小山法城	龍谷大学論叢二七三・二七四	一九二七
存覚上人の証果分極論	小山法城	龍谷大学論叢二七九	一九二八
辨述名體鈔について	梅原眞隆	龍谷大学論叢二八〇	一九二八

愚禿鈔の存覚本について　梅原眞隆　真宗研究一一（真宗学研究所）　一九二七—一九二八
存覚上人と仏光寺了源との関係　内田舜圓　龍谷大学論叢二八〇　一九二八
真宗の神祇観（上）（下）（諸神本懐集の研究）　土山文夫　大谷学報一二—二・一三—一　一九三一—一九三二
存覚上人とその義絶の真相　日下無倫　宗学研究二　一九三一
存覚上人使用の年号に就いて　濱田　侍　宗学研究四　一九三二
存覚上人の神祇観に就ての一管見　沖田美義　真宗学会会報六
浄土見聞集に就いて　稲葉秀賢　宗学研究一一　一九三五—一九三七
加賀本誓寺所蔵「持名鈔」の古本に就て　藤谷一海　宗学研究一三　一九三五—一九三七
存覚上人作諸神本懐集に就いて　大艸　正　尋源六　一九三六
存覚上人における本願教義の傾向　森　和好　顕真学報四一　一九四二
覚如と存覚　松波治郎　大法輪二一—九　一九五四
南北朝内乱期における本願寺—覚如・存覚義絶の一解釈—　梅原隆章　顕真学苑論集四七　一九五五
本願寺覚如と存覚義絶問題について　寺野宗孝　印度学仏教学研究七—一　一九五八
滝上寺「眞宗八高僧像」と「存覚袖日記」—鎌倉時代仏教絵画の一傾向—　浜田　隆　文化史論叢　一九六〇
『見聞集』をめぐる諸問題　細川行信　高田学報四六　一九五九—一九六二

存覚上人と俗信仰　佐々木徹真　印度学仏教学研究九—一　一九六一

初期日蓮宗の法論について—存覚『決智鈔』・『法華問答』断章取宜—　高木　豊　金沢文庫研究七四　一九六二

『教行信証六要鈔』の「所依本」の性格についての検討　日野　環　大谷学報四三—一　一九六三

存覚一期記偽作の部分について　佐々木篤祐　日本仏教一六　一九六三

『教行信証六要鈔』の「所依本」についての検討　日野　環　印度学仏教学研究一二—二　一九六四

初期本願寺教団における宗典成立について—六要鈔の史的意義—　明石光麿　竜谷史壇五六・五七　一九六六

諸神本懐集の成立　北西　弘　宮崎博士還暦記念真宗史の研究　一九六六

了源上人と一期記　奥　博良　真宗研究一一　一九六六

浄土真要鈔広本に就いて　岸部武利　印度学仏教学研究一六—一　一九六七

存覚師の出世本懐説について　藤原教円　龍谷教学三　一九六八

存覚上人の教学　寺倉　襄　同朋学報二〇　一九六九

覚存二師の行信思想　寺倉　襄　真宗研究一四　一九六九

存覚義絶と本願寺　八田信雄　仏教史論五

親鸞聖人・存覚上人の法華経に対する態度	嬰木義彦	真宗学四四	一九七一
存覚とその周辺	中山信之	仏教史研究四	
浄土宗と存覚	三田全信	仏教論叢一七	一九七三
真俗二諦—覚如・存覚の立場—	三木照国	伝道院紀要一五	一九七四
存覚上人の行論とその背景	普賢晃壽	龍谷大学論集四〇六	一九七五
諸神本懐集の研究	福原蓮月	印度学仏教学研究二四—二	一九七六
日蓮の法然浄土教批判と存覚の立場	普賢晃壽	真宗学五六	一九七七
真宗の神祇観—特に存覚上人を中心として—	柴田秀昭	教化研究七九	一九七七
中世の神祇思想と専修念仏	今掘太逸	仏教史学研究二一—二	一九七八
—『神本地之事』『諸神本懐集』の成立を中心にして—			
中世真宗の神祇思想	普賢晃壽	龍大仏教文化研究所紀要一七	一九七八
—『諸神本懐集』を中心として—			
存覚撰述の文献についての解説	中津　功	講座・親鸞の思想九	一九七九
真宗行信論の展開とその問題	深川宣暢	真宗研究会紀要一二	一九七九
—覚如・存覚の行信理解をめぐる一考察—			
初期真宗における末法観の変容	佐藤弘夫	仏教学（仏教学研究会）八	一九七九
—存覚を中心として—			

安心決定鈔と真宗列祖の教学
―安心決定鈔と覚如・存覚の教学―　普賢晃壽　龍谷大学論集四一五　一九七九

存覚の歩船鈔について　田中久夫　鎌倉仏教雑考　一九八二

真宗における法語の研究
―存覚法語研究の前提―　山崎龍明　武蔵野女子学院研究紀要四

「存覚袖日記」における各種本尊の形態と構成について　嶋田法宣　宗学院論集五五　一九八四

存覚義絶の問題　柳瀬彰弘　宗教研究五八―四　一九八五

存覚における信の思想
―真宗教学史における信解釈の問題―　信楽峻麿　真宗学七一　一九八五

浄土文類集と浄土真要鈔　普賢晃壽　真宗学七二　一九八五

教団成立時に於ける信と歴史について
―覚如・存覚の宗教的立場―　高橋事久　日本仏教史論叢（二葉憲香博士古希記念）　一九八六

存覚義絶の原因
―特に真宗教学史よりの考察―　細川行信　真宗研究三一　一九八七

真宗に於ける祖先崇拝・先祖供養の系譜　北塔光昇　龍谷教学二二　一九八七

存覚における悪人正機説の展開	矢田了章	真宗学七七	一九八八
存覚上人の証果論	普賢晃壽	龍谷大学論集四三四・四三五	一九八九
親鸞の行信論と覚如・存覚の立場	普賢晃壽	真宗学八五	一九九二
存覚の法華問答	村上宗博	親鸞教学五九	一九九二
存覚の神祇観	村上宗博	真宗研究三六	一九九二
存覚における在家ということ	熊野恒陽	大谷大学大学院研究紀要一〇	一九九三
『八宗綱要』と『歩船鈔』の構成上の相似性について	北塔光昇	印度哲学仏教学九	一九九四
『選択集』と存覚教学	普賢晃壽	真宗学九一・九二	一九九五
存覚の法華念仏の対判をめぐって	熊野恒陽	真宗研究三九	一九九五
覚如・存覚の「真俗二諦」論	本多静芳	真宗と社会「真俗二諦」問題を問う	一九九六
宗祖と存覚上人の利益観「信文類」と『持名鈔』の表現	北畠法文	龍谷教学三一	一九九六
真宗教団黎明期の教学状況　存覚	本多静芳	武蔵野女子大学仏教文化研究所紀要一五	一九九七
存覚における神祇	本多静芳	印仏研究四五—二	一九九七
覚如と存覚—義絶をめぐる二・三の問題	太田心海	親鸞教学論叢（村上速水先生喜寿記念）	一九九七

存覚上人の出世本懐に関する一考察　青山法城　教学研究所紀要六　一九九七

存覚の思想転回　外川　奨　日本思想史研究三〇　一九九八

『御文』その言説の成立—存覚のことばと蓮如のことば—　菅野隆一　蓮如上人研究　教義篇一　一九九八

存覚の「内なる三国」　市川浩史　『日本中世の光と影—「内なる三国」の思想—』　一九九九

存覚上人の証果論　葛野洋明　印度学仏教学研究四九—一　二〇〇〇

『六要鈔』所引の辞書について　中村　元　教学研究所紀要八　二〇〇〇

存覚教学における行信論の基本的立場　堀　祐彰　教学研究所紀要一〇　二〇〇一

唱導僧としての存覚　山田雅教　東洋の思想と宗教一八　二〇〇一

存覚上人の『法華問答』『決智鈔』にみる対日蓮念仏往生論　護城孝正　龍谷教学三七　二〇〇二

存覚上人の対日蓮念仏往生論の研究—『法華問答』を中心に—　護城孝正　宗学院論集七四　二〇〇二

存覚教学における幸西義の受容について　堀　祐彰　真宗研究四六　二〇〇二

存覚教学の研究　林　智康　宗教研究七五—四　二〇〇二

存覚上人『袖日記』について	若林眞人	行信学報一六	二〇〇二
『教行信証』と『六要鈔』(一)	梯　實圓	行信学報一七	二〇〇三
存覚の伝道	高山秀嗣	宗教研究三三五	二〇〇三
存覚の念仏往生説	普賢保之	真宗学一〇七	二〇〇三
存覚における教学的特徴―『持名鈔』・『女人往生聞書』・『破邪顕正鈔』について―	普賢保之	龍谷大学論集四六二	二〇〇三
存覚上人『袖日記』乱丁修復試案	若林眞人	龍谷教学三八	二〇〇三
『教行信証』と『六要鈔』(二)	梯　實圓	行信学報一八	二〇〇四
存覚と『報恩記』―三州義士譚を中心に―	龍口恭子	印度学仏教学研究五四―一	二〇〇五
存覚上人『袖日記』による門徒系譜について	若林眞人	行信学報一八	二〇〇五
『教行信証』と『六要鈔』(三)	梯　實圓	行信学報一九	二〇〇五
存覚の神祇思想について	高田未明	印度学仏教学研究五五―一	二〇〇六
初期真宗の本尊と銘文(『袖日記』との関連)	若林眞人	行信学報一九	二〇〇六
『諸神本懐集』と『三社託宣』(承前)	八木意知男	皇学館論叢三九―六	二〇〇六
新出佛光寺蔵『教行信証』の意義―『六要鈔』所釈本の行方―	佐々木瑞雲	真宗研究五〇	二〇〇六
承元の法難と『無常講式』の一考察	井上重信	印度学仏教学研究五五―一	二〇〇六

存覚上人の神祇思想—『諸神本懐集』を中心として— 麻生暁文 宗学院論集七九 二〇〇七
存覚『報恩記』の報恩—聖徳太子御書并善光寺如来御返報を中心に— 龍口恭子 印度学仏教学研究五五—二 二〇〇七
存覚『顕名鈔』における譬喩と説示 龍口恭子 印度学仏教学研究五六—一 二〇〇七
ある主題書誌の作成—存覚の鹿嶋明神言及を巡って— 由谷裕哉 短期大学図書館研究二六 二〇〇七
存覚の罪悪感 高瀬大宣 印度学仏教学研究五五—二 二〇〇七
存覚上人における隠顕義 赤井智顕 真宗学一一六 二〇〇七
存覚上人の神祇観—『諸神本懐集』を中心として— 麻生暁文 龍谷教学四三 二〇〇八
『歩船鈔』における十宗—存覚の修学の系譜を中心に— 龍口恭子 印度学仏教学研究五七—一 二〇〇八
中世における鹿嶋明神を巡る言説 由谷裕哉 地方史研究五八—五 二〇〇八
存覚上人の阿弥陀仏観 福田了潤 真宗学一一八 二〇〇八
存覚『歩船鈔』と十宗—仏教概論としての構想— 龍口恭子 印度学仏教学研究五八—一 二〇〇九
存覚上人における証果論 平井幸太郎 真宗学一一九・一二〇 二〇〇九

存覚上人における証果論　平井幸太郎　龍谷大学大学院文学研究科紀要三一　二〇〇九

『親鸞聖人正明伝』と知空著『御伝照蒙記』―「伝存覚作」の実態―　塩谷菊美　同朋大学仏教文化研究所紀要二九　二〇〇九

真宗と余乗―存覚の著述を通して―　永村　眞　日本女子大学大学院文学研究科紀要一六　二〇〇九

存覚上人における聖道仏教観の一考察　赤井智顕　浄土真宗総合研究第四号　二〇〇九

存覚における聖道門理解の一考察　赤井智顕　宗教研究八三―四　二〇一〇

存覚における聖道門理解について～幸西義との関わりを通して～　赤井智顕　浄土真宗総合研究第五号　二〇一〇

存覚上人における来迎思想　平井幸太郎　宗教研究八三―四　二〇一〇

『浄土真要鈔』の研究―存覚教学とその歴史的背景―　黒田浩明　小島恵昭　村上亘[他]　同朋大学仏教文化研究所紀要三〇　二〇一〇

権社と実社―存覚の神祇「不論権化実類」（興福寺奏状）―　市川浩史　群馬県立女子大学紀要三一　二〇一〇

存覚上人における教義とその立場―教判論・機法論を中心に―　川野　寛　真宗学一二一　二〇一〇

『存覚法語』の成立背景—女性のための聖教の視点から—　龍口恭子　印度学仏教学研究五九—一　二〇一〇

存覚撰『歩船鈔』における聖道門理解—「華厳宗」項の検討を中心に—　野呂　靖　真宗研究五五　二〇一一

存覚上人における教学的特徴　川野　寛　宗教研究八四—四　二〇一一

存覚『六要鈔』の証果論　藤末光紹　行信学報二五　二〇一一

視覚テクストとしての〈真名〉と〈仮名〉について—存覚（撰）『諸神本懐集』と法然（仮託）『諸神本懐集』を中心に—　吉田　唯　古典文藝論叢三　二〇一一

『諸神本懐集』を中心に見る〈存覚〉の神祇観と祖師という表象について　吉田　唯　佛教文學三五　二〇一一

西本願寺蔵『浄土三部経』正平六年存覚書写本の朱点について—親鸞自筆加点本および龍谷大学蔵南北朝期加点本との比較—　佐々木　勇　訓点語と訓点資料一二六　二〇一一

存覚と錦織寺　北村文雄　真宗学一二三・一二四　二〇一一

宗歴代における祖師観の問題—存覚を中心として—　川添泰信　真宗学一二三・一二四　二〇一一

真存覚の報恩思想における真宗者の世俗行為に対する態度	谷口智子	印度学仏教学研究六〇—一	二〇一一
存覚上人の証果論	福田了潤	宗学院論集八四	二〇一二
存覚上人における一念多念観	赤井智顕	宗学院論集八四	二〇一二
存覚と自力信仰	小山聡子	日本歴史七六五	二〇一二
『存覚法語』の典拠	龍口恭子	印度学仏教学研究六〇—二	二〇一二
存覚の教導者観	黒田義道	印度学仏教学研究六〇—二	二〇一二
『教行信証大意』の研究	黒田浩明	印度学仏教学研究六一—一	二〇一二
存覚と仏心宗 —『歩船鈔』の一考察—	龍口恭子	印度学仏教学研究六一—一	二〇一二
存覚上人の行信理解における一考察	川野　寛	宗教研究　八五—四	二〇一二
晩年の存覚と『看病用心鈔』の書写	小山聡子	日本醫史學雜誌　五八—三	二〇一二
存覚における父母に対する報恩思想～『報恩記』を中心として～	谷口智子	真宗学一二八	二〇一三
存覚における世俗的事柄に関わる報恩の説示～『破邪顕正抄』を中心として～	谷口智子	真宗研究会紀要四五	二〇一三

編集後記

『存覚教学の研究』は、林ゼミにおいて計六年間続けられてきた研究成果（『六要鈔』を中心としたもの）、ならびにゼミ以外では二〇〇七年に新たに発足した存覚教学研究会における成果を土台としたものです。存覚教学研究会は二〇〇七年度よりほぼ月に一度開催され、林ゼミ生のみならず存覚教学の研究者の方々にご協力を戴きました。

存覚上人については、一般的には義絶ということや歴代宗主（主に覚如・蓮如上人）との化風の相違ということに注目され、なかなか業績に見合うだけの評価がなされていないのが現状ではないでしょうか。私自身もはじめ存覚上人の名を聞いた時、その程度の認識しかなく、おそらく林ゼミにおいて『六要鈔』が取り上げられていなければ、存覚教学を具体的に学ぶ機会はなかったのではないかと思います。存覚教学は、本願寺草創期における真宗僧侶の置かれた状況、また存覚在世時の日本仏教の趨勢や聖道諸宗と真宗との関わり等を知るうえでも、欠かすことができないものであり、真宗教学史における功績は多大なものがあります。

最近では、ことに諸学会において存覚に関する研究が数多く発表され、注目されていますが、新たに存覚教学を学ぶ上で、本書が少しでも参考となれば幸いに思います。

この度『存覚教学の研究』を出版するにあたり、ご協力いただきました各位に厚く御礼申し上げます。

平成二十六年（二〇一四）十二月五日

編纂委員代表　川野　寛

執筆者紹介

林　智康（はやし　ともやす）

本願寺派勧学・龍谷大学名誉教授・中央仏教学院講師・浄土真宗本願寺派光円寺住職

一九四五（昭和二〇）年、福岡県生。龍谷大学大学院博士課程（真宗学）修了。浄土真宗本願寺派宗学院卒業。

著書

『蓮如教学の研究』（永田文昌堂）一九九八年二月

『歎異抄講讃』（永田文昌堂）二〇〇一年七月

『愚禿鈔講讃』（永田文昌堂）二〇〇四年七月

『真宗和語聖教「一念多念文意」「唯信鈔文意」「尊号真像銘文」』（百華苑）二〇〇五年八月

『浄土和讃―信を勧め疑を誡める―』（探究社）二〇一三年四月

『顕浄土真実信文類講讃』（永田文昌堂）二〇一四年一〇月

編著

『歎異抄事典』（柏書房）一九九二年三月

『親鸞読み解き事典』（柏書房）二〇〇六年五月

川野　寛（かわの　ひろし）

文学修士・本願寺派輔教・浄土真宗本願寺派正念寺住職

一九八二（昭和五七）年、広島県生。二〇〇六年、龍谷大学文学部真宗学科卒業。二〇一一年、同大学院文学研究科博士後期課程真宗学専攻単位取得満期退学。二〇一四年、浄土真宗本願寺派宗学院（本科）卒業。

論文

「存覚上人における教学的特徴」（『宗教研究』第八四巻第四号）

「存覚上人の行信理解における一考察」（『宗教研究』第八五巻第四号）

高瀬　大宣（たかせ　だいせん）

文学修士・浄土真宗本願寺派妙観寺住職

一九七七（昭和五二）年生。二〇〇〇年、龍谷大学文学部真宗学科卒業。二〇〇五年、同大学院文学研究科博士後期課程真宗学専攻単位取得満期退学。

論文

「存覚の罪悪感」（『印度學佛教學研究』第五五巻第二号）

北村　文雄（きたむら　ふみお）

博士（文学）・真宗木辺派碩学・真宗木辺派本山錦織寺参務ならび教学伝道部長・真宗木辺派西福寺住職

一九三四（昭和九）年、滋賀県生。一九五七年、滋賀大学教育学部卒業後、県下各地の公立小学校の教諭・教頭・校長を歴任。二〇〇四年、龍谷大学大学院真宗学専攻修士課程修了。二〇一〇年、同大学院博士課程修了。

著書

『親鸞の二諦説とその展開』（法蔵館）二〇一一年一〇月

『教行信証と涅槃経』（永田文昌堂）二〇一四年三月

福田　了潤（ふくだ　りょうじゅん）

文学修士・本願寺派輔教・本願寺派布教使・浄土真宗本願寺派専福寺住職

一九七四（昭和四九）年、山口県生。二〇〇八年、龍谷大学大学院文学研究科博士後期課程真宗学専攻単位取得満期退学。浄土真宗本願寺派宗学院（本科）卒業

論文

「存覚上人の阿弥陀仏観」（『真宗学』第一一八号）

平井幸太郎（ひらい　こうたろう）
文学修士・龍谷高等学校教諭・浄土真宗本願寺派西楽寺住職
一九八二（昭和五七）年、福岡県生。二〇〇五年、龍谷大学文学部日本語日本文学科卒業。二〇〇九年、同大学院文学研究科博士後期課程真宗学専攻単位取得満期退学。
論文
「存覚上人における来迎思想」（『宗教研究』八三巻）

赤井　智顕（あかい　ともあき）
文学修士・本願寺派輔教・浄土真宗本願寺派総合研究所研究員・浄土真宗本願寺派宗学院研究員
龍谷大学非常勤講師
一九八〇（昭和五五）年、兵庫県生。二〇〇二年、龍谷大学文学部真宗学科卒業。二〇〇八年、同大学院文学研究科博士後期課程真宗学専攻単位取得満期依願退学。二〇一一年、浄土真宗本願寺派宗学院（本科）卒業。
論文
「存覚上人における一念多念観」（『宗学院論集』第八四号）
「存覚上人における聖道門理解の一考察」（『宗教研究』第八三巻（第四輯・第三六三号））

龍口　恭子（たつぐち　きょうこ）

中村元東方学院講師・元龍谷大学非常勤講師

一九四六（昭和二一）年、山口県生。一九六九年、京都女子大学国文学科卒業。一九七四年、大谷大学大学院仏教文化専攻博士課程満期退学。二〇〇〇年、龍谷大学大学院文学研究科博士後期課程真宗学専攻満期退学。

論文

「聖覚と親鸞」（『法然と親鸞』永田文昌堂）

「存覚とその子女―『存覚一期記』を中心に―」（『印度學佛教學研究』第六二巻第二号）

西原　法興（にしはら　のりおき）

文学修士・本願寺派輔教・本願寺派布教使・浄土真宗本願寺派浄向寺住職

一九五九（昭和三四）年、大阪生。一九八一年、龍谷大学文学部史学科卒業。二〇〇七年、龍谷大学文学部真宗学科卒業。二〇一二年、同大学院文学研究科博士後期課程真宗学専攻修了。

論文

「大瀛『浄土真宗金剛錍』要義」（『印度學佛教學研究』第六一巻第一号）

「大瀛の三業帰命説批判―管見『真宗安心十論』」（『宗教研究』第八六巻第四輯）

「抄読『浄土真宗金剛錍』―三業帰命説批判概要」（『真宗研究会紀要』第四五号）

眞城　信（まき　まこと）

文学修士・本願寺派輔教・浄土真宗本願寺派正法寺住職、社会福祉法人百華児童苑理事長

一九七七（昭和五二）年、奈良県生。二〇〇〇年、龍谷大学文学部真宗学科卒業。二〇〇六年、同大学院文学研究科博士後期課程真宗学専攻単位取得満期退学。

論文

「蓮如教学と『安心決定鈔』」（『日本浄土教の諸問題』浅井成海編）

「蓮如上人における二種深信」（『印度學佛教学研究』第五三巻第二号）

「蓮如教学における信疑決判と信疑の得失について」（『宗教研究』第七九巻第四号）

吉田　唯（よしだ　ゆい）

博士（文学）・兵庫大学短期大学部非常勤講師・高野山大学密教文化研究所受託研究員

一九八三（昭和五八）年、京都府生。二〇〇六年、天理大学文学部国文学国語学科卒業。二〇一三年、龍谷大学大学院文学研究科博士後期課程修了。

論文

「『沙石集』という〈名〉の踏襲をめぐって―『続沙石集』を中心に―」『無住―研究と資料』（長母寺開山無住和尚七百年遠諱記念刊行会編）

「『諸神本懐集』を中心に見る〈存覚〉の神祇観と祖師という表象について」

『仏教文学』第三五号
「佛光寺本『善信聖人親鸞伝絵』の神祇記述について―付加された理由と役割―」
『日本文学とその周辺』（大取一馬編）

存覚教学の研究

2015年1月20日　第1刷

編　者　林　智康
発行者　永田　悟
印刷所　㈱図書印刷同朋舎
製本所　㈱吉田三誠堂
発行所　永田文昌堂
京都市下京区花屋町通西洞院西入
電　話　075（371）6651番
FAX　075（351）9031番
振　替　01020－4－936

ISBN978-4-8162-3044-8　C1015